本书列入

2017年国家社会科学基金重大委托项目
“十三五”国家重点图书出版规划项目

中华传统文化百部经典

坛经

洪修平 解读

国家图书馆出版社

图书在版编目（CIP）数据

坛经／洪修平解读．— 北京：国家图书馆出版社，2020.12
（中华传统文化百部经典／袁行霈主编）
ISBN 978-7-5013-7082-5

Ⅰ．①坛… Ⅱ．①洪… Ⅲ．①禅宗－佛经－中国－唐代②《六祖坛经》－注释 Ⅳ．①B946.5

中国版本图书馆CIP数据核字(2020)第212755号

国家图书馆出版社官方微信

书　　名　坛经
著　　者　洪修平 解读
责任编辑　廖生训
特约编辑　曾诚
封面设计　敬人设计工作室

出版发行　国家图书馆出版社（北京市西城区文津街7号　100034）
　　　　　010-66114536　63802249　nlcpress@nlc.cn（邮购）
网　　址　http://www.nlcpress.com
印　　装　北京科信印刷有限公司
版次印次　2020年12月第1版　2020年12月第1次印刷

开　　本　710×1000（毫米）　1/16
印　　张　24
字　　数　269千字
书　　号　ISBN 978-7-5013-7082-5
定　　价　72.00元（精装）

中华传统文化百部经典

本册审订

龚　隽　　徐文明　　李四龙

中华传统文化百部经典
编纂办公室

张　洁　　梁葆莉　　张毕晓　　马　超　　华鑫文

编纂缘起

文化是民族的血脉，是人民的精神家园。党的十八大以来，围绕传承发展中华优秀传统文化，习近平总书记发表了一系列重要讲话，深刻揭示出中华优秀传统文化的地位和作用，梳理概括了中华优秀传统文化的历史源流、思想精神和鲜明特质，集中阐明了我们党对待传统文化的立场态度，这是中华民族继往开来、实现伟大复兴的重要文化方略。2017 年初，中共中央办公厅、国务院办公厅印发《关于实施中华优秀传统文化传承发展工程的意见》，从国家战略层面对中华优秀传统文化传承发展工作作出部署。

我国古代留下浩如烟海的典籍，其中的精华是培育民族精神和时代精神的文化基础。激活经典，熔古铸今，是增强文化自觉和文化自信的重要途径。多年来，学术界潜心研究，钩沉发覆、辨伪存真、提炼精华，做了许多有益工作。编纂《中华传统文化百部经典》（简称《百部经典》），就是在汲取已有成果基础上，力求编出一套兼具思想性、学术性和大众性的读本，使之成为广泛认同、传之久远的范本。《百部经典》所选图书上起先秦，下至辛亥革命，包括哲学、文学、历史、艺术、科技等领域的重要典籍。萃取其精华，加以解读，旨在搭建传统典籍与大众之间的桥梁，激活中华优秀传统文化，用优秀传统文化滋养当代中国人的精神世界，提振当代中国人的文化自信。

这套书采取导读、原典、注释、点评相结合的编纂体例，寻求优秀传统文化与社会主义核心价值观之间的深度契合点；以当代眼光审视和解读古代典籍，启发读者从中汲取古人的智慧和历史的经验，借以育人、资政，更好地为今人所取、为今人所用；力求深入浅出、明白晓畅地介绍古代经典，让优秀传统文化贴近现实生活，融入课堂教育，走进人们心中，最大限度地发挥以文化人的作用。

《百部经典》的编纂是一项重大文化工程。在中宣部等部门的指导和大力支持下，国家图书馆做了大量组织工作，得到学术界的积极响应和参与。由专家组成的编纂委员会，职责是作出总体规划，选定书目，制订体例，掌握进度；并延请德高望重的大家耆宿担当顾问，聘请对各书有深入研究的学者承担注释和解读，邀请相关领域的知名专家负责审订。先后约有500位专家参与工作。在此，向他们表示由衷的谢意。

书中疏漏不当之处，诚请读者批评指正。

2017年9月21日

凡　例

一、《中华传统文化百部经典》的选书范围，上起先秦，下迄辛亥革命。选择在哲学、文学、历史、艺术、科技等各个领域具有重大思想价值、社会价值、历史价值和学术价值的一百部经典著作。

二、对于入选典籍，视具体情况确定节选或全录，并慎重选择底本。

三、对每部典籍，均设“导读”“注释”“点评”三个栏目加以诠释。导读居一书之首，主要介绍作者生平、成书过程、主要内容、历史地位、时代价值等，行文力求准确平实。注释部分解释字词、注明难字读音，串讲句子大意，务求简明扼要。点评包括篇末评和旁批两种形式。篇末评撮述原典要旨，标以“点评”，旁批萃取思想精华，印于书页一侧，力求要言不烦，雅俗共赏。

四、原文中的古今字、假借字一般不做改动，唯对异体字根据现行标准做适当转换。

五、每书附入相关善本书影，以期展现典籍的历史形态。

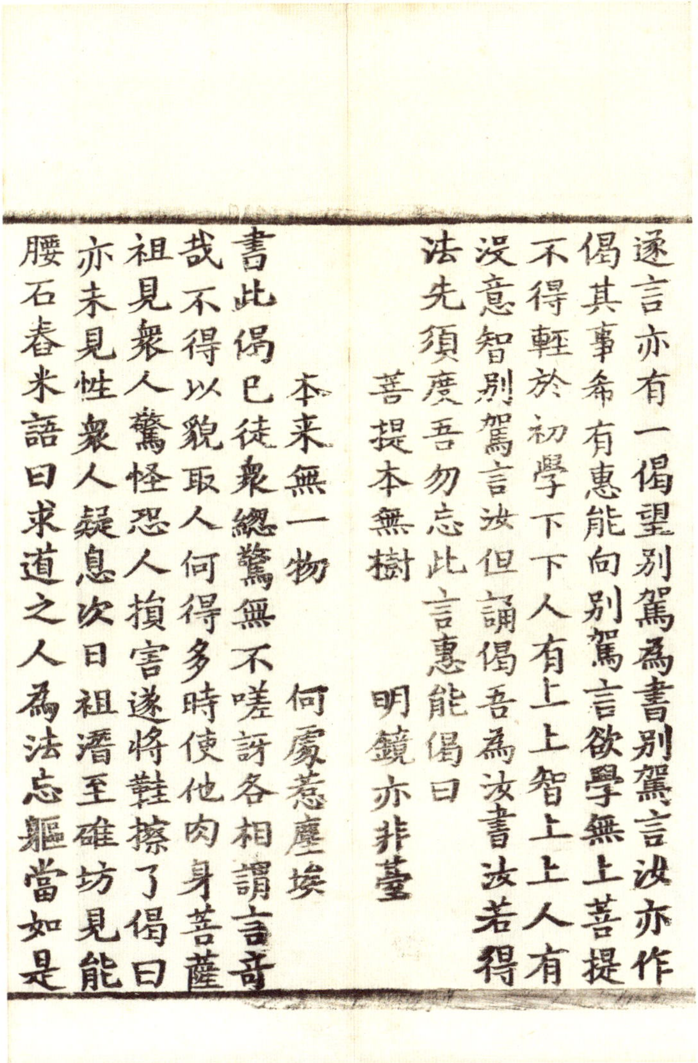
遂言亦有一偈望别駕爲書别駕言汝亦作
偈其事希有惠能向别駕言欲學無上菩提
不得輕於初學下下人有上上智上上人有
沒意智别駕言汝但誦偈吾爲汝書汝若得
法先須度吾勿忘此言惠能偈曰
菩提本無樹　明鏡亦非臺
本來無一物　何處惹塵埃
書此偈已徒衆總驚無不嗟訝各相謂言奇
哉不得以貌取人何得多時使他肉身菩薩
祖見衆人驚怪恐人損害遂將鞋擦了偈曰
亦未見性衆人疑息次日祖潛至碓坊見能
腰石舂米語曰求道之人爲法忘軀當如是

六祖大师法宝坛经一卷　（宋）释宗宝编
明万历十二年（1584）南京大报恩寺续刻本　国家图书馆藏

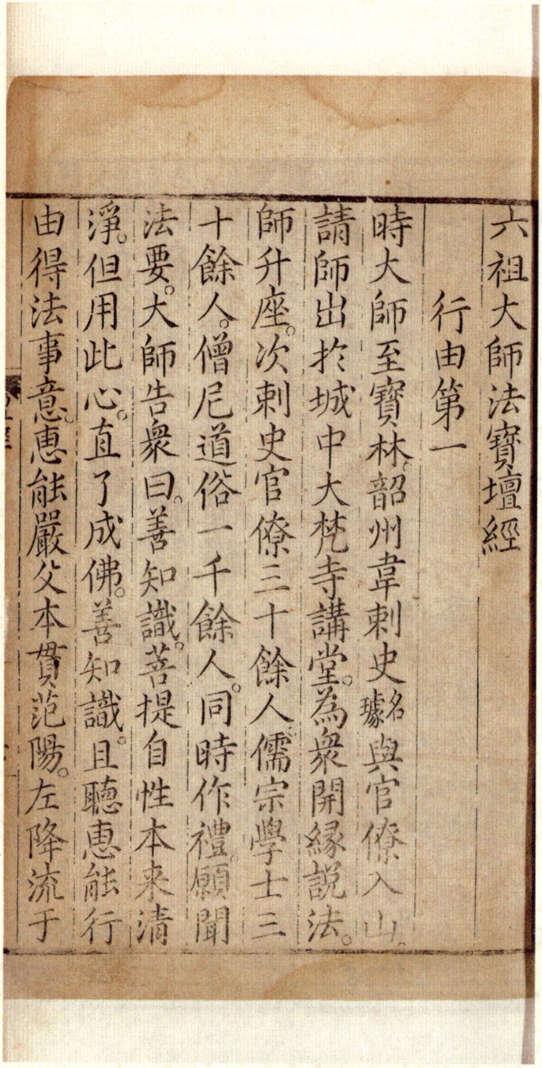
六祖大師法寶壇經

行由第一

時大師至寶林。韶州韋刺史名璩與官僚入山。請師出於城中大梵寺講堂。為衆開緣說法。師升座。次刺史官僚三十餘人。儒宗學士三十餘人。僧尼道俗一千餘人。同時作禮。願聞法要。大師告衆曰。善知識。菩提自性本來清淨。但用此心。直了成佛。善知識。且聽惠能行由得法事意。惠能嚴父本貫范陽。左降流于

六祖大师法宝坛经一卷　明刻本

国家图书馆藏

目　录

导　读

坛　经

六祖大师法宝坛经

附　录

导读

《坛经》是中国禅宗的最主要代表作，中国禅宗则是印度佛教传入中国后，经过与儒家文化和道家文化融合发展，最终形成的具有中国特色的佛教文化的最重要代表。佛教在中国传播发展了两千多年，经过不断中国化而最终与儒、道共同构成了中华传统思想文化的三大重要组成部分，或曰三大主干。弘扬中华优秀传统文化，离不开对中国佛教文化之精华的继承和发扬。

中国禅宗是中印文化交流互鉴的产物，是外来佛教中国化的结果，它渊源于印度佛教而形成于中国传统文化之中，是最为典型的中国化的佛教宗派，也是流传时间最长、影响最广的中国佛教宗派。《坛经》作为禅宗的“宗经”，形成于中国禅宗发展演化的重要时期，主要记载了中国禅宗第六代祖师惠能的言行说教，故也称《六祖坛经》。“经”在佛教中本来特指佛的说法，《坛经》是唯一的一部以“经”命名的中国僧人的著作，由此也可见得惠能及《坛经》在中国佛教史上特殊的重要地位。

《坛经》不仅受到禅门弟子和中国佛教信众的高度重视，而且也以其浅显易懂地论说“众生平等”、“自净其心”、“顿悟成佛”等佛教要义而吸引着中国社会广大的一般民众，从而对禅宗和中国佛教的发展乃至中国社会和文化各领域产生了广泛而深刻的影响。正因为此，《坛经》在历史上广为流传，并形成了许多不同的版本，这些不同的版本在一定程度上反映着禅宗以及中国佛教乃至中国传统文化的时代变迁及其发展演变。随着惠能禅宗从中国传向海外，《坛经》也逐渐参与到世界文明的构建之中，不仅在古代推动禅宗成为东方文化的重要组成部分，而且在现代也将以其独特的思想智慧和人文精神为构建人类命运共同体提供积极的思想资源。

一、《坛经》的构成及其版本简介

《坛经》，又称《六祖坛经》《法宝坛经》《法宝记》《法宝坛经记》《韶州曹溪山六祖师坛经》《曹溪六祖坛经》《六祖大师法宝坛经》，现存最早的版本敦煌本则记为“《南宗顿教最上大乘摩诃般若波罗蜜经六祖惠能大师于韶州大梵寺施法坛经》一卷兼受无相戒弘法弟子法海集记”[①]。据《坛经》记载，禅宗六祖惠能在黄梅从禅宗五祖弘忍处得法后回到南方，曾住持曹溪宝林寺，后应韶州刺史韦璩等人的邀请，到韶州大梵寺说法。门人将其说法的内容记录下来，汇集整理而编成《坛经》一书。

从篇幅上看，现存各本《坛经》多的二万余字，少的只有一万二千来字。初一看，《坛经》给人以内容单薄之感。实际上，《坛经》以简要凝练的文字，叙述了惠能学佛的缘由与行迹，重点放在了惠能怎样从一个不识文字的普通人成长为一代禅宗祖师，并对惠能的主要思想作了概括。其中，对禅宗的传承，对惠能所创的南宗禅的禅法，特别是对般若、定慧、坐禅、顿渐、一行三昧、无相、无念、无住等问题都作了解释，最后还记载了惠能去世前对本宗根本宗旨的概括等。《坛经》既是对惠能本人思想比较真实的记载，也成为惠能所创的南宗传法的根本经典。

从历史上看，随着惠能南宗禅传播范围的不断扩大，《坛经》也流布到了中国广大地区。由于惠能的弟子众多，当时在大梵寺听惠能说法者也不少，平时能得到惠能指点的更不在少数，因此，《坛经》形成后，众多的弟子对其各有修订补充是很自然的事。随着惠能的名声日起，惠能南宗门下各禅系在修订补充《坛经》的过程中，进一步抬高惠能或加入有利于自己一系的东西，这也在情理之中。而古时的印刷业不发达，经书的流传往往靠心记手抄，难免出现笔误。因此，《坛经》在长期的流传过程中经不断传抄、修订和补充，便逐渐出现了许多不同的版本。

现存的《坛经》本子虽多，但大都只是版本不同而已，思想内容上并无太大的差异。真正有代表性的主要有敦煌本、惠昕本和契嵩本三种。在这三个具有代表性的《坛经》本子中，以敦煌本为最早，大约是780年的写本，没有品目，因其发现于敦煌而得名。由于其在经题中有“法海集记”的字样，所以又称法海集记本或法海本。其次是惠昕本，大约编述于晚唐或宋初，分为十一个部分，一般认为是惠昕所为。第三个就是契嵩改编校勘的本子，从郎简为之所作的序中可推知此本约成于宋仁宗至和三年（1056），一般称为契嵩校勘本或契嵩本。但序中称契嵩得“曹溪古本”，“校之，勒成三卷”，而现存本常常只是记作一卷十品，且多是明代刻藏的本子，因此，中外学者也有称其为“明藏本”或“曹溪原本”的。元代的德异本、宗宝本，从内容上看，都属于这一个系统。其中经元代僧人宗宝改编的“宗宝本”是明代以后的通行本，在历史上最为流行。

从结构上看，现存的各种《坛经》本子，大致都由三个方面的内容组成：一是惠能自述生平，二是惠能开法授戒说般若禅，三是惠能与弟子的问答等。前两部分的内容大体上是惠能当年在大梵寺开法的记录，各本《坛经》的出入并不是很大，基本上反映了惠能出身贫苦、黄梅得法、南归传禅的生平事迹以及以空融有、直了心性、顿悟成佛的禅学思想和禅法特色。第三部分，即惠能平时与弟子的问答及临终嘱咐等，后出的本子在内容上增加了不少，但考之于禅宗史传中有关惠能弟子的记载，这部分内容基本上也还是可信的。

不同版本的《坛经》各具特色，这与禅宗的演变发展有一定的关联性。如早期的“法海集记本”、唐宋间的“惠昕改编本”以及宋代以后的“契嵩校勘本”，它们流行的时期分别反映了惠能南宗建立“正统”的早期阶段、分化而又寻求“统一”的繁盛阶段以及后来特别强调佛儒道“三教合一”的阶段。“契嵩校勘本”形成以后，《坛经》有关惠能的言行记录更为丰满，其所反映的核心思想及其时代价值更为充分，不仅对禅宗持续地产生深刻影响，被认为是禅宗诸家的“纲要”，而且对中国佛教乃至中国文化的发展都具有重要的推动作用。

现存的《坛经》版本大多属于“契嵩校勘本”的版本谱系，其中尤以元代广州光孝寺宗宝所改编的版本为代表，光孝寺即是当年惠能落发出家的地方，是惠能禅宗三大祖庭之一。在元明清时期，宗宝所编的《坛经》在禅门和民间广为流传，并被进一步纳入到官刻和私刻的《大藏经》中，成为最通行的一个本子，产生了比其他版本的《坛经》更为广泛和深远的影响。为此，本书即选择以宗宝本为底本。

二、《坛经》主角六祖惠能

《坛经》通常被称为《六祖坛经》，这里的六祖即中国佛教宗派禅宗的第六代祖师惠能禅师。按照禅宗的说法，本宗的传承可以一直上溯至“传佛心印”的摩诃迦叶。据传昔日在灵山法会上，大梵天王向释迦牟尼佛献上了一枝金色波罗花，释迦即“拈花示众”。众不解其意，皆默然无语。唯有佛的大弟子摩诃迦叶心领神会，“破颜微笑”。释迦便将不立文字、教外别传的微妙法门传给了摩诃迦叶。这就是著名的“拈花微笑”之说。中国禅宗据此尊摩诃迦叶为印度初祖。从迦叶以下，历代祖师以心传心，次第传授，传至第二十八祖为菩提达摩。达摩来华传禅，被奉为东土初祖。以下又依次传慧可、僧璨、道信、弘忍，此即所谓中国禅宗的“东土五祖”。五祖弘忍门下，出神秀和惠能，禅宗遂分化为神秀北宗和惠能南宗这两大基本派别。惠能被视为禅宗的正脉，世称“六祖”。

六祖惠能即是《坛经》的主角。除《坛经》之外，现存有关惠能生平事迹的资料主要还有《楞伽师资记》《神会和尚禅话录》《历代法宝记》《曹溪大师别传》（也称《曹溪大师传》）、《宝林传》《祖堂集》《宋高僧传》《景德传灯录》《传法正宗记》等有关惠能传记的部分，以及王维、柳宗元、刘禹锡等为惠能所写的碑铭。与其他各种反映惠能行历的资料相比，由于《坛经》不仅产生得比较早、流传得比较广，而且后来的版本又不断吸收其他资料，所以《坛经》不仅对惠能生平事迹的记载比较全面，而且对惠能六祖形象的塑造和传播也起到了非常重要的作用。至今人们了解惠能，依然以《坛经》为主要依据。下面围绕《坛经》主角六祖惠能，对其生平事迹及其禅宗六祖地位的确立等进行简要的介绍和说明。

（一）少年贫苦，拜师学佛

惠能（638—713），或作“慧能”。在古代汉语中，“惠”、“慧”二字音同，义有时亦可通。早期文献尤其是碑铭，一般作“惠能”，相传此名是他出生时由神僧所取，“惠者，以法惠济众生，能者能作佛事”[②]，暗示惠能将来会成为一代弘法大师。后期文献，则根据他特别注重智慧觉悟而称其为“慧能”，有的《坛经》版本也作“慧能”。惠能因久住曹溪弘法，又有“曹溪大师”之称。

惠能俗姓卢，父亲卢行瑫，母亲姓李，祖籍在范阳（今河北涿州）。

其父曾于范阳为官，后来被削职流放至岭南新州（今广东新兴）作普通百姓，惠能便出生在新州。

惠能三岁时丧父，老母遗孤，既无家产，又无劳力，生活十分贫苦。惠能年稍长，便到市上去卖柴，以养母度日。家境的贫困促使少年惠能思考着人生，"卖柴闻经"，便成为惠能信佛修道的重要契机。据敦煌本《坛经》记载，有一天，惠能像往常一样去市上卖柴，有一客人买了他的柴，请他帮助送到客店去。惠能将柴送去后，收了柴钱，正要离去，忽然听见有一客人在诵读佛经。"惠能一闻，心明便悟"，便问客人读的是什么经？客人告诉他，读的是《金刚经》。又问客人从何处来？如何得到此经？客人告之从蕲州黄梅县（今湖北黄梅县西北）东山寺来，那里有禅宗五祖弘忍在传授佛法，门徒有上千人。五祖劝大众，"但持《金刚经》一卷，即得见性，直了成佛"。惠能一听，觉得"宿业有缘"，便即辞亲，前往黄梅去礼拜弘忍大师。其他各本的《坛经》则还记载说，惠能在辞亲之前，"乃蒙一客取银十两与惠能，令充老母衣粮"，在安排好老母的生活后，惠能才前往黄梅，礼拜五祖。这样的记载，显然更突出了惠能对母亲的孝心。这也是中国化佛教讲究"孝道"的特色在惠能身上的具体表现，或者说是在塑造惠能这个人物时体现出了中国禅宗的伦理特色。

据各本《坛经》的记载，惠能离家后都是直接到湖北黄梅来见弘忍的。除敦煌本之外的《坛经》各本都还明确地说，惠能大约经过了二三十日的路途跋涉，便到了黄梅。但与敦煌本《坛经》差不多同时的《曹溪大师别传》（约作于公元 781 年）对惠能离家前往黄梅的经历有两点不同的记载，也值得我们重视。一是不提惠能闻《金刚经》而发心求法的事，二是说惠能在去见弘忍之前已经接触了《涅槃经》。这就是说，惠能在见弘忍之前，已经有了一段学佛的经历，特别是对涅槃佛性问题可能已有了一定的体会。从他后来初见弘忍时对佛性所发表的一番见解，以及在踏碓八个月后作出的直契心性而令众人叹服的偈颂等来看，这里的记载对研究惠能及其思想有一定的参考价值。

惠能来到黄梅，初见五祖弘忍，两人之间有一段流传很广的精彩问答，《坛经》记载说：

> 祖问曰："汝何方人？欲求何物？"惠能对曰："弟子是岭南新州百姓，远来礼师，惟求作佛，不求余物。"祖言："汝是岭南人，又是獦獠（gé liáo），若为堪作佛。"惠能曰："人虽有南北，佛性本无南北；獦獠身与和尚不同，佛性有何差别。"

惠能的回答表达了众生平等、"一切众生皆有佛性"的意思，这是中国佛教最受欢迎的教义之一。

五祖弘忍见惠能的回答很有见地，便将他留下在碓（duì）房踏碓舂（chōng）米供僧，时间大约有八个多月。据说在这八个月中，惠能因身小体轻，踏碓舂米困难，于是他束石腰间以增加体重。惠能的"腰石舂米"在禅门流传很广，对禅宗而言具有非常特别的意义，一是被五祖弘忍评为"求道之人，为法忘躯"的楷模，二是被后人推为"担水砍柴，无非妙道"的典范，两者都将脚踏实地的劳动实践视为参禅修道十分重要的内容，这成为惠能禅宗重要的特色之一。

（二）得受法衣，隐遁岭南

惠能在黄梅期间，有一天，五祖弘忍为了挑选嗣法的弟子，特地把众门人召集起来，他劝勉僧众不应只知追求世间福报，而应在出离生死苦海上下功夫，并要大家赶快回去好好想想，有智慧者可以"自取本性般若之知"作一首偈颂来表达自己的见解。如果有谁能领悟佛法大意，就将把历代祖师代代相传的衣法传授给他，让他嗣禅宗六祖位。于是，在禅宗史上又留下了一段"一偈传衣，为六代祖"[3]的戏剧性传灯故事。

据说当时众人回房后纷纷议论说，我们这些人就不必澄心用意作偈了，神秀上座现在是寺院里的教授师，一定是他继承大师的法席，成为六祖，等他得法以后，我们跟着他学佛就行了，何须今日烦神？大家如此议论以后，都打消了作偈的念头，各自安心休息。被大家称作上座的神秀（606—706）是一位很有才学的僧人，俗姓李，东京尉氏（今河南尉氏）人。少览经史，博综多闻。出家以后，老庄儒学，佛教三藏，他无所不通。到蕲州东山寺见了弘忍后，他叹服地说：此真吾师也。从此就跟随弘忍左右，先以打柴汲水杂役，服勤六年，深得弘忍的器重，成为弘忍的上首弟子。后被弘忍命为上座师，并担任寺众的教授师。这一天，他从弘忍处出来，听到众人的议论，心中就想：我是教授师，确实应该作偈呈上，否则五祖如何知道我心中见解的深浅？但我作偈呈心，为的是求法而不是争“六祖”。于是，他当夜三更时分悄悄地来到五祖堂前南廊，在中间的墙壁上写下了自己所作的偈颂，以表明自己的心地。偈曰：

身是菩提树，心如明镜台，时时勤拂拭，勿使惹尘埃。

这首偈颂反映了神秀对佛法的体悟，认为身心是成就觉悟的依据，所以应时时努力保持身心的清净，不要让烦恼尘劳将其污染。据说弘忍次日见此偈颂后对神秀说，你的这首偈颂所呈现的对佛法的理解，表明你还只到门外，未能入内，因为你还未能明见自己的本性。“凡夫依此偈修行，即不堕落；作此见解，若觅无上菩提，即未可得。”后来，在碓房埋头舂米的惠能听到有人念诵此偈颂，便也作了一首对照性很强的偈颂：

菩提本无树，明镜亦非台，本来无一物，何处惹尘埃。

这首偈颂所表达的惠能对佛法大意的悟解是说，万事万物当体性空、自然清净，非修行使空、去染成净。若心无执著，便自然清净解脱。

弘忍知惠能已悟本性，于是当日夜间就把代代相传的顿教禅法和袈裟衣传给了惠能，并对他说：这袈裟衣是昔日菩提达摩祖师从印度来到中国传禅所留下的，历代祖师以此为嫡传的凭据，今传授给你，你就是禅宗的六祖了。你要记住，此衣只是传承的凭证，而不是佛法本身，佛法是要“以心传心”传下去的。并告知，“自古传法，气如悬丝”，传授衣法一向是很危险的，常会为此而引发争端，因此，传衣到你为止，以后就不要再传了。你现在如果继续留在这里，恐怕也会有人要害你，你得赶快离开。于是，惠能禀受了衣法，三更时就匆匆离去。弘忍亲自把他送到了九江驿。

惠能领受师训，回到南方，先隐遁数年，等危难过去了以后，便出山弘法，在曹溪传禅近四十年，开创了中国佛教史上影响巨大的禅宗“南宗”，他自己也以禅宗六祖的地位而名垂禅史。

（三）出家传禅，临终嘱咐

关于惠能隐遁的时间在历史上说法不一，但惠能剃发出家的时间各种资料的看法则比较一致，即仪凤元年（676）。据说那年的一天，惠能来到了广州法性寺，正好遇到印宗法师在给大众讲解《涅槃经》。时有风吹幡动，两位僧人在一旁争论到底是风动还是幡动，一个说是风动，一个说是幡动。惠能在他们争论不休的时候向前说道：“不是风动，不是幡动，仁者心动。”一语惊人，众皆惊骇，也引起了印宗法师的注意。印宗早已听说五祖弘忍传授的衣法南来，现在看到惠能的谈吐不凡，推测他可能就是禀受衣法的人。一问果然如此，心中非常高兴。他先请惠能将衣钵出示大众，又问起五祖弘忍的传授。惠能便引《涅槃经》讲述了“佛法是不二之法”的要义，得到了印宗“犹如真金”的赞叹。随后，印宗便为惠能剃发，愿事为师，并请律师为之授戒。从此，惠能才算正式出家当了和尚。惠能出家受戒后，便于法性寺菩提树下为众人开讲从五祖弘忍那里所传的“东山法门”。惠能在法性寺的“风幡论义”、“剃发出家”、“开东山法门”这三件事共同表征着惠能从此脱离隐遁生活，开始了他弘法传禅的生涯。

惠能出家的法性寺，历史上又称制止寺，即今天的广州光孝寺，是岭南最早的古刹之一。寺中现仍存有风幡堂、瘗（yì）发塔等惠能活动的遗迹。

惠能在广州法性寺受戒说法后不久便回到了曹溪。有记载说，惠能离开时，印宗法师与僧俗千余人将他一直送至曹溪，还有“荆州通应律师，与学者数百人，依师而往”。还有的记载则说印宗法师带领僧俗三千余人送惠能回归曹溪。这些记载表明，惠能的出山在当时已产生了一定的轰动效应。

惠能回到曹溪后，住持宝林寺，在当地官僚僧尼道俗的支持下，他扩建寺院，广收门徒，大力弘传“直指人心，见性成佛”的顿悟禅，在南方造成了相当的影响，使岭南地区成为弘扬东山法门的中心。据说当时前来求法学禅者络绎不绝，“因兹广阐禅门，学徒十万”，从而逐渐形成了一个以传授顿教见性禅法为特色的禅宗派别。为了与主要活动于北方嵩洛地区的神秀北宗相区别，史称惠能南宗。

惠能在南方的名声，也传到京城朝廷。据说由于神秀等人的举荐，武则天和唐中宗都曾专门下诏请惠能进京。但惠能以“久处山林，年迈风疾”等理由力辞，表示自己愿“居山养疾，修持道业”。为了表达对惠能的尊敬，唐中宗曾专门赐“磨衲袈裟一领及绢五百匹”等物以供养惠能，并敕韶州刺史重修惠能所居之宝林寺，赐额为“法泉寺”，又以惠能新州的故宅为国恩寺。惠能没有像神秀北宗那样走上依附帝室的道路，而是保持了弘忍以来山林佛教的特色，这对于他所创的禅宗南宗日后的勃兴，特别是唐武宗灭法以后仍得到进一步发展，都有很大的关系。

惠能在曹溪弘法传禅，名声日大，影响日广。时任韶州刺史的韦璩慕惠能之名，特邀请惠能到韶州城里的大梵寺为众说法，僧尼道俗参加听讲者有成千上万人。门人法海等记录整理当时的开法情况而编成了《坛经》一书，此书成为中国禅宗的最主要经典。

惠能年迈时曾回新州，命门人在国恩寺建塔。临终前，他对弟子有详细的付嘱，特别是谈到了如何看待生死动静、众生与佛，如何顿见自心自性，如何度化他人，以及用《坛经》取代信衣传宗等问题。

唐玄宗先天二年（713）八月三日，惠能于新州国恩寺去世，享年七十六岁，其遗体不久即被他的弟子迎回曹溪宝林寺。宝林寺在唐中宗时曾改称中兴寺，后重建又改名法泉寺，五代时复称宝林寺，宋初时重建后改名南华禅寺，从此沿用此名，一直至今。此寺因惠能的弘法传禅和创立南宗而得到很大的发展，有“东粤第一宝刹”之称，并被南宗门下视为“祖庭”。据称惠能的遗体保存完好，至今仍在寺中供养。寺内的六祖殿现在所供奉的惠能肉身像，一般认为就是惠能的真身。

（四）南宗独盛，六祖确立

惠能虽是禅宗南宗的创始人，却是以传菩提达摩心法的禅宗“六祖”而称名于世的。中国禅宗奉南北朝时来华传禅的南天竺僧人菩提达摩为东土初祖，以下则是二祖慧可、三祖僧璨、四祖道信和五祖弘忍次第相传。弘忍门下有众多的弟子，他们在把东山法门传向全国的同时，也逐渐形成了许多不同的禅系，其中以神秀系和惠能系为最主要的两支。后有惠能的弟子神会出来辨析南能北秀的是非邪正，攻击神秀一系“师承是傍，法门是渐”，而将惠能一系奉为达摩以来禅宗的唯一正脉，最终为惠能争得了“六祖”的地位。

在早期禅宗传承的历史叙述中，惠能虽然被承认，但只是弘忍东山门下十来个“堪为人师”的“一方人物”之一，而且是在远离政治文化中心的岭南韶州。唐代僧人宗密曾说，在惠能去世后的二十年中，“曹溪顿旨沉废于荆吴，嵩岳渐门炽盛于秦洛”④。这里的“曹溪顿旨”说的便是惠能为代表的南宗，而“嵩岳渐门”即指以神秀为代表的北宗。后来惠能弟子神会深入北方，批评北宗禅法是渐、师承是傍，挺立惠能南宗法门是顿、传承为正，虽然遭到北宗弟子的打击陷害，但仍然矢志不渝，最终扩大了惠能南宗在北方的影响，乃至促成惠能南宗成为禅宗的唯一正脉。神会倡导惠能南宗为正统的根据之一便是惠能得到了弘忍传授的法衣袈裟。由于神会后来在安史之乱中帮助政府主持立坛度僧收取香水钱为国家筹备军费，得到帝室的重视。贞元十二年（796），朝廷下令由皇太子召集禅师们一起来厘定禅门的宗旨，遂立神会为禅宗的第七祖。既然惠能的弟子神会被立为“第七祖”，那么惠能的“第六祖”地位也就自然被确定了。

可见，惠能的“六祖”地位，实际上是通过其嫡传弟子神会成为“七祖”而得以确立起来的。在此以后，惠能的六祖地位也逐渐得到了官方的认可，惠能南宗禅则在北宗渐趋消沉的同时，在全国得到了很大的发展，并逐渐取代北宗的地位而成为禅宗的主流，乃至在9世纪初就有天下“凡言禅，皆本曹溪”的说法了。惠能南宗不仅成为禅门的唯一正宗，而且在以后的发展中更几乎成为中国佛教的代名词。南宗的兴起，使惠能传佛心印、正传达摩的“六祖”地位最终得以确立。

随着惠能六祖地位的确立，《坛经》的地位也不断得到提升，成为后世禅宗共同宗奉的根本经典，也是禅宗各派共同的思想源泉。从禅宗的发展来看，《坛经》是惠能南宗的理论旗帜。惠能去世后，其弟子到各地去传播南宗禅法。由于不同的社会生活环境与文化背景等多种原因，惠能南宗很快就形成了神会系、南岳系和青原系等不同的禅系。晚唐至五代，惠能南宗经南岳系和青原系更进一步递嬗演变分化出五家七宗，即南岳系分化出沩仰宗、临济宗，青原系分化出曹洞宗、云门宗和法眼宗。宋代时，临济宗中又分出黄龙、杨岐二派。五家七宗遍布大江南北，在全国形成巨大规模。虽然各禅系流派在各自的发展过程中，又都逐渐形成了自己独特的禅风和传法谱系，但他们以《坛经》为传法的主要依据则是基本一致的。正如元代僧人德异所说："一门深入，五派同源，历遍炉锤，规模广大，原其五家纲要，尽出《坛经》。"[⑤] 惠能所创的南宗得到很大的发展，其原因是多方面的，但与《坛经》所产生的影响和所发生的凝聚力也是分不开的。由于《坛经》不仅保留着惠能丰富的生平事迹，记载了惠能从一个平凡的个体成长为禅宗六祖的历史轨迹，而且言简意赅地表达了惠能思想和禅法特色，因而不但成为我们了解并研究惠能及其思想的主要依据，也是我们了解整个禅宗南宗发展不可或缺的重要资料。

三、《坛经》的主要思想

各种不同版本的《坛经》虽然在文字及排版上有所不同，但基本上都反映了惠能的禅学思想。从历史上看，中国禅宗发展至惠能而面貌为之一新。惠能在继承达摩系禅法特色的同时又对传统的禅学作出了很大的变革。他创立的南宗，不仅沿着佛教中国化的道路进一步发展了心性之学，而且在会通大乘佛教各家学说的基础上，融摄了传统的儒家和道家之学，形成了其所特有的不假修习、直了见性的简捷明快的禅风。虽然惠能的思想不只体现在《坛经》中，但在现存的诸多资料中，《坛经》及其流变仍是我们全面理解惠能思想及其流传发展的主要依据[⑥]。《坛经》所反映的惠能的思想大致由三部分组成：一、以空融有、空有相摄的心性论；二、即心即佛、自在解脱的解脱论；三、识心见性、顿悟成佛的修行观[⑦]。其中心性论是基础，解脱论是核心，修行观则是具体落实。

这些内容主要都保存在《坛经》中，一以贯之的则是惠能所谈的“心”。所以，要了解《坛经》的主要思想，需从惠能如何看待“心”开始谈起。

在佛教中，“心”一向有多种涵义。唐代宗密的《禅源诸诠集都序》在述及心的“名同义别”时，曾将佛教中的“心”的不同涵义概括为最基本的四种：一为肉团心；二为缘虑心；三为集起心，指第八识；四为真心。宗密虽主禅教一致说，但毕竟是一个华严学者，他是依“真心”立论的，因而在他看来，达摩西来，六代相传，皆真心也。但从《坛经》中关于“心”的论述来看，其涵义比较多的是指“妄心”、“迷心”、“邪心”、“善心”、“正心”等，这些心大体上与宗密所说的缘虑心相当，指的主要是一种心念活动或心理状态，它们的基础是可正可邪、可净可不净之心。所以惠能说：“心但无不净，西方去此不远；心起不净之心，念佛往生难到。”[8]又说：“心正转《法华》，心邪《法华》转。”这可正可邪、可净可不净的心，实际上指的就是人们当下的一念之心，于此心上除却各种邪心、妄心，就是使心清净，即“净心”。净心以后，心不起任何执著，自然任运，常生智慧，便是获得解脱。所以，当下的一念之心，同时也就是众生的解脱之心，这是惠能南宗禅主张的人人皆有佛性皆可成佛的特点所在。

惠能以般若的无相来贯通本净的心性，以般若学的遮诠方法来显自心佛性的真实性，使自心佛性不再是一个可以观、可以修的“真心”，而是体现在念念不断的无执著心之中，是众生心不起妄念的自然状态。正是在这一意义上，《坛经》中特别批评起心看净的做法，认为若言看净，就执著于“净相”了，而心性本是无形无相的。若将“净相”视为“佛性”，以观“净相”视为成佛的方法，以此教人，就不仅是自迷，而且是迷他了。

正是基于惠能融会空有于当下之心的认识，我们认为不同版本的《坛经》关于惠能呈心偈的记录，无论是“佛性常清净”[9]，还是“本来无一物”[10]，其在根本理论依持上并没有实质上的差别。《坛经》版本在这方面所呈现的差别，其实是惠能南宗分化后禅学或禅风不同倾向的反映。据宗密记载，当时讲者、禅者“皆以破相便为真性”⑪。从整体上来看，惠能后学中影响较大的是菏泽神会系、南岳怀让系和青原行思系，这三个禅系在心性思想上有的重视寂知之性（菏泽系），有的重视全体大用（南岳系），还有的则是从心与物、理与事的统一中去加以发挥（青原系），对照法海集记系、惠昕改编系及契嵩校勘系的不同版本的《坛经》，它们或者强调“开佛知见”，或者明示“一切万法不离自性”为传法宗旨，或者将儒家关于社会人生的道德伦理融入修行实践，这便可以得到合理的解释了。

在解脱论上，惠能立于当下活泼的现实之心，认为“前念迷即凡，后念悟即佛”，将迷悟凡圣等对立视为人心呈现出来的状态，从而表现出即心即佛、自然任运的特点。这个特点在《坛经》中开始比较集中地体现在关于惠能所传教法之“三十六对”的说明上，后来则以更为简洁生动的方式表现在惠能向薛简所传的“心要”之中⑫。另外，“佛”在惠能南宗这里不再是小乘佛教认为的那样只是释迦牟尼一个人的“专利”，也不像大乘佛教所说的那种具有“三十二相”、“八十种好”的神通广大、佛法无边的“神”，而是人心在现实生活中自然任运，是人于当下生存中的自性觉悟，所以诸本《坛经》都有尊惠能为佛的内容⑬。也正因为此，惠能认为修行者欲得成佛作祖，接受祖师的指导帮助虽然很重要，但归根结底还是要靠“自性自度”，这一基本思想在惠昕改编系和契嵩校勘系的《坛经》中通过增添了弘忍送惠能渡江一事而表现得淋漓尽致⑭。惠能强调，“藉师”还得靠“自悟”，如果自己不努力，想通过别人的帮助而达到解脱，那是不可能的。惠能强调自性自度而不废言教师传，把外在的教育启发落实到自心的觉悟，剥去其宗教的外衣，从教学方法上看，也是有其合理之处的。

从中国禅宗发展的历史来看，惠能的这种“藉师自悟”的主张对于禅宗从菩提达摩的“藉教悟宗”向后期的“超佛越祖”禅风的发展起到了重要的过渡作用。惠能南宗的一些禅师正是沿着自性自悟的道路继续前行而提出了破除对诸佛祖师的盲目崇拜和执著，临济义玄禅师甚至疾呼“莫受人惑，向里向外逢着便杀，逢佛杀佛，逢祖杀祖，逢罗汉杀罗汉，逢父母杀父母，逢亲眷杀亲眷，始得解脱，不与物拘，透脱自在”[15]。当然，这里并非是真的要人打倒佛祖，而是要人破除一切外在的执著而贯彻“即心即佛”的修行原则，这里的关键是要领悟“破除执著之心”的要义。

从即心即佛的自在解脱论出发，惠能南宗在如何解脱成佛、解脱的途径与方法、解脱的步骤与阶次等问题上，都提出了一系列与传统佛教相异的思想和主张，形成了富有特色的识心见性、顿悟成佛的修行观。在《坛经》中，识心见性比较集中地体现在“念念无著”之中。“念念无著”即是每一念心任运自然，内外无著，行“无念”行。这里所说的“无念”，并不是要人百物不思，若一念断绝，等同木石，那样就无所谓人的解脱了。“无念”，无的是妄念，即“不于法上生念”，因为按照佛教的观点，一切法自性空，无所得。至于正念，则是“念念不断”的。正念是“真如自性起念”，“于实性中不染善恶”[16]之念，亦即超越真妄的“本念”——人的本心之念、本然之念，是人的自家生命的显现。根据惠能的观点，所谓“念念自见，不失本念”[17]，不起妄念，这样的“无念”就是见性成佛。

惠能的“识心见性”最终落实在“顿悟成佛”上，“顿悟”成为惠能禅宗特有的旗帜。惠能的顿悟成佛论，不是向外求觅，而是向内自心证悟，每个人当下自心的迷悟，是众生与佛的差别所在。自心本具般若之智，所以众生皆可成佛；因为念念不断，所以众生可于任何时间、任何地点成佛。因此，惠能禅宗反对一切外在的形式化的修行，他以自性自悟来统摄各种修行活动，以中道不二为指导，对读经、坐禅、出家、忏悔以及念佛等传统佛教的修持形式和修持内容都提出了自己与众不同的看法。惠能后学继而提出的“经是佛语，禅是佛意”的禅教一致论、“磨砖不能成镜，坐禅岂能成佛”的禅非坐卧论、“有禅有净土，犹如带角虎”的禅净双修论等各具时代价值的观点，为各种新版《坛经》内容的丰富提供了思想资源和现实根据。例如在后来各版的《坛经》中，有的将劝人不要诽谤“经法”改成了不要诽谤“佛经”（惠昕改编系）；有的既主张行住坐卧但行直（真）心即是禅定，又指责“长坐拘身，于理何益”（契嵩校勘系）；有的将“不悟顿教大乘，念佛往生路遥”（法海集记系）改为“不悟念佛，欲往路遥”（惠昕改编系）乃至“不作念佛，求生路遥”（宗宝所编本之明《北藏》本）。

概而言之，惠能禅宗思想在《坛经》中得到了比较系统的体现，其心性论以融摄了般若学与佛性论的当下现实之心为一以贯之的基础，在解脱论上强调即心即佛、即众生成佛、即世间成佛，在修行观上强调识心见性、顿悟成佛。这些思想构成了《坛经》的基本思想，它把佛性拉向了人们的当下人心，把累世修行缩短为刹那顿悟，为日后将禅修、悟境与日常生活结合起来提供了理论源泉，同时也为后人将这些惠能后学演进的实际成果汲取进来形成新的《坛经》版本提供了根据。在这个过程中，惠能思想中的现实性品格得到了进一步落实，惠能南宗将其禅修融于日常的生活和生产，使得讲求出世的佛教实实在在地立足于小农经济的中国这块现实的土地上，从而促成了“人间佛教”的形成和发展[18]。惠能禅宗终于在惠能以后传遍了大江南北，成为流传时间最长、影响范围最广的中国佛教宗派，而承载惠能基本思想的《坛经》所起到的理论力量及其积淀传承作用是不能忽视的。

四、《坛经》的历史价值与时代意义

《坛经》不仅对禅宗意义重大，而且对中国佛教乃至中国文化和世界文化也具有重要价值。《坛经》随着惠能禅宗的形成发展而演变，作为禅宗的宗经，它对禅宗和中国佛教的历史发展和未来走向都具有非常重要的作用。禅宗是中国佛教的典型代表，中国佛教是中国传统文化的重要有机组成部分，因此，《坛经》对于中国传统文化的传承和发展，对于中外文化的交流和互鉴，对于中国文化走出去并推动世界文明的发展，以及其中的人生智慧对现代社会和人生，都具有重要的时代意义。

（一）《坛经》推进禅宗乃至中国佛教的发展

中国禅宗发展至四祖道信和五祖弘忍的时候，改变了以往游方各地、随处行化的境况，开始了依山傍水、农耕自给、远离政治、面向民众进行弘禅传戒的僧团修行方式，特别是五祖弘忍不仅坚持这种山林佛教的特点，而且进一步将禅的思想落实于日常的禅行生活中，使得湖北黄梅地区成为禅宗发展和传播的中心，并且吸引和培养了许多著名的禅宗弟子，从而基本完成了禅宗的创立，世称“东山法门”。五祖弘忍的弟子众多，这些弟子四处弘法，在扩大东山法门影响的同时，也带来了东山法门的分化，逐渐形成了许多同时并存的禅系。《坛经》以宗教文学的形式所展示的五祖门下神秀与惠能通过偈颂而赢得祖位的情形，即反映了东山法门既繁盛又分化的情景。实际上，《坛经》不仅反映了弘忍门下正统之争的问题，而且也透露着惠能禅宗存在的同样问题，这尤其表现在当“衣不合传”时惠能对于谁是传法弟子的“悬记”及其变化之中，这也成为衡量《坛经》不同版本的重要标志。

然而，现存的所有《坛经》版本虽然强调惠能最终赢得了六祖的地位，但对于神秀及其北宗禅法依然给予了一定的记载和评价；《坛经》虽然也有关于谁是重要传法弟子的“悬记”，但同时也认为还有很多可以弘化一方的得法弟子，尤其是还突出了“《坛经》传宗”这种新型传法方式的重要地位。从整体上看，禅宗虽然在发展过程中存在着分化乃至分歧的情形，但《坛经》所蕴含的包容的态度和圆融的精神，对于禅宗各派具有一定的凝聚效应，从而能够推进中国禅宗不断进行自我调整，不断向前发展。

同时，唐宋之间随着惠能南宗的繁盛以及传播地域的扩大，《坛经》也随着惠能弟子的迁移而广为流传，并根据不同的社会文化背景及其受众的需要而有所变化。这些变化不仅涉及对于传播惠能禅宗具有重要影响的弟子故事，而且逐渐增加了禅宗对于传统佛教经论及其精髓的依持和传承，前者有益于惠能禅宗结合各地具体情形以传播禅宗的精神，后者则使得禅宗更好地汲取中国佛教其他宗派的精华而日益成长为中国佛教的代表。宋代以后，禅宗成为中国佛教的主流，而《坛经》作为禅宗的宗经，也被纳入到佛教大藏经中加以流通，不仅进一步推动着禅宗的发展，也对中国佛教的发展产生重要的推进作用。

（二）《坛经》丰富中国传统文化的内涵

中国传统文化之所以能够源远流长，一个重要的原因便是其能够容纳百川、温故而知新，既善于对已有的东西有所传承，又能够发掘和创造出新的内容，从而具有综合创新的特点。中国传统文化的这一特点也表现在外来佛教中国化乃至最终形成中国特色佛教宗派的过程中，其中又以禅宗最为典型。以《坛经》所载的惠能禅为代表的中国禅宗，不仅述说着禅宗日益成为中国传统文化有机组成部分的事实，而且进一步影响着中国传统文化发展的走向及其精神气质。国学大师钱穆先生曾将《坛经》列为“中国人所人人必读的书”之一[19]。

禅宗虽然以山林佛教为特点，但禅宗五祖弘忍就曾认为，深居山林是为了更有益于培养人才，从而承担传佛心印、觉悟人生的重任。因此，弘忍的许多弟子不仅从山林走向都市，有的甚至进入皇宫内廷传禅说法。《坛经》所记载的惠能的主要传法活动，即是由韶州官员组织在城中大梵寺进行的，其中还特别提到惠能劝勉世人“若欲修行，在家亦得，不由在寺”的主张。应该说，这种由僧俗构成的传法大会不仅为惠能禅的传播提供了很好的机会，而且也使得惠能禅得以深入影响到一般民众。以系统记载这种传法大会内容为特点的《坛经》的广泛传播，则更容易引起识文断字的士大夫阶层的关注乃至归信，如唐代白居易阅读《坛经》便有“一卷《坛经》说佛心”的诗句；宋代晁迥在反复品味《坛经》之后，认为其宗旨乃是“无住为本”，其所读版本则被其后人加以勘刻流行，并且流传到了日本。

惠能禅宗是中印文化交流互融的产物，《坛经》的一个重要特点便是在坚持佛教基本立场、观点和方法的同时，又大量融合、吸收了中国传统的思想和方法，特别是老庄玄学的自然主义哲学和人生态度，以及儒家的心性学说，从而形成了独特的禅学理论和修行方法。这种以佛教思想为本位，而又融摄儒、道于一体的思想构架，并立足于心性的致思取向和修行实践，不仅影响着中国佛教的发展，也对传统儒、道二家的思想理论走向产生一定的影响，并促成了长期以来以儒、道二家为主导的中国传统文化向以儒家为本位而佛、道二家为辅助的文化格局的过渡。例如，以道家思想为重要来源的道教曾长期以肉身成仙为主导，而在唐宋以后的进一步发展中，则逐渐受到惠能禅宗的影响，不同程度地吸收其中的心性论思想，乃至出现了“身为炉鼎，心为神室”的“内丹学”的兴盛，这与《坛经》所主张的“色身是舍宅”、“色身是城”以及“性在身心存，性去身心坏”等将肉身以心性为根本的看法是相一致的。不仅如此，由于《坛经》提倡“佛法在世间，不离世间觉”，因而对传统注重程式的形式化修行方式提出批评，提倡不脱离现实生活的“农禅并作”、“随缘而行”的宗教修行，这一做法不仅影响了惠能禅宗自身建章立制、订立清规乃至将儒家“孝亲仁义”等伦理规范引入《坛经》之中，而且也影响了以张伯端为代表的道教宗派对于传统隐居山林等修行方式的反对以及对“明心见性”宗旨的推重，乃至在后来道教中也出现了“净明忠孝道”这样的道派，以提倡“忠孝”为重要特点。

惠能禅宗乃至道教逐渐将儒家核心的伦理道德观念引入自身的宗教伦理体系之中，表面上是直接受到儒家思想的影响，其深层的根据则是以小农经济为基础、以家庭或家族为基本单元的中国社会及其政治对思想领域的要求。实际上，正是由于惠能禅宗以宗教的方式强调内在自立自足的精神和外在孝亲礼敬的伦理道德，不仅为人们提供了一种终极精神的追求，而且合乎人们在传统社会中的基本生活原则，从而能够在古代社会中得到持久的传播，而宋元以后普遍流行的《坛经》也是包含有这种伦理规范的版本，从而对中国禅宗及佛教乃至中国传统文化产生了非常重大的影响。即便是在农业社会向现代社会转型的过程中，人们逐渐发现了更为早期的《坛经》版本，而中国佛教依然坚持并传承发展着对于后世影响更为巨大的《坛经》版本中所蕴含的中国禅宗的人文精神及其具有中国特色的修行实践方式。

实际上，作为佛教中国化成果的惠能禅宗，不仅曲折地传承着作为中国传统文化主流的儒家所具有的人文主义精神及其注重探究心性的特色，而且为儒家在新的历史时期呈现为“理学”形态的宋代新儒学提供着重要的理论借鉴以及思想资源。例如，就宋明理学比较关注的“天理”与“人欲”的关系而言，便存在着一个从认为存在二分到认为不二的过程，从而更加接近惠能《坛经》所说的“自性变化甚多”、“自性能含万法”乃至“迷即凡夫悟即佛”的观点。在明代王阳明著名的“王门四句教”中，“无善无恶是心之体，有善有恶是意之动，知善知恶是良知，为善去恶是格物”，作为其首句中的“无善无恶”，不仅在《坛经》中以“不思善不思恶”等类似的句子多次提及，而且还被《坛经》视为“心要”的内容，认为“若欲知心要，但一切善恶都莫思量，自然得入清净心体，湛然常寂，妙用恒沙”。若取此与王阳明“四句教”相对照，二者认为心体乃是无相清净的，认为心用既有随缘而有分别之用，又有恒常而有自性之智慧简择之用，乃至都具有劝导为善去恶的实修等等，都是非常一致的。

惠能《坛经》不仅丰富了中国传统文化的思想内容及其理论构造，而且也对文学艺术等表现形式具有深刻的影响。《坛经》虽然是佛教经典，但是很少有深奥难懂的名相释义，大多都是言简意赅而又通俗易懂的白话表达，而且常常伴有意味深长的偈颂作为对禅宗大意的概括。这些偈颂，或长或短，以抒发禅理见长，影响着以抒发情感为特点的传统诗歌朝着载道说理的方向发展。《坛经》中神秀、惠能二位禅师的偈颂之所以能流传千古，惠能的偈颂更是几经雕琢，正是因为它们表达着作者对禅理的不同见解，是人们据以了解作者思想及其精神境界的重要途径。《坛经》记载神秀的偈颂被认为“未得入门”，而惠能以得法偈而获得六祖地位，这无疑会对僧俗两界纷纷采取以作偈的方式明心见性起到推波助澜的作用，客观上有利于促使禅与诗的结合，从而丰富了传统诗歌的内容和理论，乃至促成了王维、柳宗元、苏轼等古代作家创作了很多脍炙人口的深具禅意的诗歌，还出现了“以禅喻诗”、“以禅论诗”等将禅修禅悟与作诗评诗相结合进行论说的观点。除了诗歌之外，惠能《坛经》对于书法、绘画、雕塑等其他文学艺术表现形式也具有深刻影响，例如宋代以后流行的《坛经》版本便记载说，惠能曾引导“善塑”的僧人方辩从对“塑性”的把握提升到对“佛性”的觉悟，这种对“尚意”而不为艺术形式所限的强调，正是中国传统艺术的重要特征之一。

《坛经》对于现代社会和人生也有一定的意义和价值。例如《坛经》所表达的依持自己本来清净的智慧之性而修心，修禅的根本目的是为了开发本心的智慧，促使自心的觉悟，提倡破除计较执著和贪欲之心，主张在日常生活中保持人清净自然的本性、随缘而行等等，对于人们今天克服过分的物欲，不至于陷于贪欲而不能自拔，不至于为人生的不如意事而过分烦恼，以及帮助人学会以出世的心态做入世的事情，从而凡事既积极进取，又在精神上超越成败得失，都有一定的意义。

以《坛经》和禅宗为主要代表的中国佛教，与儒、道有着很强的互补性，历史上它们曾分别在经国、修身和治心方面发挥出各自独特的作用，如古人所说："以佛治心，以道治身，以儒治世。"由《坛经》"出世不离入世"所倡导的中国佛教的入世化、人生化倾向，在近现代发展出了"人间佛教"的理论与实践，从而为中国佛教更好地与当今社会相适应提供了重要的思想基础，也为保持人的心地清净、提升人的精神境界提供了思想文化资源。

（三）《坛经》参与世界文明的构建

早在唐代，随着中国佛教的日趋兴盛，中国便逐渐发展成为世界佛教的中心，中国佛教也由过去的传入为主变为了输出为主。随着中外文化交流的日益增多，佛教的传播范围也越来越广阔。在惠能后学以及南宗弟子的努力下，惠能禅宗的势力不仅席卷全国，而且传播及影响到周边的国家和地区，特别是朝鲜半岛和日本地区，在那里，很早就有了《坛经》流传，后来还出现了对《坛经》进行详细注解乃至评析的专著。19世纪下半叶，随着华人下南洋谋生的逐渐增多以及禅僧的前往弘法，惠能禅又随之在东南亚得到传播。19世纪末，随着东西方文化的广泛交流，禅宗又漂洋过海传到了美国和欧洲大陆，从而对西方文化产生了一定的影响，《坛经》也被翻译成各种外文（特别是英文），并逐渐出现了依据现代学术规范展开对《坛经》版本及其思想进行研究的作品。

从总体来看，《坛经》随着惠能禅宗的向外传播而逐渐参与到世界文明的构建之中，其过程可以主要分为两个阶段。

第一个阶段是通过《坛经》在亚洲地区的传播，尤其是在日本和朝鲜半岛流传，不仅使惠能禅逐渐成为东方文化的代表之一，而且促成了惠能禅宗与当地人文环境相结合而形成独特的禅宗流派和禅文化。例如，由于朝鲜半岛和日本地区佛教发展的不平衡以及民众对于禅宗的接受程度不同，即使是同版的《坛经》传入两地，也会产生不尽相同的影响，因此虽然历史上有许多《坛经》版本分别传入了两地，但在日本地区曾长期流行的是由惠昕改编的两卷本《坛经》，而在朝鲜半岛流行的则是经由契嵩校勘后的具有三卷规模的《坛经》，而且朝鲜流传的《坛经》中，还有惠能预言“吾灭度后五六年，当有一人来取吾首”的正文，以及新罗人雇人盗取惠能顶相前往当地供养而未遂的注解。有趣的是，朝鲜半岛上竟流传着新罗僧人成功盗取惠能顶相（项）前往当地供养的说法，在韩国全罗南道智异山麓的双溪寺现仍耸立着一座供奉中国禅宗六祖惠能头颅的石塔，称“六祖顶相（项）塔”。至12世纪的高丽王朝时期，由于三卷本《坛经》的内容更为丰富，并展现了惠能“三教合一”以及“禅教一致”的思想意涵，因而得到著名禅师知讷的助缘刊行，而知讷禅师等人将当时各派禅宗加以整合而创立的“曹溪宗”，至今仍然是韩国佛教的主要派别。

与朝鲜半岛有所不同的是，早期《坛经》版本传入日本后不久，便引起了重视，并得到了很好的保存，因而当宋代以后的惠能禅宗派系以及后期《坛经》版本传入时，日本便面临着如何鉴别和会通不同《坛经》版本的问题。例如，禅宗一向比较重视师承，但禅宗祖师谱系的建立和定型有一个历史过程，表现在《坛经》中，则是不同版本的《坛经》所记载的祖师谱系有所不同。于是，经由日本著名禅师道元所传写的早期《坛经》版本中，就用定型后的祖师谱系对之进行了改写。又如，明清以后日本僧人中出现了专门注解和参究《坛经》的书籍，其中不仅大量引述中国佛教以及其他文化典籍对其加以诠释，而且也借之对当时禅宗乃至佛教中出现的不良风气加以批评纠正，甚至还加入了一些独特的理解，从而对惠能禅宗的日本化做出了重要的贡献，日本文化也因此受到惠能禅宗多方面的影响。

第二个阶段是《坛经》自亚洲传向美国和欧洲大陆，尤其是通过翻译和研究，不仅使欧美地区的人们能够理解禅宗的独特精髓及其文化价值，而且促进了东西方文化的深度交流，推动了人类对世界文明的构建。随着地理大发现将世界各地联系起来，欧美国家纷纷在工业革命后凭借着坚船利炮殖民亚洲各国，与此同时，欧美各国之间也因为经济政治等原因而发生了给人类造成巨大灾难的两次世界大战，正是在这样的背景下，中西文化的碰撞和交流急速加剧，惠能禅宗作为东方文化的代表之一也开始通过特有的方式参与到影响西方文化和塑造世界文明的进程之中。在这个过程中，由于日本比较早地打开国门向西方文化学习，因而也较早地将惠能禅宗引介到了欧美社会，其中尤以铃木大拙最具有代表性。铃木大拙不仅用西方人熟悉的英语写作，而且运用当时西方思潮中比较流行的现代心理学的名词概念大力宣扬惠能禅思想中具有无意识、非理性的方面，发掘其中所蕴含的人文主义和自然主义的精神，迎合了生活于现代科学技术和理性主义高度发展中的西方人的心理需要，从而引起了西方人的广泛注意。值得注意的是，正是在铃木大拙以宗教信仰的方式诠释传播惠能禅之时，我国著名的学者胡适因为在封存已久的敦煌文献中发现了更为早期的《坛经》版本，他用现代史学的方法加以研究，从而在某些方面与铃木大拙有不同的看法，并通过与铃木大拙在西方学术刊物上著文争辩，客观上增进了欧美社会对惠能禅宗及其《坛经》的了解和传播，也吸引了一些学者致力于对惠能《坛经》、中国佛教乃至中国文化方面的深入研究[20]，使《坛经》成为世界人民了解中国文化和东方文明的窗口。

20 世纪 70 年代以来，随着中国实行改革开放，同时在宗教领域落实宗教信仰自由的政策，以禅宗为代表的中国佛教逐渐恢复开展正常的宗教活动，社会上还一度出现了所谓的“禅宗热”，其中的一个重要表现便是人们对《坛经》的普遍关注和深入研究。近些年来，人间佛教运动得到蓬勃发展，中国社会也更加注重传承发展中华优秀传统文化对现代社会和人生的积极作用，相信在这样的时代背景之下，《坛经》所蕴含的重视现实社会人生、主张超越形式而回归真实、强调平等自立乃至圆融中道等有益于人类和谐发展的精神资源，能够展现出更多的价值。

五、本书采用及收录的版本与注释体例

目前存世的《坛经》版本有数十种。在诸多的《坛经》本子中，历史上最为流行的是经元代僧人宗宝改编的版本，它几乎成为明代以后唯一的流通本。但 20 世纪初敦煌本《坛经》发现以来，人们认识到了不同版本的《坛经》对全面了解惠能及其所创南宗的重要意义，因而对搜寻《坛经》本子的兴趣陡增，在中外学者的共同努力下，不断有一些新的《坛经》本子被发现，并对《坛经》展开了多方面的研究[21]。本书在注释的过程中也有针对性地运用了一些不同版本的相应内容，以助于对《坛经》有更全面的理解，并特别地将具有代表性的两种《坛经》版本（即敦煌出土的法海集记本和在日本发现的惠昕改编本）作为附录放入本书，以方便读者参阅。

就研究中国禅宗的形成发展，特别是早期禅宗的思想而言，形成较早的法海集记本《坛经》比较受学术界重视，但从实际的社会传播和广泛影响而言，后出的宗宝本《坛经》却更合适选为本书的底本。宗宝本《坛经》也有很多流传本，本书所选用的版本是成型比较晚、流传比较广而且被选择纳入《嘉兴藏》刻行的版本，简称“嘉兴藏本”。

《嘉兴藏》是明末开始刊刻的一部私版藏经，由于曾在浙江余杭的径山等地刻造，故又称《径山藏》。此藏所收录的宗宝本《六祖大师法宝坛经》，不仅经文丰富详实，而且还保留了很多有关惠能及《坛经》的著名碑铭序跋，为后人全面理解惠能的生平及思想提供了丰富的资料，对人们认识《坛经》版本的演化及其所承载的思想内涵，乃至对后来禅宗及

佛教的发展、对中国思想文化演进的影响，也都有重要意义，所以它不但成为近现代以来的几部《大藏经》的蓝本，而且也是国内最早详细为《坛经》作注的《六祖坛经笺注》的主要底本[22]。鉴于“嘉兴藏本”所呈现的惠能言行之丰富，思想意义、文化价值以及社会影响之巨大，本书即以嘉兴藏本《坛经》正文为底本，对之进行导读、注释和点评，并将其中的序跋放入本书作为附录。

由于丛书体例的统一要求，本书对底本的繁体字进行了简体字转化，将原本中的双行细注放入黑体括号【 】之内，对底本进行了现代标点，并按现代人的阅读习惯以事件或意义相对集中的句群为原则对底本进行了分段，依次进行注解。本书的注解主要分为两类，一类是注释，一类是点评。

注释主要用于对重要语句意义的串讲和疏通，并对其中影响理解的专有名词概念进行说明。这部分参考了古代和近现代以来具有代表性的注解作品，尽量将词汇的源流义和句子的整体义相结合，做到注出有据，疏解有凭。

点评则有两种形式，一种是篇末评，一种是旁批。篇末评出现在《坛经》每品（每章）的末尾，主要就该品目中对历史和现实具有重要意义或启发价值的内容进行评析。旁批则是就段落中的核心语句进行点评，以助读者对于句群要义的把握。

由于篇幅的限制，本书对附录所收入的内容主要进行了简要的点校。其中，法海集记本《坛经》以敦煌出土而藏于大英图书馆的版本为底本（因为在现有的敦煌本中，此本抄写年代比较早而更多地保持了原貌[23]），参校本主要是旅顺博物馆藏本、敦煌博物馆藏本以及国家图书馆藏残本；惠昕改编本《坛经》以日本大乘寺所藏本为底本，参校本主要是日本天宁寺藏本、真福寺藏本和兴圣寺藏本；这些参校本分别简称为旅博本、敦博本、国图本、天宁本、真福本、兴圣本。

本书主要由我的学生白光博士帮助整理和撰写初稿，然后由我修改、补充和完善，并最后定稿。我和白光博士曾在多年前合作出版过注评《坛经》的书籍（凤凰出版社，2010）。白光不仅长期从事《坛经》版本及其思想方面的研究，出版有博士论文《〈坛经〉版本谱系及其思想流变研究》（宗教文化出版社，2013），并主持完成了国家社科基金项目《六祖坛经对勘集释》，而且对我的学术思想也比较了解，因此比较放心由他来统筹初稿。当然，如果书稿中存在不妥之处，当由我全部负责。

① 关于此标题的排列，学界有许多讨论，可参阅方广锠《谈敦煌本〈坛经〉标题的格式》，载李申、方广锠《敦煌坛经合校简注》附录，山西古籍出版社 1999 年版。

② （唐）法海等集：《六祖大师缘起外纪》。

③ （元）德异：《六祖大师法宝坛经序》。

④ （唐）宗密：《圆觉经大疏释义钞》，载《大藏新纂卍续藏经》第 9 册，第 532 页下。

⑤ （元）德异：《六祖大师法宝坛经序》。

⑥ 《全唐文》第 914 卷有署名为慧能的《金刚般若波罗蜜经序》，《续藏经》中也有慧能的《金刚经口诀》（又名《金刚经解义》《金刚经注解》《六祖解义》《六祖口诀》）一卷（或作二卷），但一般认为不是惠能所作。《金刚经口诀》的相关研究可参考忽滑谷快天《中国禅学思想史》、关口真大《禅宗思想史》、竹内弘道《慧能撰〈金刚经解义〉的思想特质及其成立之研究》、松本史郎《〈金刚经解义〉与神会》、何照清《惠能与〈金刚经解义〉》、李富华《六祖大师研究被忽略的一个问题》等资料。本书在对《坛经》进行注解时将之作为参考资料之一。

⑦ 洪修平：《禅宗思想的形成与发展》（修订版）第四章、第五章，江苏人民出版社 2011 年版，第 176—272 页。

⑧ 诸《坛经》均有之，下文如此不再注明，仅注例外的情形。

⑨ 法海集记系《坛经》。

⑩ 惠昕改编系及契嵩校勘系《坛经》。

⑪ 《大正藏》第 48 册，第 406 页上。

⑫ 关于此“心要”，现存资料中比较早地呈现在《曹溪大师别传》中，其记惠能对薛简云：“道无明暗，明暗是代谢之义。明明无尽，亦是有尽，相待

立名。《净名经》云：法无有比，无相待故。”薛简云：“明譬智慧，暗喻烦恼，修道之人，若不用智慧照生死烦恼，何得出离？”惠能大师云：“烦恼即菩提，无二无别。汝见有智慧为能照，此是二乘见解，有智之人，悉不如是。”（柳田圣山主编：《六祖坛经诸本集成》，日本中文出版社 1976 年版，第 415—416 页）

⑬ 在惠能大梵寺传法授戒结尾，法海集记系云“岭南有福，生佛在此”，其他诸本则云“岭南有佛出世”。

⑭ 据说惠能得法受衣离开黄梅的当晚，弘忍亲自把他送到了九江驿。江边有一小船，弘忍令惠能上船后，便把橹自摇。惠能说，师父请坐，让弟子来摇吧。弘忍说，应该是我渡你。惠能回答说：“迷时师度，悟了自度。度名虽一，用处不同。惠能……蒙师传法，今已得悟，只合自性自度。”

⑮《大正藏》第 47 册，第 500 页中。

⑯ 惠昕改编系及契嵩校勘系《坛经》。

⑰ 惠昕改编系及契嵩校勘系《坛经》。

⑱ 洪修平：《〈坛经〉的人间佛教思想及其理论特色》，《河北学刊》2011 年第 6 期。

⑲ 钱穆所列的几部书为：《论语》《孟子》（兼读《大学》《中庸》）《老子》《庄子》《六祖坛经》《近思录》《传习录》。

⑳ 龚隽、陈继东：《中国禅学研究入门》，复旦大学出版社 2009 年版，第 37、211、215、241 页。

㉑ 研究关涉的问题主要包括《坛经》的“作者”是谁、《坛经》有多少版本、《坛经》版本的流变关系以及《坛经》版本与禅宗思想之间的互动关系等。具有代表性的研究成果，早期有胡适《菏泽大师神会传》《坛经考》等，以及印顺《中国禅宗史》中的相关章节；张曼涛主编的《六祖坛经研究论集》对 20 世纪 80 年代之前海峡两岸有关论著作了一定的搜集；杨曾文校写了《敦煌新本六祖坛经》及对日本学者相关研究的介绍；中国大陆地区除了郭朋、周绍良等老一辈学者外，又涌现出一些年轻学者试图对已有的研究成果进行综述和评议以寻绎新的研究方向，如洪修平《关于〈坛经〉的若干问题研究》以及龚隽《禅史钩沉》中的相关章节；进入 21 世纪，仍有一些学者根据新发现的《坛经》版本或相关资料进行着持续的研究，如周春生、韦光燕《休休庵本〈坛经〉的版本考》、中岛隆藏《关于“曹溪南华禅寺建寺一千五百周年纪念”刊行德清校勘〈六祖坛经〉》、哈磊《古本〈坛经〉存在的文献依据》、侯冲《契嵩本〈坛经〉新发现》、白光《洪武六年本〈坛经〉的学术价值》以及《坛经版本及其思想流变研究》一书中的相关章节等。

㉒ 丁福保的《六祖坛经笺注》以嘉兴藏版“宗宝本”和正统年间所刻的“德异本”为底本相互对勘，而篇名结构主要采取“宗宝本”的形式；同时，由于他参校了当时流行的一些更为接近“宗宝本”的版本以及新发现的“敦煌本”和神会语录等资料，因而对篇名和正文也进行了一定的修改，如在篇名中加了“品”字，将“宣诏第九”改为“护法品第九”，将“宗宝本”第五篇中惠能对于坐禅的看法“元不著心”改为“元不看心”等（参见丁福保：《六祖坛经笺注》，齐鲁书社 2012 年版，第 9 页，第 214 页，第 134 页）。

㉓ 在敦煌文献中，人们先后发现五个汉文写本“法海集记《坛经》”。按其现在所藏地址可分别称之为“英博本”、“敦博本”、“旅博本”、“国图北本”及“国图北残本”。虽然学界认为这五本《坛经》属于同类版本，但对它们的版本谱系的认识却看法不一。如果从判定《坛经》版本演化的首要原则是其是否接近俗讲俗记，然后再根据文字从俗体转为正体、从多样变为统一等进行细分，经过文本对照，可以得出初步结论：现存法海集记《坛经》存在这样的版本谱系，即英博本最接近惠能俗讲，是最早的；其次是旅博本，接着是敦博本，再次是国图北本（白光：《现存法海集记〈坛经〉的版本谱系研究》，载《中国典籍与文化》2017 年第 1 期）。

六祖大师法宝坛经[1]

风幡报恩光孝禅寺住持嗣祖比丘宗宝编[2]

白居易曰：一卷《坛经》说佛心。

行由第一[3]

时，大师至宝林[4]。韶州韦刺史【名璩】与官僚入山请师出于城中大梵寺讲堂为众开缘说法[5]。师升座次，刺史官僚三十余人、儒宗学士三十余人、僧尼道俗一千余人同时作礼[6]，愿闻法要[7]。

宋僧契嵩《传法正宗记》云：“其时玄儒之士趋而问道者甚众，犹孔子之在洙（zhū）泗（sì）也。”

［注释］

[1] 六祖大师法宝坛经：此为经名，说明这是中国佛教禅宗

第六祖惠能大师在传法戒坛等场所言行说教的记载，简称《坛经》。“坛”，或作“檀”，兼具施法讲坛和授戒戒坛之义；“经”，本来专指佛的说法，由于惠能的弟子视惠能如佛，惠能的法语，犹如佛语，所以这部集中记载惠能言行说教的典籍也被称之为“经”。此经在历史上有多种名称，因以禅宗六祖惠能为主角，故又称《六祖坛经》；因将惠能所说教法视为佛教三宝之“法宝”，故又称《法宝坛经》《法宝记》《法宝坛经记》等；因惠能一生弘法主要在岭南韶州曹溪，故又称《韶州曹溪山六祖师坛经》《曹溪六祖坛经》等。现存最早的《坛经》本子是敦煌本，标题为《南宗顿教最上大乘摩诃般若波罗蜜经六祖惠能大师于韶州大梵寺施法坛经》一卷，“兼受无相戒弘法弟子法海集记”，其中专门讲到了该经最早的结集者法海，也讲到了其本义主要是指惠能在大梵寺的说法传戒，并且将这部经的主旨浓缩为关于般若的阐扬，还将这部经典作为禅宗“南宗”的旗帜。 [2] 风幡（fān）报恩光孝禅寺住持嗣祖比丘宗宝编：即这部《坛经》是由元代广州光孝寺住持宗宝所编。风幡报恩光孝禅寺，相传为秦时南越王赵佗（tuó）故宅，三国吴虞翻废宅为苑，其后人施宅苑为制止寺，至唐太宗贞观十九年（645）称乾明法性寺，宋高宗绍兴七年（1137）称报恩广孝禅寺，二十一年（1151）改“广”为“光”，明清以降多称光孝寺（据清代顾光、何淙［cóng］修撰《光孝寺志·建置志》）。幡：佛教器物之一，一般为窄长垂直挂起的旗子，往往用于祈福或表示诸佛菩萨的威德和庄严。宗宝：元代人，曾任光孝禅寺住持，除了曾经编辑《坛经》之外，还撰有《达摩像赞》《六祖像赞》，其余事迹不详。据宗宝的《跋》文，宗宝当年因见有三种《坛经》版本各不相同，互有得失，遂“取其本校雠，讹者正之，略者详之，复增入弟子请益机缘，庶几学者得尽曹溪之旨”。 [3] 行由第一：或作“行由品第一”（在佛教典籍中，“品”相当于“篇”或“章”，用以划分文章。宗宝本《坛经》的十品，有的版本分别标明“行由品第一”、“般若品第二”、“疑问品第三”等。本书按所采用的底本统一不加“品”字)、“自序品第一”、“悟法传衣第一”。宗宝本所划分出的第一部分的内容，在惠昕改编本中为两部分，即“一韶州刺史韦璩等众请说法”和“二大师自说悟法传衣”，或简称“一缘起说法门”和“二悟法传衣门”。行由：意谓惠能行为事业的由来，即有关惠能生平事迹的介绍。 [4] 宝林：韶州曹溪宝林寺。据说南朝梁时有智药三藏从印度而来，赞赏此地山水宛如西天宝林山，遂改曹溪山为宝林山，并建议在山上建宝林寺，以喻后世会有得道者如林。唐中宗神龙元年（705）改中兴寺，三年（707）又赐法泉寺，宋太祖开宝（968—976）初年，改为南华禅寺。惠能长期在曹溪宝林弘法传禅，影响很大。 [5] 韶州韦刺史【名璩（qú）】：韶州刺史韦璩。秦有郡县，汉设州刺史以监察诸郡县，刺史位高权重，后来形成州郡县三级行政区划，唐宋又设道、路进行治理。韶州：今韶关，唐时属于岭南东道，治所在曲江县。刺史：官名，汉置，历代多名，有行使监察刺举之职能。韦璩：早期文献又作韦据，璩和据繁体字形相似易混，为惠能俗家弟子。除请惠能于大梵寺说法传戒之外，在惠能去世时曾协助韶州信众迎请惠能真身并为作碑铭，其他事迹不详。大梵寺：据说在韶州曲江县，今已不存。说法：唐中期法海集记《坛经》为“说摩诃般若波罗蜜法兼受无相戒”，唐末惠昕改编《坛经》为“受无相戒说摩诃般若波罗蜜法”，宋元时契嵩校勘系的其他《坛经》为“说摩诃般若波罗蜜法”。以宗宝本为代表的《坛经》均简化为“说法”二字。 [6] 一千：法海集记本作“一万”。 [7] 法要：佛法的核心要义。

大师告众曰：善知识[1]，菩提自性[2]，本来清净，但用此心，直了成佛。

善知识，且听惠能行由得法事意[3]。

［注释］

[1] 善知识：佛教指正直而有德行、能教导正道之人，有时也用作对普通人的敬称之一，带有劝勉他人离恶修善之义。《坛经》基于人人都有智慧性而提倡众生“自有善知识”；又因有人没有觉悟，所以需要已经觉悟的“大善知识”帮助。惠能禅宗对于善知识的看法体现着佛教的因缘观，详见《坛经·般若第二》。 [2] 菩提自性，本来清净，但用此心，直了成佛：此十六字可以看作是整部《坛经》的核心思想，大意是说人人自心都具有智慧本性，自性是本来清净的，正是依持这个人人都有的智慧清净心，只要识心见性，便能顿悟成佛。菩提：梵语 Bodhi 的音译，意译为道、觉、智慧等，为与普通的智慧相区别，又称佛智或圣智。佛：即“佛陀”的简称，梵语 Buddha 的音译之一，意译为觉者、智者等。按照佛教的说法，觉有自觉、觉他和觉行圆满三义。只有佛才能既“自觉”，又“觉他”，且“觉行圆满”。《坛经》特别强调“佛者觉也”，认为自心觉悟便是佛，反对向心外求佛觅佛。 [3] 且听惠能行由得法事意：请听我惠能给大家讲述我往日得受衣法的经历。

惠能严父[1]，本贯范阳，左降流于岭南，作新州百姓；此身不幸，父又早亡，老母孤遗，移来南海，艰辛贫乏，于市卖柴。时有一客买柴，使令送至客店，客收去，惠能得钱，却出门外，见一客诵经[2]，惠能一闻经语，心即开悟，遂问客诵何经，客曰《金刚经》。复问：从何所来持此经典？客云：我从蕲州黄梅县东禅寺来[3]，其寺是五祖忍大师在彼主化[4]，门人一千有余；我到彼中礼拜，听受此经[5]；大师常劝僧俗但持《金刚经》，即自见性，直了成佛[6]。惠能闻说[7]，宿昔有缘，乃蒙一客取银十两与惠能，令充老母衣粮，教便往黄梅参礼五祖；惠能安置母毕即便辞违，不经三十余日便至黄梅，礼拜五祖。

诵者无心，听者有意，惠能可谓有心之人。

安置好母亲的生活才离开，表现了惠能对母亲的孝心。这也是中国化佛教讲究“孝道”的具体体现。

祖问曰：汝何方人[8]？欲求何物？

惠能对曰：弟子是岭南新州百姓。远来礼师，惟求作佛[9]，不求余物。

祖言：汝是岭南人，又是獦獠[10]，若为堪作佛。

惠能曰：人虽有南北，佛性本无南北[11]，獦獠身与和尚不同，佛性有何差别。

五祖更欲与语，且见徒众总在左右[12]，乃令随众作务[13]。

惠能的佛性观体现了人们对平等的追求。

惠能曰：惠能启和尚，弟子自心常生智慧，不离自性即是福田[14]，未审和尚教作何务[15]。

祖云：这獦獠根性大利[16]。汝更勿言，著槽厂去[17]。

惠能退至后院，有一行者差惠能破柴踏碓[18]，经八月余。

祖一日忽见惠能[19]，曰：吾思汝之见可用，恐有恶人害汝，遂不与汝言，汝知之否？

惠能曰：弟子亦知师意，不敢行至堂前，令人不觉。

[注释]

[1]“惠能严父”至“于市卖柴”：主要讲述的是惠能的家庭情况。其中说到惠能的父亲虽然曾经为官，但是后来被降职流放至边远地区作百姓，而且在惠能很小的时候便去世了，留下孤儿寡母相依为命，生活非常艰辛贫困，常需惠能卖柴贴补家用。严父：或作“慈父”。本贯：或作“本官”，音近易混。存世文献常分辨惠能俗姓之“卢”乃是范阳大姓之卢，所以多取本贯范阳之说。范阳即今河北涿州。左降流：或作“左降迁流”，是古代的贬官形式。岭南即五岭之南，五岭分别为越城岭、都庞岭、萌渚（zhǔ）岭、骑田岭以及大庾（yǔ）岭。新州：为梁代所置，即今广东新兴。南海：秦代以来即置南海郡，这里的南海可以理解为犹如岭南一般的大地区概念，所以《宋高僧传》说惠能是“南海新兴人”

（《大正藏》第 50 册，第 754 页下）。另外，由于古人称呼惠能落发出家的广州法性寺也在“南海”，相传惠能即在那里初次开说“东山法门”，而且《坛经》又是“集记”所致，因此这里的“移来南海”也可以理解为惠能当初施法时所说之语。 [2]“见一客诵经”以下五句：或作“忽见一客读《金刚经》，惠能一闻，心明便悟”、“见有一客读《金刚经》，某甲一闻，心便开悟”、“见一客诵经，能一闻经云应无所住而生其心，心即开悟，遂问客诵何经，客曰《金刚经》”。“某甲”即惠能自称，因为后文提到惠能“不识字”，按照常识应该是闻声而悟，不应知名而悟，故而编者增加了问询经名的话，并同时在弘忍为惠能传法时增加了内容，说正是在讲到《金刚经》的“应无所住而生其心”时惠能才觉悟的，这便促使后人又将此一句放入惠能初次闻经得悟的故事中。诸版本《坛经》虽有差别，但是都认为惠能之悟深受《金刚经》的影响。《金刚经》是佛教般若类经典的代表作品，由于般若智慧又被誉为“诸佛之母”，所以《金刚经》在中国佛教中受到特别的推崇，对中国佛教具有重要影响。《金刚经》有多种汉译本，最为流行的是鸠摩罗什的译本，其核心思想是基于缘起法而强调“一切皆空”，从而破除人们对于各种现象的迷惑偏执，其中的“一切有为法，如梦幻泡影，如露亦如电，应作如是观”四句偈颂非常流行。在《坛经》中，惠能禅宗不仅延续了《金刚经》说空破执的道理，而且注意提防执著于空的流弊，更为强调“应无所住而生其心”。因此，《坛经》中增入此句可谓是曲折地反映了中国佛教和禅宗对《金刚经》的特别理解。 [3] 蕲（qí）州黄梅县：即今湖北黄梅。东禅寺：即今黄梅五祖寺。 [4] 五祖忍大师：即弘忍禅师。禅宗祖师传承谱系代数，详见《坛经・付嘱第十》相关部分及其解释。在禅宗祖师中，四祖道信和五祖弘忍均以黄梅为主要的弘法地区，其中道信禅师先于黄梅西山建寺传禅，弘忍从道信得法后在黄梅东边的冯墓山东禅寺弘法，时称“东山法门”。弘忍的禅法特色在“守本真心”，流传的著作主要是《修心要论》，其中既强调要坚守清净真心而息灭妄想，又认为“守心”应该落实于平常的行住坐卧之中。冯墓山：或作冯母山、冯茂山，墓、母、茂音近易混，相传此山为当地冯氏所有，是冯茂施与弘忍禅师。主化：主持教化。　[5] 听受此经：听闻领受《金刚经》。　[6] 但持《金刚经》，即自见性，直了成佛：只要能够按照《金刚经》的要义进行修持，便能自见本性，自成佛道。这是强调并不只是空声念诵而已。　[7]“惠能闻说”至“礼拜五祖”：或作“惠能闻说，宿叶有缘，便即辞亲往黄梅冯墓山，礼拜五祖弘忍和尚”。对照可知，这里多出了惠能受人资助、安置母亲等合乎常情以及体现惠能孝道的内容，同时也增加了“不经三十余日”的时间限制已到达千里之外的黄梅，以补充说明惠能求道的心切，这些说法也详略不同地见之于《祖堂集》《宋高僧传》等佛教文献中，其中惠能孝亲的行为在宋代契嵩禅师所作的《孝论》中被列为佛门典范而通过大藏经广泛流行。《坛经》逐渐增入惠能孝亲事迹，不仅有助于人们全面了解惠能其人，而且有利于惠能禅宗在深受孝亲文化影响的社会中广为传播。宿昔：或作“宿业”，即以前的所作所为及其影响，这是基于佛教业感轮回说的一种常见表达，其核心思想是认为现在的事情是受到以前行为影响的结果。两：古代称量单位。　[8] 汝何方人？欲求何物：或作“汝何方人来此山礼拜吾，汝今向吾边复求何物”、“汝何方人来此山中礼拜，今向吾边欲求何物”，更易理解。　[9] 惟求作佛：或作“唯求佛法作”、“唯求作佛”。佛即法之佛，法即佛之法，惠能不求余物，唯是求法作佛，足见志向高远。据多种文献记载，此时惠能只有二十余岁。　[10] 獦獠（gé liáo）：一般认为是指中国南方的少数民族。其中，獠是中国南方的一个古民族，随着中国南北交通的开拓，民族交流融合也日益加强，史籍中有称惠能祖籍范阳，又说他为新州獦獠，于此可见一斑。獠族在长期的演化中，在唐宋之间逐渐形成仡佬族，今人常将獦獠视为其前身。 [11] 佛性：或作“佛姓”，对于佛性的讨论是中印佛教的重要问题。首先，从佛教产生的印度文化背景来看，佛性与种姓相关。在古代印度社会流行着婆罗门教，其将人分为婆罗门、刹帝利、吠舍、首陀罗四个种姓，其中婆罗门地位最高，首陀罗地位最低，种姓之间不仅等级森严，而且认为各种姓是被先天决定的，体现的是神的意志，因而是不可改变的。佛教基于缘起理论，反对婆罗门教先天不变的种姓说，认为各种姓乃是不同因缘条件产生的相应结果，并以“缘起”和“无我”来否定神意而倡导“种姓平等”，特别强调各个种姓在信奉佛教、追求宗教解脱中的平等。其次，佛性，是梵文Buddhatā 的汉译，本来是指佛陀的本性、体性，后来也发展成为众生成佛的可能性、因性或成佛的内在根据。《坛经》则更强调佛性即是众生的觉悟之性。第三，从佛性问题的主要内涵来看，其既涉及佛教对于终极信仰对象的特质属性的规定，也涉及人们是否具有实现这些特质属性的可能性，回答着“佛是什么”以及“能不能成佛”等具有普遍性的疑问，因此在印度佛教传入中国社会并最终形成具有本土特色的中国佛教的过程中备受关注和讨论，中国佛教特别推重强调佛性具有常、乐、我、净四德并主张“一切众生皆有佛性”的《涅槃经》，作为中国禅宗基本经典的《坛经》首先突出惠能与弘忍关于佛性的精彩问答，便是显著的体现。第四，惠能禅宗在继承《涅槃经》“一切众生皆有佛性”的同时，将“佛者觉也”视为根本解释，强调人人皆有的佛性“本无差别”，使得佛教的大门开得更大，也有助于增强人们的自信心。惠能禅宗既提倡人人皆可成佛，又认为人人皆有觉性，即觉悟成佛的本性。 [12] 见徒众总在左右：或作“见左右在傍边”、“见徒众总在身边”。左右即徒众在身边。 [13] 作务：指为寺院僧众劳作事务。 [14] 福田：传统佛教认为，戒律为诸善之本，僧众受戒清净犹如世间福田，人们如果能为寺院僧众劳作，便可以培养善根、积累功德、获得福报。惠能与一般人追求世间名利福报有所不同，他强调福田的根本不在心外而在心中，根源于人们的智慧本性而又不迷失。关于福报与解脱关系的问题，详见于《坛经·疑问第三》及《忏悔第六》。 [15] 未审：是口语表达，相当于“不知”、“请问”。 [16] 根性大利：领悟能力非常敏锐。 [17] 著槽厂去：前往后院劳作的地方去。 [18] 行者：一般指修行人。踏碓（duì）：用脚踩踏碓器将盛放在石臼中的稻谷之皮去除，又称舂（chōng）米。惠能虽然智慧明利，但是心中并无关于劳力劳心的等次偏见，于此可见。 [19] “祖一日忽见惠能”至“令人不觉”：这段问答是对于之前弘忍欲言又止的补充说明，同时也借此解释了为何惠能在东禅寺待了那么长时间却不知身边发生的一些事情。这在早期版本中是没有的。

生死问题是佛教关注并致力于解决的根本问题。

祖一日唤诸门人总来[1]：吾向汝说，世人生死事大[2]，汝等终日只求福田，不求出离生死苦海，自性若迷，福何可救。汝等各去自看，智慧取自本心般若之性[3]，各作一偈来呈吾看[4]，若悟大意[5]，付汝衣法[6]，为第六代祖。火急速去[7]，不得迟滞，思量即不中用，见性之人言下须见；若如此者，轮刀上阵，亦得见之【喻利根者】。

众得处分[8]，退而递相谓曰：我等众人不须澄心用意作偈将呈和尚[9]，有何所益。神秀上座现为教授师[10]，必是他得，我辈谩作偈颂，枉用心力。

余人闻语，总皆息心[11]，咸言：我等已后依止秀师[12]，何烦作偈。

神秀思惟[13]：诸人不呈偈者，为我与他为教授师；我须作偈将呈和尚，若不呈偈，和尚如何知我心中见解深浅；我呈偈意，求法即善，觅祖即恶，却同凡心夺其圣位奚别；若不呈偈，终不得法；大难，大难。

五祖堂前有步廊三间[14]，拟请供奉卢珍画《楞伽经变相》及《五祖血脉图》流传供养。

神秀作偈成已[15]，数度欲呈，行至堂前，心中恍惚，遍身汗流，拟呈不得，前后经四日一十三度，呈偈不得，秀乃思惟：不如向廊下书著，从他和尚看见，忽若道好，即出礼拜，云是秀作；若道不堪，枉向山中数年受人礼拜，更修何道。

是夜三更[16]，不使人知，自执灯书偈于南时时努力，其实对做任何事情都是很重要的。

廊壁间[17]，呈心所见。偈曰：

身是菩提树[18]，心如明镜台，

时时勤拂拭，勿使惹尘埃。

秀书偈了，便却归房，人总不知。

秀复思惟[19]：五祖明日见偈欢喜，即我与法有缘；若言不堪，自是我迷，宿业障重，不合得法；圣意难测。房中思想，坐卧不安，直至五更。

祖已知神秀入门未得，不见自性[20]。

天明，祖唤卢供奉来向南廊壁间绘画图相，忽见其偈，报言供奉：却不用画，劳尔远来[21]。经云[22]：凡所有相[23]，皆是虚妄。但留此偈[24]，与人诵持。依此偈修，免堕恶道[25]；依此偈修[26]，有大利益。

令门人炷香礼敬[27]，尽诵此偈[28]，即得见性[29]。

门人诵偈，皆叹善哉。

祖三更唤秀入堂，问曰：偈是汝作否[30]？

秀言：实是秀作，不敢妄求祖位，望和尚慈悲，看弟子有少智慧否[31]。

祖曰：汝作此偈，未见本性[32]，只到门外，未入门内。如此见解，觅无上菩提[33]，了不可得。无上菩提[34]，须得言下识自本心、见自本性不生不灭，于一切时中念念自见，万法无滞，一真一切真，万境自如如，如如之心即是真实；若如是见，即是无上菩提之自性也。汝且去一两日思惟，更作一偈将来吾看。汝偈若入得门，付汝衣法。

一花一世界，一叶一菩提。万事万物不仅相互区别，也相互联系，心在其中起着重要的作用。

神秀作礼而出。

又经数日，作偈不成，心中恍惚，神思不安，犹如梦中，行坐不乐。

［注释］

[1] 总来：或作“尽来，门人集记五祖曰”，从“门人集记”四字可见此《坛经》当初的记录者知道此处大段文字（至少至惠能听到有人唱诵偈颂为止）并非惠能亲身经历，乃是惠能转述弘忍门人所记。 [2]“世人生死事大”以下五句：弘忍的这番话值得人们深思。他是主化千余人的禅宗领袖，教导弟子不应只求作为结果的外在物欲名利等福报，而应该把握有限的时间反省内心的偏执和迷惑，争取早日实现人生心灵的觉悟，达到生命境界的提升。这种注重内在修养的持守、反对追逐外在名利的做法和态度，对于今天在物欲横流中迷失方向的人们来说依然具有启发意义。世人生死事大，生死是人生的根本大事，佛教就是要帮助人从生死轮回的痛苦中解脱出来。自性若迷，福何可救：如果自心迷惑的根源尚在，尽管有使人暂时快乐的福报，也无法挽救因为愚痴所造成的苦果。 [3] 智慧取自本心般若之性：或作“有

智惠者自取本姓般若之知”，慧与惠相通，姓与性相同，是说因为人人自心都有般若之性，智慧乃是般若之性的显现，因此人们可以运用源自般若之性的智慧。 [4] 偈（jì）：偈颂，是佛教经典常用的一种体裁，类似于诗歌，常以简短的语言表达深奥的道理。 [5] 大意：佛法宗旨。 [6] 付汝衣法：按照《坛经》后文的解释，即付法传衣，衣为达摩以来所传的袈裟信衣，法则是以心传心的觉悟之法。 [7]“火急速去”以下七句：在早期版本中只有“火急急”或“火急作”三字，旨在催促弟子尽快作偈，后来则有版本将其改作“火急便作，不得迟滞，思量即不中用，见性之人言下须见，若抡刀上阵一般”或“火急速去，不得迟滞，思量即不中用，见性之人言下须见，若轮刀上阵一般”，再后来则又对最后一句加以进一步说明。其中，“思量即不中用”的“思量”，结合“见性之人言下须见”句，可见主要是指犹豫不决、执著利益得失、计较文字修辞等不识正理或违背佛法要义的心理活动。在禅宗中，思量与依持自性的正念相对，见性是当下即是，不假思量。 [8] 处分：指弘忍教令弟子作偈。 [9] 澄心：或作“呈心”，排除杂乱的想法，使心情平静下来。 [10] 神秀上座现为教授师：神秀禅师德高望重，是大家公认的仅次于弘忍禅师的人。据张说《唐玉泉寺大通禅师碑铭并序》《传法宝纪》等记载，神秀又称道秀、惠秀，生于隋大业二年（606），武德八年（625）受戒，神龙二年（706）去世，世寿 101 岁，“大通”是其谥号。神秀祖籍在陈留尉氏（今河南开封尉氏县），俗姓李，博览群书，精通儒道，熟悉佛典，特别以《楞伽经》为心要，继承东山法门一行三昧禅法，注重坐禅看心，提倡方便通经，先于湖北玉泉寺弘法传禅，后受请于京城内廷为帝王说法，戒律精严，道风独秀，弟子繁盛，影响很大，世称禅门北宗，相传《大乘五方便》《观心论》为其所著。《坛经》所记载的神秀形象，褒贬参半，不可全信。上座：与下座、中座以及长老共同构成佛教按照受戒时长对僧众的划分，其中上座受戒时间在二十年至四十九年，是仅次于长老的一类僧众。教授师：又称轨范师，主要负责教授僧侣轨则仪范。 [11] 息心：是说打消作偈颂的念头。 [12] 依止：依赖听从。 [13]“神秀思惟”至“大难”：自此开始讲述神秀作偈前后细腻的思想状态，带有一定的宗派成见，具有矮化神秀的意味。同时，人们也可以从另一个角度看到，这一文献记载也反映了南北二宗对于衣法传承过程中的意气之争加以揭露和抗拒，如此句在展现神秀思考要不要作偈颂时，“我呈偈意，求法即善，觅祖即恶，却同凡心夺其圣位奚别”（或作“我将心偈上五祖，呈意即善，求法觅祖不善，却同凡心夺其圣位”、“我将心偈呈师即得，求佛觅祖却同凡夫夺其圣位无别”），认为“求法”是善的，但若欲“觅祖”却是恶的。奚别：即何别，表反问，意同“无别”。大难：或作“甚难甚难”，作偈与否，非常难择。 [14] 五祖堂前有步廊三间，拟请供奉卢珍画《楞伽经变相》及《五祖血脉图》流传供养：在早期的《坛经》版本中，是在神秀开始考虑作偈之前，与众僧的议论共同构成神秀作偈的背景，而且还提到作画的人已经考察过廊壁，打算“明日下手”，因此才有神秀紧跟着“夜至三更”书偈壁上的事情；后期《坛经》虽然说“经四日”后才书写，但是依然留着“是夜三更”这样指涉当天的表达。《楞伽经变相》：或作“楞伽变”、“楞伽经变”，即以图像的方式展示《楞伽经》中蕴含的主要事件以及佛学要义。《楞伽经》前后四译，以南朝刘宋时期求那跋陀罗所译《楞伽阿跋多罗宝经》四卷本最为流行。此经属于佛教大乘后期经典，具有融会佛教空有两大思想体系的特点，主张世界万事万物由心所造，认识的对象不在外界而在内心，相传为禅宗初祖菩提达摩传法的依凭，所以早期禅宗有楞伽师资传承的说法，五祖弘忍廊前拟画《楞伽经变相》及

《五祖血脉图》即是这一历史的反映。《五祖血脉图》：或作“五祖大师传授衣法”、“五代血脉之图”，五代即菩提达摩、惠可、僧璨、道信、弘忍。 [15]“神秀作偈成已”至“更修何道”：讲述了神秀在廊壁上书偈时的心理活动，意在营造犹豫不决的形象，乃至夸张地讲述神秀反复十三次欲呈心偈而不能，这种夸大在早期版本中是没有的。恍惚（huǎng hū）：《老子》以“恍兮惚兮”、“惚兮恍兮”形容大道不可捉摸，这里用以形容心绪不宁，思想混乱。 [16] 三更：更为古代夜间计时单位，一夜分为五更，每更有两个小时，第三更即为中夜，相当于现在夜间十一点至凌晨一点。 [17] 书偈：或有版本在此处称此偈为“无相偈”。 [18]“身是菩提树”以下四句：神秀偈颂非常合乎人们对于佛教的一般认识，其大意是说，人是由身心构成的存在物，修行就是要时时刻刻让身心保持清净无污染的状态，犹如时时擦拭明镜不使惹上尘埃。神秀偈颂给人这样一种印象，他将清净作为一种目标去追求，但倾向于认为需要通过不断地努力将不清净的东西去除才能在未来慢慢获得，并不是直接肯定人的身心本来便是清净的。神秀偈颂前两句共同诠释一个命题：人的觉悟归根于身心。时时勤拂拭是指保持身心的清净，方法如身坐不动、观心看净等。神秀偈颂的最后一句“勿使惹尘埃”，或作“莫使有尘埃”、“莫使染尘埃”，有与无相对，染与净相对，二者更强调外在客尘的干扰，惹则更标明外在事物的干扰尚需通过主体才能起作用，从而也更合乎觉悟的关键在于人之身心的主旨。神秀偈颂最后一句的更改，反映了南北二宗思想亦具有融合相通的一面。菩提树：原名毕钵罗树（Pippala），常绿乔木，叶呈卵形，树子坚实，可作念珠，相传释迦牟尼在此树下证得无上菩提，所以称此树为菩提树，并成为佛教重要的信仰物，象征着觉悟。据说梁代时有印度僧人将此树带到广州种植，今多见于广东。明镜可以照物，常用以喻心能知。[19]“秀复思惟”至“直至五更”：与前面内容有重复，或无，或作“一心思惟，圣意难测”，圣意代指五祖所想。五更即指凌晨三点至五点，接近于天明。[20]祖已知神秀入门未得，不见自性：与后文重复，有些版本并没有将弘忍的这一判断提前至此。入门未得：据前后文，是说虽然来到门前，但还没入门，借以说明神秀距离觉悟见性还差一点。[21]劳尔远来：劳烦您如此远道而来。其他早期版本中提及弘忍以“钱三十千”或“奉十千”作为酬谢。此中金额的递减至无，或是为了不至于引起人们的非议。[22]经：或作《金刚经》。[23]凡所有相，皆是虚妄：大意是说，一切事物和现象都是因缘和合，故都是虚妄不真实的。弘忍本欲作画于廊壁，而眼下廊壁上已经有偈颂。在这种情况下，弘忍引用《金刚经》来劝人不要固执于以往的想法和计划，并因势利导地根据壁间偈颂教化弟子，体现了禅宗不拘一格、因缘设教的教学风格。[24]但留此偈，与人诵持：或作“不如留此偈，令迷人诵”、“但留此偈，令迷人诵”。[25]免堕恶道：避免堕落成为人们厌恶的生命存在。恶道与善道相对，按照佛教生命轮回说，有情识的生命可以分为地狱、恶鬼、畜生、人、阿修罗、天，前三为恶道，后三为善道，佛教倡导去恶向善以提升生命，惠能禅宗则特别注重将内心的向善视为根本。[26]依此偈修，有大利益：或作“依法修行人，有大利益”，依法即依据佛法，有大利益即指有助于去恶向善。[27]令门人炷（zhù）香礼敬：此句前后不连贯，早期版本作“大师遂唤门人尽来焚香偈前，人众入见，皆生敬心”、“五祖唤门人烧香偈前，令凡人见生敬仰心”，然后才是相当于“尽诵此偈，即得见性”的劝导内容，语意比较连贯。炷香：即焚香、烧香，是佛教表示恭敬的方式之一，惠能禅宗比较强调法身香，提倡香由心生，详见《坛经·忏悔第六》。[28]尽诵此偈：主要是指借此偈颂悟得佛法要义并依法奉行。 [29] 即得见性：早期版本在此句后尚有“依此修行即不堕落”或“依此修行必不堕落”，以示神秀偈颂对于修行者所能引发的一般意义。详察弘忍似有矛盾的话语，透露出修行结果的关键在于修行者本人。 [30] 偈是汝作否：早期的版本在相应的句子后，还有一句“若是汝作，应得我法”（或作“若是汝作，应得吾法”、“若是汝作，应得悟法”），对照而知，大意是说神秀资质甚高，是众望所归，本应不负众望地作偈呈心，表露弘忍所传的佛法大意，但是神秀偈颂所反映的见解虽然符合弘忍平日教导，却仍然有一定的距离。言辞之间，既有肯定，又有否定。否定后详。所谓肯定是指弘忍平日教导弟子不要执迷于外在的事物，应该注重从自我身心上下功夫，这在神秀偈颂中是比较清楚的，而这既区别于以经教注疏或以他力拯救为特征的其他宗派，也不同于偏重外在事相的民间佛教信仰。 [31] 看弟子有少智慧否：或作“看弟子有少智慧识大意否”、“看弟子心（中）有少智惠不”，主要意思是请弘忍禅师印证一下，这样的见解是否合乎佛法大意。 [32] 未见本性，只到门外：或作“见即来到，只到门前”、“见解只到门前”、“未见本性，只到门上”等，这是说神秀的见解距离见性还有一些差距。 [33] 无上菩提：获得觉悟解脱的无上智慧。成就无上菩提，是佛教的最高理想。禅宗认为自心本有菩提之知，菩提之性本来清净，非自外觅而得，非从修行而来，非是使之清净。神秀偈颂虽然注重身心修行，但是并没有明确直指身心自性本来清净的道理，所以被认为见解不够深刻，尚未做到言下直截识自本心、见自本性。另外，本心本性乃是身心修行之根本，若不识根本而欲在枝叶中寻求根本，虽然会有一定的利益成果，但也被认为是“未见本性”的做法。 [34]“无上菩提”至“即是无上菩提之自性也”：或只作“须入得门，见自本性”八字，可以说此句的大意即在于解释“见自本性”的含义，其解释主要可以分为两个方面：一是要认识到心性是不生不灭的，即心性是本来清净的，不能用有限的、个别的生灭现象加以规定；二是要认识到心性虽然不生不灭，却又是促成具有生灭的万事万物以及达到最高觉悟解脱境界的根本。

复两日，有一童子于碓坊过，唱诵其偈；惠能一闻，便知此偈未见本性；虽未蒙教授，早识大意。

遂问童子曰：诵者何偈？

童子曰[1]：尔这獦獠不知，大师言世人生死事大，欲得传付衣法，令门人作偈来看，若悟大意，即付衣法，为第六祖。神秀上座于南廊壁上书无相偈，大师令人皆诵，依此偈修，免堕恶道，依此偈修，有大利益。

惠能曰【一本有“我亦要诵此结来生缘”】[2]：上人[3]，我此踏碓八个余月，未曾行到堂前，望上人引至偈前礼拜。

童子引至偈前礼拜。

惠能曰：惠能不识字，请上人为读。

时有江州别驾[4]，姓张，名日用[5]，便高声读。

不识文字，早识大意，“识”之一字，用处不同。

惠能闻已[6]，遂言：亦有一偈，望别驾为书。

别驾言：汝亦作偈，其事希有。

惠能向别驾言：欲学无上菩提，不得轻于初学；下下人有上上智，上上人有没意智；若轻人，即有无量无边罪。

地位的高低并不等于智慧的高下，身居高位者宜多听取普通民众的意见和建议。

别驾言：汝但诵偈，吾为汝书。汝若得法，先须度吾，勿忘此言。

惠能偈曰：

菩提本无树[7]，明镜亦非台，

本来无一物，何处惹尘埃。

书此偈已，徒众总惊，无不嗟讶[8]，各相谓言：奇哉！不得以貌取人。何得多时使他肉身菩萨[9]。

至理名言。

祖见众人惊怪，恐人损害[10]，遂将鞋擦了偈，曰：亦未见性。

众以为然。

［注释］

[1]“童子曰”至“有大利益”：通过童子之言将上述事情经过告诉惠能。尔这獦獠：“尔”或作“你”。依此偈修，免堕恶道，依此偈修，有大利益：或作“悟此偈者即见自姓，依此修行即得

出离”、“若得悟者即见自性成佛，依此修行即不堕落”，颇能反映一般僧众因偈而生崇拜之心。 [2] 我亦要诵此结来生缘：在现存有此句的《坛经》中均作“我亦要诵此结来生缘、同生佛地”，或别作“亦愿诵取，结来生缘，愿生佛地”，其中“佛地”即觉悟境界，与上文中的“见性”等相呼应。结来生缘：按照佛教传统的说法，过去的原因结出现在的果实，现在的原因结出未来的果实，结来生缘即指后者。 [3] 上人：对童子的尊称。 [4] 江州：晋代所置，治所在今江西九江。别驾：官职名称，是辅佐刺史的官吏，别乘一驾故。 [5] 张日用，事迹不详。 [6]“惠能闻已”至“即有无量无边罪”：张日用与惠能的对话，使人了解惠能虽然不识字，但却具有非常高的智慧和平等待人的情怀。在文字教育并不普遍的古代社会，惠能作为下下人而有上上智的人文形象，无疑对于普通大众追求崇高的生命境界是一种强大的鼓舞。没意智：埋没心智，没有智慧。无量无边：形容多广。 [7]“菩提本无树”以下四句：惠能与神秀的偈颂正相反对。神秀的偈颂倾向肯定，惠能的偈颂则倾向否定。神秀视菩提、明镜为追求的目标，惠能则认为不可起心动念去执著和追求；神秀劝人去除身心上的客尘烦恼，惠能则指出身心本自清净。神秀注意到身心是修行的关键，惠能则强调正确认识身心又是关键的关键。在早期版本中，惠能的偈颂则被记为两首，第一首为“菩提本无树，明镜亦无台，佛性常清净，何处有尘埃”，第二首为“心是菩提树，身为明镜台，明镜本清净，何处染尘埃”，并且提到“识心见性，即吾大意”，之所以形成这些差异，或是由于法海集记所致，或是当初惠能确有二偈，已难确知。不过，从惠能二偈与神秀偈的关系以及惠能二偈变为一偈来看，却使得人们更能了解惠能禅宗的思想倾向。首先，神秀偈与惠能二偈，三个偈颂正好形成一个螺旋式的升进，惠能第一偈先是形成对于神秀偈的否定，惠能第二偈基于第一偈而又对神秀偈有所肯定，即形成一种辩证的综合。其次，惠能二偈变为一偈，二偈颂中的菩提、明镜、佛性均表征着智慧觉悟，“佛性常清净”与“本来无一物”是觉悟境界的不同表达，“本来无一物”与“佛性常清净”相比又更具有文句上的一贯否定意味，正合乎后期《坛经》特别强调“佛性”不可名、不可说的思想倾向，所以后人多传惠能偈颂即为“菩提本无树，明镜亦非台，本来无一物，何处惹尘埃”。惹：或作“有”。 [8] 嗟（jiē）讶：嗟叹惊讶。 [9] 肉身菩萨：即以父母所生之身成为菩萨。菩萨全称为菩提萨埵，梵文 Bodhisattva，旧译为道心众生、道众生等，新译为大觉有情、觉有情等。菩萨是大乘佛教的理想人格，上求菩提，下化众生，自觉觉他，觉悟众生。这里称惠能为“肉身菩萨”是对他的赞誉。 [10] 恐人损害：或作“恐众人知”、“恐人损他，向后无人传法”。

次日，祖潜至碓坊，见能腰石舂米[1]，语曰[2]：求道之人，为法忘躯，当如是乎。乃问曰：米熟也未？

孔子曰：志士仁人，无求生以害仁，有杀身以成仁。(《论语·卫灵公》)

惠能曰：米熟久矣，犹欠筛在。

祖以杖击碓三下而去，惠能即会祖意，三鼓入室，祖以袈裟遮围不令人见，为说《金刚经》，至“应无所住而生其心”，惠能言下大悟“一切万法不离自性”[3]。遂启祖言：何期自性本自清净，何期自性本不生灭，何期自性本自具足，何期自性本无动摇，何期自性能生万法。

祖知悟本性，谓惠能曰：不识本心，学法无益，若识自本心，见自本性，即名丈夫、天人师、佛[4]。

心学大家陆九渊主张："先立乎其大者。"

三更受法，人尽不知，便传顿教及衣钵[5]，云：汝为第六代祖，善自护念，广度有情，流布将来，无令断绝。听吾偈曰：

有情来下种[6]，因地果还生。

无情既无种，无性亦无生。

祖复曰：昔达磨大师初来此土[7]，人未之信，故传此衣以为信体[8]，代代相承[10]，法则以心传心，皆令自悟自解。自古佛佛惟传本体，师师密付本心。衣为争端[10]，止汝勿传，若传此衣，命如悬丝，汝须速去，恐人害汝。

惠能启曰：向甚处去？

祖云：逢怀则止[11]，遇会则藏。

惠能三更领得衣钵，云：能本是南中人，素不知此山路，如何出得江口[12]？

五祖言：汝不须忧，吾自送汝。

祖相送直至九江驿[13]，祖令上船，五祖把橹自摇。惠能言：请和尚坐，弟子合摇橹[14]。

祖云：合是吾渡汝[15]。

惠能云：迷时师度，悟了自度，度名虽一[16]，用处不同。惠能生在边方，语音不正[17]，蒙师传法，今已得悟，只合自性自度。

师父领进门，修行在个人。

祖云：如是如是。以后佛法[18]，由汝大行，汝去三年，吾方逝世，汝今好去，努力向南，不宜速说，佛法难起。

[注释]

[1] 腰石舂（chōng）米：即腰上绑着石头踏碓舂米。惠能腰石舂米的故事后来成为禅宗劳动自立的典范，中国禅宗则逐渐形成了农禅并重的传统，为自身的生存和发展提供了经济基础，从而也更容易赢得中国社会的普遍认同。 [2] "语曰"至"应无所住而生其心"，早期《坛经》版本只作"五祖夜至三更唤惠能堂内说《金刚经》"、"五祖其夜三更唤某甲至堂内，以袈裟遮围不令人见，为某甲说《金刚经》，恰至'应无所住而生其心'"，从中可见故事情节累进增加的过程。另外，后来又有版本将"祖以袈裟遮围不令人见，为说《金刚经》，至'应无所住而生其心'"进一步简化为"祖遂征其初悟应无所住而生其心"，从而将其中一些不必要的夸张因素进行了删除。米熟也未：弘忍与惠能的问答不能仅仅停留在"米"这一文字的表面意思上，需要从"心性"方面加以理解。从前后文来看，弘忍是在问惠能有没有觉悟，惠能的回答则是说自己觉悟了，但是尚需要弘忍考察。三鼓：即三

更，打鼓报时故。 [3]“惠能言下大悟‘一切万法不离自性’”以下七句：早期版本作“惠能一闻言下便悟”，并没有记载具体的内容。不过，这里所记惠能所悟的内容却也确实显示出惠能禅宗的不同之处，即从《金刚经》所说的“一切皆空”中悟出“自性不空”的道理，从而体现了惠能禅宗以心转经而非心被经转的诠释风格。何期：表示感慨。 [4] 丈夫：调御丈夫的简称，意为善于说教并引导世间修行者（丈夫）达到解脱。天人师：意为天（神）与（众）人之师，亦即一切众生的导师。调御丈夫与天人师都是佛的十大名号之一。 [5] 顿教及衣钵（bō）：或作“顿法及衣”、“心印顿法及衣钵”，后来则有版本直接改为“衣钵”。顿教：不假渐修、真了顿悟的教法。从《坛经》所载惠能对于法、教、顿、渐的主要观点来看，其认为佛法本身无所谓顿渐，顿渐乃是由于人们的根机不同，有的觉悟得快，有的觉悟得慢，所以才有顿渐之分。另外，从传衣到衣钵的实物变化，反映了袈裟信衣传承日益成为过往的历史而不再被严格遵守，而后来又以“衣钵”代指“顿教及衣钵”则又显示其从实物转变为一种文化传承的符号，人们今天仍然用传承衣钵来表示着对于某种精神的继承。 [6]“有情来下种”以下四句：意思是说，有情众生将种子播入土地，因缘和合，才得生长开花结果，若缺少任何一个条件，就结不成果实。比喻有情众生自性有佛，如果能自识本心，随缘呈现，菩提自成。弘忍此处的偈颂又名“传衣付法颂”、“传衣偈”、“付授偈”等，早期版本作“有情来下种，无情花即生，无情又无种，心地亦无生”。有情：与无情相对，一般指有情识的生命体，常用于代指人。 [7] 达磨大师：也写作达摩大师，又称菩提达摩（磨），南天竺人，据说在梁代航海到广州，先至金陵（今南京），因与梁武帝话不投机，遂折苇化舟，渡江北上，往嵩山少林寺，面壁九年，世称“壁观婆罗门”。后来遇到慧可，传授心法，并以四卷本《楞伽经》为印证。达摩的禅法是围绕着“安心”而展开的，具体的“入道”途径则不出“理入”和“行入”两种。所谓“理入”就是“藉教悟宗”，即凭借“种种教法”而悟一切众生同一佛性的道理；所谓“行入”即报怨行、随缘行、无所求行、称法行等“四行”。从其禅行的特色看，其不再注重传统禅法的静坐、调息等繁琐的形式，而是以“安心”为宗旨，要求在契悟真性的基础上无贪无著、随缘而行，并认为在日常的道行之中便可以体现出来。从禅学理论的发展上看，达摩顺应南北朝以来中国佛教会通佛教传统空有两大理论的趋势，对于后世禅宗思想的形成和发展具有很大的影响。　[8] 信体：或作“信禀”、“信证”，是说将袈裟作为有所禀承的信物以引发人们对佛法的信仰。以袈裟为信禀的传说，在玄奘法师的《大唐西域记》中也有记载，相传释迦牟尼佛去世时曾将“金缕袈裟”传与弟子大迦叶，并嘱咐将此衣传给未来佛弥勒以化解人们的骄慢与疑惑。中国禅宗在早期发展的过程中，袈裟传承分别在达摩和惠能时特别受到重视，实际上反映了二位禅师在所处的时代所倡导的禅法具有特立独行之处，不易得到传统禅法或流行信仰的认可。　[9]“代代相承”至“师师密付本心”：或作“代代相传法以心传心，当令自悟”、“代代相承法即心传心，皆令自悟自解自性，佛佛唯传本体，师师默付本心，令汝自见自悟”，从中可见其中后半部分乃是对前半部分的解释。本体即本心，即自心，非从外得。　[10] 衣为争端：由于信衣袈裟既是正法所在的象征，又是一代佛教领袖的标志，所以既容易导致是非邪正之议，又容易致使传承傍正之争。例如，禅宗传衣之说便曾被其他佛教宗派指为虚妄，禅宗内部则曾一度认为只要得到信衣便是正宗，其他禅系则为傍出，而且发生过不少偷盗法衣的传说，甚至给传衣者带来杀身之祸，早期《坛经》版本即记弘忍更明确地说“若住此间，有人害汝”。人们不断认识到信衣袈裟的弊病，反映了佛教乃至禅宗的不断分化；人们将信证之物加以历史地理解，则又促进了禅宗乃至佛教的发展壮大。 [11] 逢怀则止，遇会则藏：此为谶语，又称悬记，带有预知后事的意味，为早期版本所没有，主要是对惠能后来隐居生活的简要概括，大意是说惠能将在怀集、四会一带隐居一段时间。怀集、四会，今属广东，以往均属岭南范围，地处岭南偏西。随着惠能禅宗日益成为禅门正宗，在唐宋之间很多据说惠能曾经隐修的地方也纷纷建立相关的纪念建筑，如今在广西永福、象州等地发现的“双瑞岩”、“六祖岩”等遗迹便是其中的代表，这些都对惠能禅宗在当地的传播以及丰富人们的精神生活起到了一定的积极作用。 [12] 出得江口：到达长江渡口。关于弘忍送别惠能的事情，早期版本记载得比较简略。 [13] 九江驿：在今江西九江。驿即驿站，是古代人们传递公文中途休息、换马的地方，这里是指渡口。 [14] 合：应该。橹（lǔ）：划船的用具。 [15] 渡：或作“度”，音同，均具有由此到彼的意义，二者常通用。 [16] 度名虽一，用处不同：佛教常以生死为此岸，解脱为彼岸，佛法就是帮助人从此岸渡到彼岸，《坛经》这里则据此进一步从自力自度与他力救度的关系中加以发挥，认为自己迷惑的时候需要他人帮助，但是归根结底还是需要自悟自度。 [17] 语音不正：惠能说话带有一定的地方口音。 [18] “以后佛法”至“佛法难起”：有些版本对此段文字做了进一步的淡化处理，其中“由汝大行，汝去三年，吾方逝世”被改为“由汝大行矣”，并只在后文留下“凡经一十五载”的隐居时间。这些文字从整体上表达了弘忍对惠能弘扬佛法的期望。同时，这些文字所记惠能弘法前的隐居时间又存在差异，或“三年”，或“五年”，或“一十五载”，这主要是编订者所据的传说或文献记载不同所致。

惠能辞违祖已，发足南行，两月中间至大庾岭[1]。

【五祖归，数日不上堂。众疑，诣问曰[2]：和尚少病少恼否[3]？曰：病即无，衣法已南矣。问：谁人传授？曰：能者得之。众乃知焉[4]。】

逐后数百人来欲夺衣钵[5]。一僧俗姓陈，名惠明，先是四品将军，性行粗慥，极意参寻，为众人先，趁及惠能。

惠能掷下衣钵于石上，云：此衣表信，可力争耶？

能隐草莽中[6]。

衣非重，法非轻，非力不及也。

惠明至，提掇不动[7]，乃唤云：行者，行者，我为法来，不为衣来。

惠能遂出，坐盘石上[8]。

惠明作礼，云：望行者为我说法。

惠能云：汝既为法而来，可屏息诸缘[9]，勿生一念，吾为汝说。

明良久。

惠能云：不思善[10]，不思恶，正与么时，那个是明上座本来面目？

惠明言下大悟。复问云：上来密语密意外[11]，还更有密意否。

惠能云：与汝说者，即非密也。汝若返照，密在汝边。

明曰：惠明虽在黄梅，实未省自己面目；今蒙指示，如人饮水[12]，冷暖自知；今行者即惠明师也。

要知梨子的滋味，就需亲口尝一尝。禅宗强调的是自心自悟。

惠能曰：汝若如是，吾与汝同师黄梅，善自护持[13]。

明又问：惠明今后向甚处去。

惠能曰：逢袁则止[14]，遇蒙则居。

明礼辞。

【明回至岭下，谓趁众曰：向陟崔嵬[15]，竟无踪迹[16]，当别道寻之。趁众咸以为然。惠明后改道明，避师上字[17]。】

惠能后至曹溪，又被恶人寻逐，乃于四会避难猎人队中[18]，凡经一十五载。时与猎人随宜说法[19]，猎人常令守网，每见生命尽放之。每至饭时，以菜寄煮肉锅，或问，则对曰：但吃肉边菜。

[注释]

[1] 大庾岭：又名台岭、梅岭，在今江西与广东交界处，是岭南五岭之一，为古代交通要道。唐朝宰相张九龄（678—740）曾致力于开通大庾岭，为岭南地区的发展贡献颇大。后人在大庾岭建有云封寺，寺有六祖塔庙、张公祠等，宋代诗人杨万里（1127—1206）有诗“行者南来今几春，一回举似一回新。钵盂夺得知何用，不怕梅花解笑人”，即以惠能与惠明在大庾岭发生的故事为题。在《传法正宗记》中还记载了惠能曾预言张九龄将会大有作为的传说，其云：“昔唐相始兴公张九龄方为童，其家人携拜大鉴（惠能的谥号），大鉴抚其顶曰：此奇童也，必为国器。”（《大正藏》第 51 册，第 748 页下） [2] 诣（yì）：特指到尊长那里去。 [3] 少病少恼否：这是佛教弟子向尊者的日常慰问，而尊者一般会问弟子“道路疲否？乞食易得不？”等等。 [4] 众乃知焉：《神会语录》及《历代法宝记》则说是“潞州法如”推测衣法是传给了惠能。据《法如行状》等记载，法如祖籍潞州上党（今山西长治），俗姓王，生于贞观十二年（638），去世于永昌元年（689）。他曾长期在弘忍身边学禅。弘忍去世后，法如先往淮南，后至嵩山少林寺隐修，受到僧众邀请后才开始公开弘法。法如是弘忍弟子中比较早的在北方传禅并有重要影响的禅师，神秀弟子中比较著名者如普寂、义福等在早年时便拟向其学法，并曾将其立为禅宗第六代传人。 [5]“逐后数百人来欲夺衣钵”至“趁及惠能”：惠明，或作“惠顺”，“慧明”，早期禅宗文献中多有惠明追逐惠能求法不求衣的故事，详略不一。据《宋高僧传》说，惠明祖籍鄱（pó）阳（今江西鄱阳），俗姓陈，为南北朝陈宣帝的子孙，相传他后来在袁州蒙山（在今江西宜春）传禅，宜春太守秦琢为其请奏谥（shì）号（谥号为禅师去世后朝廷给予的称号赞誉）。四品：或作“三品”，为

官阶。性行粗慥（zào）：是说惠明习性粗放，不甚仔细。慥：或作“恶”。趁及，追上、追到。早期版本说惠能“不知”有数百人来追他夺衣，这些人半路而回，只有惠明一人追到惠能，因此也就没有惠明后来向众人解释的事情。后来的版本则择取惠明先追上惠能之说，解释了日后惠能又被恶人追逐而隐居的故事情节。 [6] 莽：密生的草。 [7] 提掇（duō）：提取。 [8] 盘：《宋高僧传》作“磐”，大石。 [9] 可屏息诸缘，勿生一念：大意是说不要执迷于外境，也不要执迷于内心。 [10]“不思善”以下四句：或作“不思善，不思恶，正与么时，如何是上座本来面目”。不思善，不思恶：不起思量、分别之心。正与么时：《祖堂集》作“正与么思不生时”。那个：哪个。本来面目：自己的本性、心性。禅宗努力通过各种方式启发人们对自己本来面目的认识和觉悟。 [11] 密语密意：出自《涅槃经》“诸佛世尊唯有密语无有密藏”，经文并有解释说：“如秋满月，处空显露，清净无翳，人皆睹见。如来之言，亦复如是，开发显露，清净无翳。愚人不解，谓之祕藏，智者了达，则不名藏。”（《大正藏》第 12 册，第 390 页中）按照禅宗的理解，与《金刚经》以空显有不同，《涅槃经》所代表的佛陀最后教说则具有直指心性的特点，没有“更有密意”。 [12] 如人饮水，冷暖自知：用以形容觉悟的关键在于识自本心、见自本性，并非他人所能取代。 [13] 善自护持：好好自觉维护持守佛法宗旨。 [14] 逢袁则止，遇蒙则居：主要是指惠明后来在袁州蒙山修行传法。《历代法宝记》说惠明“后居象山，所出弟子亦只看净”。（《大正藏》第 51 册，第 182 页中）《曹溪大师别传》则说他一开始并未明白，先到庐山修行了三年才悟得惠能的“密语”，后来才居“濛（méng）山”，《祖堂集》在继承这种说法时，又提到“蒙山灵塔现在”，这可能跟后人为其奏请谥号有关。 [15] 向陟崔嵬（wéi）：刚刚登过这座险峻的大庾岭。 [16] 竟无踪迹：《宋高僧传》作“远望杳（yǎo）无踪迹”。 [17] 避师上字：因为惠明已经以惠能为师，按照习俗辈分之分，作为晚辈的名字不应与长辈相重以表尊敬，所以惠明便改为道明。 [18] 四会：即今广东省四会市。 [19] “时与猎人随宜说法”以下六句：主要意图在于说明惠能虽然尚未受戒出家，但是平日生活非常具有慈悲心，合乎佛教对于一般信徒的基本要求，如不杀生、不食肉等，宋代以后的版本多有此句，但又有将“每至饭时以菜寄煮肉锅，或问，则对曰但吃肉边菜”删除者，或是由于禅宗清规加强素食的缘故。自南北朝梁武帝《断酒肉文》以来，中国汉传佛教一直倡导素食以培养慈悲心。

不物于外物，始觉于内心。这也体现了禅宗修心为本的特色。

一日思惟：时当弘法，不可终遁[1]。遂出，至广州法性寺[2]。值印宗法师讲《涅槃经》[3]。时有风吹幡动[4]，一僧曰风动，一僧曰幡动，议论不已。惠能进曰：不是风动，不是幡动，仁者心动。一众骇然[5]。

印宗延至上席[6]，征诘奥义[7]，见惠能言简理当，不由文字[8]。宗云：行者定非常人，久闻黄梅衣法南来，莫是行者否？

惠能曰：不敢[9]。

宗于是作礼，告请传来衣钵出示大众。宗复问曰：黄梅付嘱，如何指授[10]？

惠能曰：指授即无，惟论见性，不论禅定

解脱[11]。

宗曰：何不论禅定解脱？

能曰：为是二法[12]，不是佛法，佛法是不二之法[13]。

宗又问：如何是佛法不二之法？

惠能曰：法师讲《涅槃经》，明佛性是佛法不二之法，如高贵德王菩萨白佛言：犯四重禁、作五逆罪及一阐提等[14]，当断善根佛性否[15]？佛言：善根有二[16]，一者常，二者无常，佛性非常非无常，是故不断，名为不二；一者善，二者不善，佛性非善非不善，是名不二；蕴之与界，凡夫见二，智者了达，其性无二；无二之性，即是佛性。

印宗闻说欢喜，合掌言：某甲讲经犹如瓦砾，仁者论义犹如真金。

于是为惠能剃发[17]，愿事为师。惠能遂于菩提树下，开东山法门[18]。

超越各种对立和分别的“不二法门”是佛教破除执著以达到佛法真理的重要法门，也反映了佛教平等、中观的智慧。不二也用以表示中道、佛性、真如。禅宗强调佛性是不二之法，表现出了对般若之空与涅槃妙有的融合。

［注释］

[1] 遁（dùn）：避世隐居。 [2] 法性寺：今名光孝寺，在广州市内。初名制止寺，唐时为乾明法性寺。宋时改为光孝寺，沿

用至今。新州国恩寺、广州法性寺、韶州宝林寺均在今广东境内，分别是惠能出生、出家以及传法的地方，被后世尊为禅宗三大祖庭。光孝寺中现仍存有风幡堂、瘗发塔等与惠能活动相关的遗迹。其中，风幡堂相传是印宗法师当年为纪念惠能著名的“仁者心动”之禅语而建，瘗发塔则是惠能剃度后，寺院住持法才将惠能的头发埋在菩提树下，并在其上建成的八角形砖塔。元代宗宝禅师曾任住持，他不仅编辑过《坛经》，而且作有《达摩像赞》《六祖像赞》，流传至今。 [3] 印宗法师：据《宋高僧传》，印宗（627—713）祖籍吴郡（今江苏苏州），俗姓印，母刘氏。初习经论，精于《涅槃经》，曾问学于弘忍，后又以惠能为师，晚归故乡，立坛度众。《涅槃经》：又称《大般涅槃经》，先后多译，现存三个译本，分别为东晋法显与佛陀跋陀罗合译的《大般泥洹经》（六卷）；北凉昙无谶译《大般涅槃经》（四十卷），又称为《大本涅槃经》或《北本涅槃经》，六卷本相当于四十卷本的初分部分；南朝宋慧严、慧观与谢灵运等依据昙无谶本并参照法显本改编为三十六卷，世称《南本涅槃经》。《涅槃经》是继《金刚经》之后对中国佛教产生重要影响的经典之一。与《金刚经》主张“一切皆空”的思想相区别，《涅槃经》不仅认为“一切众生悉有佛性”，而且认为佛性具有“常”、“乐”、“我”、“净”四德，从而与传统佛教提倡的“无常”、“苦”、“无我”等思想形成一定的反差。在中国佛教发展的历程中，《金刚经》流行得比较早，虽然《金刚经》对于破除人们的迷妄执著具有重要作用，但也容易造成对佛教自身的冲击，甚至导致信众茫然无所适从。《涅槃经》在中国佛教中的传播和流行，对于重新确立佛教信仰和维护佛教实践起到了重要作用。当时著名僧人僧叡曾这样感慨《涅槃经》的译出和流传：“闻此佛有真我，一切众生，皆有佛性，便当应如白日朗其胸襟。”（《大正藏》第 55 册，第 42 页上）《涅槃经》在中国禅宗中也备受重视，被视为直指见性的经典依据之一。 [4]“时有风吹幡动”至“仁者心动”：关于风幡之议，《曹溪大师别传》有更为详细的记述，其云：“初论：幡者，幡是无情，因风而动。第二人难言：风幡俱是无情，如何得动？第三人：因缘和合故动。第四人言：幡不动，风自动耳。众人诤论，喧喧不止。能大师高声止诸人曰：幡无如余种动，所言动者，人者心自动耳。”（《大藏新纂卍续藏经》第 86 册，第 50 页下）风幡是无情，人是有情，从人对无情现象的争论中，惠能观察到人心对于生活世界的影响，这是禅宗思索问题的重要方法，也合乎佛教反对戏论、切于解脱的精神气质。 [5] 骇（hài）然：惊讶惊叹的样子。 [6] 延至上席：请惠能到前排第一席位入坐，表尊敬。 [7] 征诘（jié）奥义：征询究问佛法深奥的道理。 [8] 不由文字：不执著于文字名相，善于发挥佛理。 [9] 不敢：不敢当，谦虚之词。 [10] 指授：《曹溪大师别传》作“指授言教”，指教、言教相传授。 [11] 禅定解脱：《曹溪大师别传》作“禅定解脱无漏无为”，佛教一般以禅定为方法，解脱、无漏、无为是达到的境界，惠能说弘忍禅师不重视这些，而是注重启发人们见性觉悟，如果执著于这些名相概念、修持形式、解脱目标，反而有悖于佛法精髓。 [12] 二法：是将禅定与解脱绝对化地理解。 [13] 不二之法：在看到二者差别的同时，又能看到二者的统一，不将二法作绝对静止不变的理解。惠能禅宗特别认为一切名相（包括相互矛盾的）均不能脱离人心自性而论，否则便为虚妄戏论，详见《坛经·机缘第七》《坛经·付嘱第十》相关部分。 [14] 犯四重禁：又称四重罪，是所犯罪中极为严重者，指淫、盗、杀人、妄语，或称舍正法、舍菩提心、吝啬胜法、恼害众生。五逆罪：是五种违背常理的罪业，指杀父、杀母、杀阿罗汉、破佛身血、破坏僧团和谐，后三者直接与佛教有关，其中阿罗汉是早期佛教认为修行者达到的最高果位，也可以泛指具有一定修行的人。一阐提：梵语（Icchāntika）的音译，常指不信佛法、为所欲为、断了善根的人。对于一阐提是否具有佛性，能否成佛，在佛教内部曾有长期争论。 [15] 当断善根佛性否：在《涅槃经》中，高贵德王菩萨的问题是“若犯重禁、谤方等经、作五逆罪、一阐提等有佛性者，是等云何复堕地狱？世尊。若使是等有佛性者，云何复言无常乐我净？世尊。若断善根名一阐提者，断善根时所有佛性云何不断？佛性若断云何复言常乐我净？如其不断何故名为一阐提耶？”在《曹溪大师别传》中，惠能所述其问题为“高贵德王菩萨白佛言：世尊。犯四重禁、作五逆罪及一阐提等为当断善根，佛性改否？”相比之下，语意更为清晰，大意是说既然犯重禁、作五逆罪乃至成为一阐提的众生断了善根，那他们的佛性是不是同样也会有所改变呢？也许是因为这种问题的关键在于将善性与佛性理解为同一的，所以在《坛经》中将其合并以体现问者的疑惑。 [16]“善根有二”至“即是佛性”：惠能这里转述的佛陀解释有一定的浓缩和归纳，大意是说善根蕴含着世俗的见解，因而与不善形成对照，有常有无常，有断有不断，佛性则是非常非无常，非善非不善。常是不变，无常是变。蕴即五蕴，界即十八界，是佛教解释说明人生及其世界的基本概念，详见《坛经·付嘱第十》。值得注意的是，惠能禅宗从这一回答中总结出“无二之性，即是佛性”的道理，从而有别于《涅槃经》强调佛性乃“常”、“乐”、“我”、“净”的主张，甚至提出“佛性非常非无常”的见解，体现了惠能禅宗不执泥于经典而善于创造性地活用经典的诠释风格。关于这些诠释的进一步说明，详见《坛经·机缘第七》的志道机缘以及《坛经·顿渐第八》的志彻机缘关于《涅槃经》的论义。 [17] 于是为惠能剃发：根据《曹溪大师别传》《六祖大师缘起外纪》《宋高僧传》等记载，经印宗法师的帮助，惠能按照佛教传统“三师七证”的受戒仪式受了具足戒。其中，三师分别为戒和尚西京智光律师、羯磨师苏州慧静律师、教授师荆州道应律师，证戒师中则有中天耆多罗律师、西国密多三藏法师。戒坛为南北朝宋时求那跋摩三藏法师所建，菩提树为梁时真谛三藏法师所植。 [18] 东山法门：即以弘忍为代表的禅宗法门。

惠能于东山得法[1]，辛苦受尽，命似悬丝。今日得与使君官僚僧尼道俗同此一会，莫非累劫之缘，亦是过去生中供养诸佛同种善根，方始得闻如上顿教得法之因。教是先圣所传，不是惠能自智[2]。愿闻先圣教者，各令净心[3]，闻了各自除疑，如先代圣人无别。

颇如孔子“述而不作”的自谦。在传承的基础上实现创新性发展，这是中华文化发展的一大特色。

一众闻法欢喜[4]，作礼而退。

[注释]

[1]“惠能于东山得法”以下七句：早期版本只作“惠能来于此地，与诸官寮道俗亦有累劫之因”，后来则补充为“某甲东山得法，辛苦受尽，命似悬丝，今日大众同会得闻此法乃是过去千生曾供养诸佛方始得闻无上自性顿教，某甲与使君及官僚等有累劫之因”。累劫：劫为佛教用以描述长段时间的概念，累劫形容时间很长。 [2] 不是惠能自智：这是在强调惠能禅宗宣扬的顿教法门是对佛教传统的继承。 [3]“愿闻先圣教者各令净心”以下三句：大意是说，闻前要净心，闻时要用心，闻了要心行。令或作“须”，各自或作“愿自”，圣人无别或作“悟【下是法】”，其中“下

是法”为细注，意思是说上面通过惠能的经历叙述了顿教法是怎么传来的。这是大梵寺讲法的开场白，下面开始转入正式说法的环节。 [4] 一众闻法欢喜，作礼而退：此二句为多种版本所无，因为大梵寺讲法还没有结束。不过，由于后世编者逐渐将惠能开场白的内容增加，乃至使之独立成章，因此加入了此句以示惠能说法暂告一段落。

［点评］

缘起论是佛教的核心理论。这种理论认为一切事物和现象都是众缘和合的产物，反对无因说和一因说，为人们认识万事万物的真实面貌及其规律提供帮助。《坛经》的这一部分实际上便是以历史故事的方式传达着惠能禅宗的由来。

首先，惠能禅宗的创立离不开惠能个人的努力。惠能少小丧父，与母亲相依为命，生活非常贫苦。在这种情形下，惠能并没有被家庭生活担子压倒，而是很早便开始为母亲分担家务，不仅懂得人间孝敬父母的道理，而且善于学习领悟佛教的根本道理。《坛经》比较强调惠能智慧非凡，乃至说他在不识字的情形下便能听闻《金刚经》而开悟，但是其中依然提到他腰石舂米、为法忘躯，并且还在广州法性寺听印宗法师讲《涅槃经》。如果从整部《坛经》来看，惠能不仅对于《维摩经》《梵网经》《法华经》《楞伽经》《大乘起信论》等佛教重要典籍有深刻的理解，而且对于《大学》《中庸》《老子》乃至《周易》等传统经典中的核心观念也比较熟悉，这与他个人的勤奋为学是分不开的。另外，与《坛经》记载有所不同的是，

《曹溪大师别传》《宋高僧传》还记载说惠能抵达黄梅弘忍之前，曾有过一段学习禅定、听闻《涅槃经》的经历，五代至宋的一些文献资料还说惠能有《金刚经解义》等著作行世，这些传说的内容虽然真假难辨，但却与《坛经》中的相关内容一起反映着惠能不断进取的形象。

其次，惠能禅宗顺应了中国禅宗发展的历史潮流。禅源自于印度，印度佛教深受印度文化的影响而形成佛教禅。根据佛教自身的发展，佛教禅又有小乘禅、大乘禅等不同的划分。佛教传入中国后，早在两汉时期，佛教大小禅学便已纷纷被引介进来。随着大乘佛教思想在中国的流行，人们日益从注重坐禅调息的形式、强调神通变化的效益中脱离出来，在实践上更注重精神境界的提升，强调对佛法义理的领悟，在理论上则倾向于融会佛教空有两大理论。相传南北朝时来自南天竺的达摩禅师就以具有融合色彩的《楞伽经》传法，在坐禅壁观的同时又提倡富含大乘思想的“二入四行”，被中国禅宗尊为中土初祖。由于达摩禅涉及玄妙的佛理，与传统禅修相比，不容易使人理解和信仰，所以中国禅宗早期发展缓慢，反映在《坛经》中则是以信衣袈裟为信禀，一代只传一人。这种情况至四祖道信和五祖弘忍时发生了变化，他们不仅有相对稳定的黄梅传法地点，而且结合时代特点提出了更具大乘禅色彩的“一行三昧”，其中尤以弘忍及其弟子影响巨大，世称“东山法门”。弘忍弟子中，北方以神秀为代表，南方以惠能为代表，从而又有南能北秀之分。在《坛经》中，神秀与惠能的差异通过偈颂的方式被呈现出来，神秀“时时勤拂拭”表示尚未见性，惠能“本来无一物”则代表识心见性。最终以惠能传承弘忍衣钵的方式，反映着惠能禅宗进一步突破禅修形式而强调思想的觉悟才是中国禅宗的精髓。

最后，惠能禅宗也是中国传统社会与思想文化自我发展完善的体现。中国社会自古以来便是一个多民族社会，秦朝使得南北统一，魏晋以后政治文化中心逐渐南移，隋唐时期大运河的开通更显南方经济地位的重要，这些都促使岭南地区民族交融频繁，带动社会文化的提升，以礼乐文明为特色的中国传统文化也得到广泛的传播，这从《坛经》中特别增加了惠能孝母的情节以及人们进退有礼的内容可以进一步看到。同时，佛教作为外来文化自汉代传入中国后，逐渐与以儒家和道家为代表的中国传统文化在碰撞中交流，在交流中融合，日益成为中国传统文化的重要组成部分，在惠能之时已经化为人们精神生活的自然选择之一。惠能禅宗继承了中国文化的人文传统，同时又以佛教传统中的平等精神加以会通，不仅使得惠能禅宗自身区别于注重经典注疏、名相义理或外力拯救的其他佛教宗派，而且也推动着中国传统文化得到进一步的拓展，促使了以融摄佛道二家为重要特点的宋明理学的出现。

般若第二[1]

次日，韦使君请益。师升座，告大众曰：总净心念摩诃般若波罗蜜多[2]。

复云：善知识[3]，菩提般若之智，世人本自有之，只缘心迷，不能自悟，须假大善知识示导见性；当知愚人智人佛性本无差别，只缘迷悟不同，所以有愚有智，吾今为说摩诃般若波罗蜜法，使汝等各得智慧。

惠能南宗的“藉师自悟”是对菩提达摩“藉教悟宗”的发展。

志心谛听[4]，吾为汝说。

善知识[5]，世人终日口念般若，不识自性般若，犹如说食不饱；口但说空，万劫不得见性，终无有益。

善知识，摩诃般若波罗蜜，是梵语，此言大智慧到彼岸。此须心行[6]，不在口念；口念心不行，如幻如化，如露如电；口念心行，则心口相应，本性是佛，离性无别佛。

何名摩诃？摩诃是大[7]。心量广大，犹如虚空[8]。无有边畔[9]，亦无方圆大小，亦非青黄赤白，亦无上下长短，亦无瞋无喜，无是无非，无善无恶，无有头尾；诸佛刹土尽同虚空，世人妙性本空，无有一法可得，自性真空，亦复如是。善知识，莫闻吾说空便即著空，第一莫著空，若空心静坐，即著无记空。善知识[10]，世界虚空能含万物色像，日月星宿、山河大地、泉源溪涧、草木丛林、恶人善人、恶法善法、天堂地狱、一切大海、须弥诸山，总在空中，世人性空，亦复如是。善知识，自性能含万法是大，万法在诸人性中，若见一切人，恶之与善，尽皆不取不舍，亦不染著，心如虚空，名之为大，故曰摩诃。善知识，迷人口说，智者心行。

惠能禅宗反对空心静坐，百无所思，而是主张在行、住、坐、卧中常行般若行，亦即过智慧生活。所以说“一切处所，一切时中，念念不愚，常行智慧，即是般若行”。

又有迷人空心静坐，百无所思[11]，自称为大，此一辈人不可与语[12]，为邪见故。善知识[13]，心量广大，遍周法界，用即了了分明，应用便知一切，一切即一，一即一切，去来自由，心体无滞，即是般若。善知识，一切般若智，皆从自性而生，不从外入，莫错用意，名为真性自用，一真一切真，心量大事，不行小道。口莫终日说空，心中不修此行，恰似凡人自称国王，终不可得，非吾弟子。

善知识，何名般若？般若者[14]，唐言智慧也。一切处所，一切时中，念念不愚，常行智慧，即是般若行[15]。一念愚即般若绝[16]，一念智即般若生。世人愚迷不见般若[17]，口说般若，心中常愚，常自言我修般若，念念说空，不识真空；般若无形相，智慧心即是，若作如是解，即名般若智。

般若即智慧，智慧乃人性本有，修行就是要使自性般若自然显现。禅宗以智慧说心性与儒家以本善说人性，有异曲同工之妙。

何名波罗蜜？此是西国语[18]，唐言到彼岸，解义离生灭[19]。著境生灭起[20]，如水有波浪，即名为此岸；离境无生灭[21]，如水常通流，即名为彼岸，故号波罗蜜。

［注释］

[1] 般若第二：或作“七说摩诃般若波罗蜜”、“般若品第二”，或合并于“悟法传衣第一”的后半部分，主要讲述惠能对于佛

教特别提倡的般若智慧的见解。一般认为般若智慧需要经过一定的修行才能获得，而惠能则强调这种智慧本自有之。早期《坛经》版本是在述说惠能行由以及惠能传禅授戒后才讲到其对般若的看法，从而使得听众更易理解和接受；后期版本则将其提前至行由之后、其他说教之前，突出了惠能禅宗对于般若智慧的独特理解及其对其他说教的指导意义。 [2] 净心念摩诃般若波罗蜜多：又作“净心念摩诃般若波罗蜜”。摩诃般若波罗蜜，为梵语 Mahāprajñāpāramitā 音译，《大智度论》解释说：“摩诃，此言大；般若言慧；波罗蜜言到彼岸。”又常简称为般若。般若被誉为诸佛之母，唐代以后形成的历代大藏经的编纂均以般若类经典为首，由此亦可见其在中国佛教中被重视的程度。惠能在大梵寺讲法的一开始便劝请人们净心念般若，这既是传承东山法门“一行三昧”以般若为根本的精神，也表现了惠能禅宗直指见性提倡所谓“般若三昧”新禅法，具体内容见后文。另外，惠能禅宗的这种做法与净土法门在形式上非常类似，净土法门便特别强调念诵佛菩萨名号以求解脱，惠能禅宗对于当时比较流行的念诵阿弥陀佛名号以求往生西方净土的看法，详见《坛经·疑问第三》。 [3]“善知识”至“使汝等各得智慧”：此段在早期版本中为“菩提般若之知，世人本自有之，即缘心迷不能自悟，须求大善知识示道见性。善知识，遇悟成智”，虽然大意不差，但是将“菩提般若”视为“知”，而非“智”，如果按照自称是惠能禅宗后世弟子的宗密禅师的解释，“知”为人人所具有的般若灵性，而“智”则是其不同的表现，既有凡夫智也有可能是佛智，所谓“知通智局”，那么依此来理解惠能的思想便更清晰些。说摩诃般若波罗蜜法：解说摩诃般若波罗蜜这一正法的要义。各得智慧：各自觉悟自性，生发智慧。 [4] 志心：或作“至心”，专心用心。 [5]“善知识”至“终无有益”：早期版本只作“虽念不解”，后来扩充为“世人终日口念、不识自性，由如诵食；口但说空，万劫不得见性”。不识自性般若：不能自见心中本有的菩提般若。说食不饱：即“诵食”，意谓只是口说美食，不亲口食用，则不能解决饥饿。佛教常用以批评那些虽然博闻强记却不依法修行者，禅宗沿用之而更加强调实际的修心。由此可见，惠能禅宗首先强调的是心口一致，注重实修实证，反对言行不一。 [6]“此须心行”至“离性无别佛”：或作“此法须行，不在口口念不行，如如化修行者，法身与佛等也”，大意亦是在批评口念心不行的做法而强调需要心口相应于本有的“自性般若”，这种自性般若任运自如的呈现，便是觉悟的境界，不可以离开自心本性向外寻求成佛。如如化修行，即心口相应于自性，自性任运自如地呈现于心口；法身即自心清净的般若智慧，佛即般若智慧的呈现，即觉悟。如幻如化、如露如电：当是取自《金刚经》“一切有为法，如梦幻泡影，如露亦如电，应作如是观”，《坛经》的编者用之解释“口念心不行”是虚妄的、有偏执的做法。 [7] 摩诃是大：“摩诃”是音译，意译是“大”。按照《大智度论》的解释，般若之所以大，是因为其能生长为声闻、缘觉、菩萨、佛等四种佛教圣贤，特别是可以使得众生成就觉悟之佛果，而其他法门则做不到。所谓其他法门即布施、持戒、忍辱、精进、禅定等，它们与般若共同构成大乘佛教所说的“六度”，即六种度脱苦难的方法途径。 [8] 虚空：佛教对虚空有不同的解释，中国传统哲学中也有“虚空即气”（张载语）等说法，从惠能禅宗对于虚空所涉及的解说来看，主要是根据人们对于虚空的通常理解，所谓既能容纳万物又非具体某物，来类比和解释自性清净而又起用无穷的辩证特点。 [9]“无有边畔”至“即著无记空”：早期版本只做“莫定心坐，即落无记”八字，简单易解。主要讲述自性本空，自性真空，而又不能执著于空，如果执著于“空”，修心便成了空心静坐。边畔：边界、边际。

瞋（chēn）：或作“嗔（chēn）”，与喜相对，忿怒恼火。无有头尾：形容广大的又一说法。诸佛刹土：简称佛土，又称净土，即诸佛所在的国土，惠能采取的是“心净则佛土净”的解释（《坛经·疑问第三》）。妙性本空，无有一法可得：菩提智慧本性清净无碍，没有一个有限的事物可以作为其规定性。妙性即佛性、觉性、本性、菩提般若自性。自性真空，即般若空：这里强调的是般若智慧不执著于名相，般若本身也无形相。空心：百无所思。无记空：对善与恶皆无记别的空。无记：梵语意译，意为不可断定其善恶。记：意为判断、断定。这里的无记空指心念中一无所有之空，此空的特点即心如死灰，不思一物，不存一念，惠能认为不能执著这样的空。　[10]“善知识”至“智者心行”：此段主要意思在于说明自性妙有，即本净的智慧能够含容万物、助成万物而又自无执迷。涧（jiàn）：夹在两山之间的流水。天堂地狱：这里也泛指美好的去处和险恶的地方。须弥诸山：佛教以须弥山为世界的中心，这里泛指一切山。自性能含万法是大：自性犹如虚空容纳万物一般，其般若智慧也可以认识清楚一切事物。万法在诸人性中：或作“万法尽是自性见”、“万法在自（‘自’或作‘善知识’）性中”，这是说一切万法不离自性。若见一切人，恶之与善，尽皆不取不舍，亦不染著：如果见到一切人的善与恶，都能不取不舍，同时自身又能无染于善恶，既不为恶，也不以善自高，而常行正道。故曰摩诃：或作“此是摩诃行”，是说这样便是心量广大之大。　[11]空心静坐，百无所思：或作“空心不思”。　[12]此一辈人不可与语，为邪见故：或作“不是”、“此一辈人不可共说，为邪见故”。邪见：即违背道理的见解。　[13]“善知识”至“不行小道”：或只作“心量大，不行是小”，用意是针对空心不思的偏执再次解说“自性妙有”既包括随缘认识一切而任运自在，又包括般若智慧乃自性本有而非从外得，宗密禅师将前者称为随缘用，后者称为自性用，二者都隶属于本性清净的自性般若。心体无滞：自心并不是死寂呆板的无情之物或抽象不变的实体，而是具有智慧、任运无住的存在。 [14] 般若者，唐言智慧也：或作“般若是智惠”，唐言即唐朝人们主要使用的语言，是相对于“般若”所对应的梵语而说的，因此后人又将此句改作“般若者梵语，唐言智慧也”，但与前文已经提到梵语有所重复，故多不取。 [15] 般若行：以般若智慧为指导的行为。 [16] 一念愚即般若绝，一念智即般若生：人人本性自有般若之智，愚迷不觉时即般若智慧不生，一念觉悟时即为般若智慧生。般若绝：与般若生相对，即般若不生。 [17] “世人愚迷不见般若”至“即名般若智”：前半部分是说愚人如何修般若，后半部分则说明智人如何修般若。愚人只是停留在口中说念的层面，却不改变心中愚昧的状态，常将“般若”片面地理解为“空”无所思而形成对“空”的执著，并不能认识到自性“真空”本自清净而能善思善用。般若是无形无相、无可执著的，般若就是自心清净的智慧本性，所以智人净心行般若，不执著于任何形相，而常行般若行。真空即自性真空、般若真空，意在破除愚迷、偏执的名相。所谓“般若无形相”，并不是空无所思、心中常愚；所谓“智慧心即是”，或作“智惠性即是”。 [18] 西国语：即梵语，古人认为佛教主要来自于西方天竺国，故称其国语言为西国语。天竺是梵文 Sindhu 的音译，古印度的别称，《大唐西域记》说“天竺之称，异议纠纷，旧云身毒，或曰贤豆，今从正音，宜云印度”。这里以西国代指佛法的来源地，从一个侧面反映了人们对于佛教传播的主要途径，认为是从西而东的陆路路线，即举世闻名的陆上丝绸之路。 [19] 解义离生灭：“波罗蜜”是音译，“到彼岸”是义译，义解则是“离生灭”，即离有生灭的此岸到达无生灭的涅槃解脱彼岸。 [20] 著境生灭起：心执迷于外境，就会生起生灭。[21] 离境无生灭：心无所著，便无生灭。或作“睹境无生灭”，是说面对外境而能够做到自心觉悟，无取无舍，亦无染著。

善知识[1]，迷人口念，当念之时，有妄有非；念念若行，是名真性；悟此法者，是般若法，修此行者，是般若行；不修即凡，一念修行，自身等佛。

善知识[2]，凡夫即佛，烦恼即菩提；前念迷即凡夫，后念悟即佛；前念著境即烦恼，后念离境即菩提。

迷悟凡圣，皆在一念之间，故在平时生活中需时时警醒。

善知识，摩诃般若波罗蜜，最尊最上最第一，无住无往亦无来[3]，三世诸佛从中出；当用大智慧打破五蕴烦恼尘劳[4]；如此修行，定成佛道[5]，变三毒为戒定慧[6]。

善知识[7]，我此法门，从一般若生八万四千智慧。何以故？为世人有八万四千尘劳。若无尘劳，智慧常现[8]，不离自性。悟此法者[9]，即是无念、无忆、无著，不起诳妄，用自真如性以智慧观照，于一切法不取不舍，即是见性成佛道。

智慧总比烦恼多，方法总比困难多。

［注释］

[1]“善知识”至“自身等佛”：此段再次强调心行般若的重

要性。有妄有非：心中有妄想愚痴。念念若行：念念若行般若智慧，外不著相，内不著空，行于真正。真性：真实自性，般若自性，亦可谓识自真心，见自本性。自身等佛：或作“法身等佛”，惠能禅宗认为清净法身即自心本性，识心见性便与佛无二。 [2]“善知识”至“后念离境即菩提”：此段旨在辨析凡夫与佛的异同。一般认为，凡夫与佛有着根本的不同，凡夫是烦恼的象征，佛则代表着真正的觉悟。然而，惠能认为凡夫与佛从本性上说并无不同，本来都具有智慧本性。从内在本性讲，迷此本性，便有烦恼而称凡夫，一旦觉悟，便即为佛。从外在境相看，执迷于外境，便是烦恼凡夫，不被外境束缚，便是觉悟成佛。 [3]无住无往亦无来，三世诸佛从中出：有住有往亦有来是事物的一方面，无住无往亦无来也是事物的一方面，人们常常注意并执迷于前一方面，觉悟者则从中看到事物变化发展的双方而合乎道理地行事。前一句主要从肯定的方面看，后一句则主要从否定的方面看，正如《坛经》引用《金刚经》中所说的“应无所住而生其心”一般。三世诸佛：大乘佛教认为，佛不止一个，而是三世十方有无数的佛。若简单地分，可以按照时空将之划为常见的两类。一是时间上的，名为竖三世佛，指过去、现在、未来三世的佛，过去佛为迦叶佛，现在佛为释迦牟尼佛，未来佛为弥勒佛。二是空间上的，名为横三世佛，指东方、现实、西方三个不同世界的佛，东方净琉璃世界为药师佛，现实娑婆世界为释迦牟尼佛，西方极乐世界为阿弥陀佛。 [4]当用大智慧打破五蕴烦恼尘劳：或作“将大智惠到彼岸打破五蕴烦恼尘劳”、“用大智慧打破五蕴烦恼尘劳”，对照便知，此句是说应该用“摩诃般若波罗蜜”来破除烦恼，即认识到上述“烦恼即菩提”、“自性本有”、“迷凡悟佛”的道理。正是因为破除烦恼需要用“大智慧”，所以一般说“智慧照破烦恼”，将“烦恼”与“智慧”绝对对立化地理解，或将“智慧”视为外来而非自有，便有失偏颇，详见《坛经·宣诏第九》。五蕴：就是将宇宙万有分为色、受、想、行、识五类。在佛教中，五蕴有广狭二义。狭义的五蕴为现实之人的代称，广义的五蕴则是指一切物质世界（色）与精神世界（受、想、行、识）的总和，是佛教全部教义分析研究的基本对象。在佛教看来，人是由五蕴和合而成，五蕴之外并没有一个“我”存在，但世俗之人由于不明此理而将因缘和合的人执著为实有，并因此而产生种种贪欲，生起种种烦恼，造下种种惑业，从而依业受报，沦于生死轮回之中，受种种苦。蕴，积聚、类别的意思。 [5] 佛道：或作“佛”。 [6] 三毒：贪、瞋、痴，被认为是一切烦恼的根本，因其能生长一切烦恼，是痛苦之源，所以被称为“毒”。戒定慧：被称为三学，是佛教共同遵守的教法。对中国佛教发展影响深远的道安法师曾这样解释：“世尊立教，法有三焉。一者戒律也，二所禅定也，三者智慧也。斯三者，至道之由户，泥洹之关要也。戒者断三恶之干将也，禅者绝分散之利器也，慧者齐药病之妙医也。”（《大正藏》第 55 册，第 80 页上）惠能禅宗基于心性则进一步提出了“自性三学”，所谓“心地无非自性戒，心地无痴自性慧，心地无乱自性定”，具有对治“三毒”的意味，详见《坛经·顿渐第八》。 [7]“善知识”以下五句：主旨在于说明般若智慧是对治烦恼尘劳的利器。八万四千智慧，乃是由于有八万四千烦恼的缘故。心病还需心药医治，不可脱离智慧本性另寻根本的治疗。八万四千：佛教常用此数泛指多，算法各有不同。《坛经·机缘第七》说“三千威仪，八万细行”。尘劳：与“烦恼”义近。 [8] 常现：或作“常在”，指本性般若之智常在常照。 [9]“悟此法者”以下六句：主旨在于对禅宗修行中常用的“无念、无忆、无著”加以全面的说明，指出其不只具有否定的意涵，也具有肯定的意义，从而行于中正大道。简单地说，不能看到“无念”便认为不要任何思想，不能看到“无忆”便认为不要意念，看到“无著”便认为不要有任何专注，详见《坛经·定慧第四》中惠能对“无念、无相、无住”的解说。无念、无忆、无著，其直接的用意是劝导人们不应自起妄念，其真正的用意则是希望人们能发挥自性般若智慧真切认识事物的本来面目，不断努力克服自身主观的偏见，成物成己，这便是见性成佛道。诳：或作“杂”，繁体字形相近。

善知识，若欲入甚深法界及般若三昧者[1]，须修般若行，持诵《金刚般若经》，即得见性。当知此经功德无量无边[2]，经中分明赞叹，莫能具说[3]。此法门是最上乘[4]，为大智人说，为上根人说，小根小智人闻，心生不信。何以故？譬如大龙下雨于阎浮提[5]，城邑聚落悉皆漂流，如漂枣叶；若雨大海，不增不减。

若大乘人，若最上乘人，闻说《金刚经》，心开悟解，故知本性自有般若之智[6]，自用智慧常观照，故不假文字[7]。譬如雨水不从天有[8]，元是龙能兴致，令一切众生，一切草木，有情无情，悉皆蒙润，百川众流，却入大海，合为一体，众生本性般若之智，亦复如是。

佛教有“依义不依语”，老庄玄学有“得意忘言”。在惠能看来，读不读经并不重要，经典至多只是启发人们开悟的一种外缘，关键还在于每个人的自悟。

善知识，小根之人闻此顿教，犹如草木根性，小者若被大雨[9]，悉皆自倒，不能增长。小根之人亦复如是，元有般若之智，与大智人更无差别，因何闻法不自开悟？缘邪见障重，烦恼根深，犹如大云覆盖于日，不得风吹，日光不现。般若之智亦无大小，为一切众生自心迷悟不同，迷心外见，修行觅佛，未悟自性，即是小根；若开悟顿教，不能外修[10]，但于自心常起正见，烦恼尘劳，常不能染，即是见性。

善知识，内外不住，去来自由，能除执心，通达无碍，能修此行，与般若经本无差别[11]。

善知识，一切修多罗及诸文字[12]，大小二乘十二部经，皆因人置，因智慧性方能建立；若无世人，一切万法本自不有，故知万法本自人兴[13]，一切经书，因人说有。缘其人中有愚有智，愚为小人，智为大人，愚者问于智人，智者与愚人说法，愚人忽然悟解心开，即与智人无别。

人本无大小，大小以智分，若能显智慧，还归于无异。

善知识，不悟，即佛是众生；一念悟时，众生是佛；故知万法尽在自心，何不从自心中顿见真如本性[14]。《菩萨戒经》云[15]，我本元自性清净，若识自心见性，皆成佛道；《净名经》云[16]，即时豁然[17]，还得本心。

[注释]

[1]甚深法界：即诸法的本性或真实面目。法界：万法的分界，事物的类别，既泛指各种事物，也指事物和现象的本源、本质或本性，尤其指成佛的原因，与法性、法身等具有相同的内涵。三昧：梵文“Samādhi”的音译，意译为“定”，意为心专注一境而不散乱，本是印度传统修行方式之一，后来为佛教所吸收。般若三昧强调，心意的调节，要以般若智慧为根本。道信、弘忍时即开始依据《文殊说般若经》传授“一行三昧”的禅法，惠能倡导“般若三昧”禅法，可谓是对达摩以来特别注重般若思想为指导的继承与发展。 [2]此经功德无量无边：“经”或作“人”，或无，一字之差，语意有别。经强调所持诵的对象，人则强调持诵者及其修持。 [3]莫能具说：不能一一详说。 [4]“此法门是最上乘”以下五句：表明惠能禅宗对《金刚经》的重视，将《金刚经》视为“摩诃般若波罗蜜法”的代表作，认为其是究竟无比的“最上乘”，同时认为此经虽然一切人都能听闻，但只有“大智人”、“上根人”才能生信顿觉，而“小根小智”人则会“心生不信”，问题并不出在经法本身，而在于人心智慧的利钝。乘：古代车辆，佛教常以运载为义，引申为达到解脱的途径，惠能禅宗则进一步认为“乘为行义”，强调心行实修，详见《坛经·机缘第七》。 [5]“譬如大龙下雨于阎浮提”以下五句：前三句主要是比喻小根小智人闻经不信，如过眼烟云，如耳边走风；后两句比喻上根大智人闻即开悟，闻若未闻。大龙：或作“天龙”，古有虎能生风、龙能生雨的说法。阎浮提：又称“阎浮提鞞波”，是梵文 Jambudvipa 的音译，又译为赡部洲，《大智度论》曰：“阎浮提者，阎浮树名，其林茂盛，此树于林中最大，提名为洲。”（《大正藏》第 25 册，第 320 页上）在佛教对于世界的描绘中，此洲在南方，为人居处。枣：或作“草”。 [6]般若：或作“本性”。 [7]不假文字：不依

赖于外在的文字。强调般若自性不凭靠文字而有，是自性自有，所谓“离言自性”。经典文字只是起到启发自心开悟的作用，不能以经典文字代替自己自悟。惠能对文字经教的集中论述见后文及《坛经·付嘱第十》。 [8]“譬如雨水不从天有”至“亦复如是”：主要是说人性般若之智本有，有先觉后觉，先觉觉后觉，可联系后文“智者为愚人说法”以及有关“大善知识”的论述进行理解。天，或作“无”。龙能兴致：或作“龙王于江海中将身引此水”、“龙”，后来的改作淡化了其中民俗神话的意味。 [9] 大雨：或作“大雨一沃”。 [10] 能：或作“执”，或作“信”。 [11] 般若：或作“般若波罗蜜”。 [12] 修多罗：梵文 Sūtra 的音译，意译为“经”，可以作为一切佛经的总称，也可以理解为佛经的种类之一。佛教经典的分类有多种，“十二部经”即是其一，修多罗原为“十二部经”的第一部类，后来则泛指一切佛经。 [13]“故知万法本自人兴”以下三句：各种教法都是因人而兴起，各种经书都是因人而出现。惠能禅宗这种尊重经典而又不迷信经典的做法，体现了中国宗教的人文精神特征。 [14] 真如本性：亦即般若自性。 [15]《菩萨戒经》：大乘佛教戒律书，对中国佛教影响深远。此经先由后秦鸠摩罗什译出，名为《梵网经卢舍那佛说菩萨心地戒品第十》二卷，天台宗智顗（yǐ）将其录为《菩萨戒经》一卷，华严宗法藏曾对其加以注疏，禅宗惠能则引文为证。不过，惠能所引之文乃是对原文“一切众生戒本源自性清净”的摘引，以融入对于自心清净智慧肯定的语脉之中。 [16]《净名经》：净名为人名，梵文 Vimalakirti，音译为维摩罗诘、毗（pí）摩罗诘，略称维摩或维摩诘，意译为无垢称或净名，所以此经又名《维摩诘所说经》《维摩经》《无垢称经》等。相传他在佛陀时代是毗耶离城的居士，所说法要甚深，超过很多佛陀的大弟子，此经即记有他的很多说法内容。《净名经》的特色是强调佛法不二思想，认为世间与出世间、生死与涅槃、有相与无相、有知与无知乃至言语与寂寞等一切分别平等不二，不仅对中国佛教影响巨大，而且得到中国社会一般民众特别是士大夫群体的热爱。例如著名诗人王维即以“维摩”为其字号，还曾为惠能写过碑铭，至今流传。 [17] 即时豁（huò）然，还得本心：出自《净名经·弟子品》，义同“自心中顿见真如本性”、“若识自心见性，皆成佛道”。豁然：即顿显。

善知识，我于忍和尚处，一闻言下便悟，顿见真如本性，是以将此教法流行，令学道者顿悟菩提，各自观心，自见本性。若自不悟[1]，须觅大善知识，解最上乘法者，直示正路；是善知识有大因缘，所谓化导，令得见性，一切善法，因善知识能发起故；三世诸佛、十二部经，在人性中本自具有，不能自悟，须求善知识指示方见；若自悟者，不假外求；若一向执谓须他善知识方得解脱者，无有是处。何以故？自心内有知识自悟；若起邪迷妄念颠倒，外善知识虽有教授，救不可得；若起正真般若观照[2]，一刹那间妄念俱灭[3]；若识自性[4]，一悟即至佛地。

外因是条件，内因是根本，外因通过内因起作用。这里很有辩证法思想。

善知识[5]，智慧观照，内外明彻，识自本心，若识本心，即本解脱，若得解脱，即是般若三昧，即是无念。何名无念？若见一切法[6]，心不染著，是为无念；用即遍一切处，亦不著一切处；但净本心，使六识出六门，于六尘中无染无杂，来去自由，通用无滞，即是般若三昧，自在解脱，名无念行。若百物不思，当令念绝，即是法缚[7]，即名边见[8]。善知识，悟无念法者，万法尽通，悟无念法者，见诸佛境界，悟无念法者，至佛地位。

“无念”非百物不思，而是妄念不起，正念不断。

善知识，后代得吾法者[9]，将此顿教法门，于同见同行发愿受持[10]，如事佛故，终身而不退者[11]，定入圣位[12]。

然须传授从上以来默传分付，不得匿其正法[13]；若不同见同行[14]，在别法中，不得传付；损彼前人，究竟无益；恐愚人不解[15]，谤此法门，百劫千生[16]，断佛种性[17]。

［注释］

[1]“若自不悟”至“无有是处”：核心思想在于解释自心自悟与“大善知识”的启发帮助之间的关系。若自不悟，须觅大善知识：或作“若能自悟者，须觅大善知识示道见性；何名大善知识？”对照而言，可知大意是说悟须自悟，若能自悟而尚未自悟者，便需要寻找“大善知识”以助自悟。如果执著地认为必须要靠善知识指点才能得到解脱，那也完全不对。那什么是“大善知识”呢？

惠能认为其内涵主要有二。其一是通达“摩诃般若波罗蜜”，即识自本心、见自本性的人；其二是随缘任运能助迷者觉悟的人，他们因此而有各种善巧法门。令得见性，或作“令得见佛”。十二部经，或作“十二部经云”。须求，或作“须得”。 [2] 虽有教授，救不可得；若起正真般若观照：或作“即有教授，汝若不得自悟，当起般若观照”、“虽有教授，救不可得；自心若正起般若观照”，用意在于强调般若智慧与愚迷认识的不同，尤其表现在不受外相驱使方面。 [3] 一刹那间：指极短的时间，若顿时、豁然。 [4] 若识自性：或作“即是自真正善知识”，意同。 [5]“善知识”至“即是无念”：从中可见，识自性、识本心、解脱、般若三昧、无念，都是同一觉悟境界的不同表达。智慧观照：或作“自性心地以智慧观照”。本解脱：或作“是解脱”。 [6]“若见一切法”至“名无念行”：这主要是对“无念”的解释。其最为常见的解释是“心不染著”的否定意义，惠能则进一步强调其还蕴含着“任运自在”的肯定方面，故而早期版本有云“见一切法，不著一切法；遍一切处，不著一切处”。但净本心，使六识出六门，于六尘中无染无杂：或作“常净自性使六贼从六门走出于六尘中不离不染”、“但净本心使六识从六门走出于六尘中无染无杂”。六识：即眼识、耳识、鼻识、舌识、身识、意识；六门又称六根，即眼、耳、鼻、舌、身、意；六尘又称六境，即色、声、香、味、触、法。无染无杂（或“不离不染”）：是说清净智慧虽然依根缘境而有种种认识，但是自性清净不失，不被根尘识所束缚。自性、六识、六门、六尘之关系的集中论述，详见《坛经·付嘱第十》，参见《坛经·疑问第三》。通用无滞：或作“通同无滞”，描述自性通畅无阻、应用无碍的状态。无念行：即无念心行、修无念行。关于“无念”的解释，又见《坛经·定慧第四》。 [7] 法缚：为所知所见所束缚，与法执义近。 [8] 边见：片面之见，偏执一边之见。 [9] 得吾法者：

或作“得悟法者常见吾法身不离汝左右”，人人所具佛性法身平等故。 [10] 同见同行：思想与实践一致，如“志同道合”。 [11] 如事佛故，终身而不退者：或作“如是佛故，终身受持”、“如事佛故，终身受持”、“如是佛教，终身受持”，“是”与“事”同音，“故”与“教”形似，用意均在于强调受持顿教法门的重要意义。 [12] 定人：或作“欲入”，表示信念坚定。 [13] 默传分付，不得匿其正法：或作“嘿（mò）然而付于法；发大誓愿，不退菩提，即须分付”，从中可见惠能禅宗十分强调所传付对象内心对于“最上乘法”的信念。默传：不假语言文字，以心传心。 [14]“若不同见同行”以下三句：或作“若不同见解，无有志愿，在在处处勿妄宣传”。 [15] 愚人：或作“遇人”。 [16] 百劫：或作“百劫万劫”。 [17] 断佛种性：断绝了成佛的可能性，永远不能成佛。

善知识，吾有一无相颂[1]，各须诵取；在家出家，但依此修；若不自修，惟记吾言，亦无有益。听吾颂曰：

陆游《冬夜读书示子聿》：“纸上得来终觉浅，绝知此事要躬行。”识心见性，即悟大意。

说通及心通[2]，如日处虚空；
唯传见性法[3]，出世破邪宗[4]。
法即无顿渐[5]，迷悟有迟疾；
只此见性门[6]，愚人不可悉[7]。
说即虽万般[8]，合理还归一；
烦恼暗宅中，常须生慧日。
邪来烦恼至[9]，正来烦恼除；

邪正俱不用[10]，清净至无余。
菩提本自性[11]，起心即是妄；
净心在妄中，但正无三障。
世人若修道，一切尽不妨[12]；
常自见己过[13]，与道即相当。
色类自有道[14]，各不相妨恼；
离道别觅道，终身不见道。
波波度一生[15]，到头还自懊[16]；
欲得见真道，行正即是道[17]。
自若无道心[18]，暗行不见道；
若真修道人[19]，不见世间过。
若见他人非，自非却是左；
他非我不非，我非自有过。
但自却非心，打除烦恼破；
憎爱不关心，长伸两脚卧。
欲拟化他人，自须有方便[20]；
勿令彼有疑，即是自性现[21]。
佛法在世间[22]，不离世间觉；
离世觅菩提，恰如求兔角。
正见名出世，邪见是世间；

这对中国近现代以来的人间佛教运动产生重大而深远的影响，成为人间佛教的重要理论来源和思想基础。

邪正尽打却，菩提性宛然。

此颂是顿教，亦名大法船[23]；

迷闻经累劫[24]，悟则刹那间。

惠能南宗以“顿悟”相标榜，“南顿北渐”曾成为南北禅宗禅法差异的重要标帜。

师复曰：今于大梵寺说此顿教，普愿法界众生言下见性成佛。

时，韦使君与官僚、道俗闻师所说，无不省悟，一时作礼，皆叹：善哉，何期岭南有佛出世[25]！

［注释］

[1] 无相颂：早期版本与后期版本在惠能几个重要偈颂的顺序安排方面有所不同。此处的偈颂，在早期版本中是被放置于惠能回答听众疑问之后，具有一定的总结说法要义的意味。后期版本编纂时，因为是按照说般若法、答疑、忏悔传戒的次序进行，而说般若法至此结束，故将此偈颂置于此处。在早期版本中，或是因为惠能在说般若法的结尾时提到了不信佛法乃至谤佛法门的危害，所以紧接着便是具有灭罪忏悔性质的偈颂，而后期版本则将这一偈颂放置于专门讲述传戒忏悔的内容之末。 [2] 说通及心通，如日处虚空：说通和心通，犹如虚空本有的明日发光而照耀万物一般。说通及心通出自《楞伽经》“一切声闻、缘觉、菩萨，有二种通相，谓宗通及说通”。（《大正藏》第16册，第499页中）说通：即通过语言文字去证悟；宗通：即不假文字的心悟，故惠能称其为“心通”。 [3] 唯传见性法：或作“惟传顿教法”，顿教与渐教相对，按照惠能禅宗“法无顿渐，顿渐在机”之说，顿

教乃为见性方法途径之一。因此，从此一句的改动，反映了惠能禅宗已从强调宣扬南北二宗之异的阶段转向了注重会通禅派之同的历史过程。 [4] 邪宗：与正宗相对，主要是指有所偏颇的见解与修行，也泛指那些见地不正的派别。 [5] 法即无顿渐：法，或作“教”。佛法只有一种，并无顿渐之分。 [6] 只此见性门：或作“若学顿教法”、“若学顿法门”、“只这见性法”。 [7] 愚人不可悉：或作“愚人不可迷”、“遇人不可迷”。大意是说自甘心迷者便无法实现顿悟见性。 [8] 说即虽万般，合理还归一：或作“说即须万般，合离还归一”，大意是说应透过文字言说以达到自性觉悟。 [9] 邪来烦恼至：或作“邪来因烦恼”，是说思想不正乃是烦恼的根源。 [10] 邪正俱不用，清净至无余：自性本自清净，无所谓邪正。 [11] “菩提本自性”以下四句：起心与无念相对，哪怕是起心追逐菩提智慧以求觉悟，也会离开清净本心，而成为一种妄想邪思，终究不能觉悟。妄想邪思是自心起念不能见性的结果，而清净自性并非远离自心，机缘成熟便能破妄显真，所以可谓“净心在妄中”；因为清净自性亦可转邪起正，所以称为“但正无三障”。三障：即烦恼障、业障、果报障。 [12] 一切尽不妨：无论什么都不会成为修道的障碍。 [13] 常自见己过：或作“常现在已过”。大意是说常常反省自己的过失。 [14] 色类：主要指具有色身的欲界色界众生。自有道：自有菩提般若之性。 [15] 波波：随波逐流，喻指愚昧不觉，向外觅佛，犹如“著境生灭起，如水有波浪”。 [16] 懊（ào）：懊恼悔恨。 [17] 行正即是道：心行正直即是真道。 [18] 道心：或作“正心”，正心即明心见性，邪心即暗昧自迷，所以“暗行不见道”。 [19] “若真修道人”至“长伸两脚卧”：这几句的主旨在于劝人防非止恶。“憎爱不关心，长伸两脚卧”，早期版本所无，其用意并不是表面上让人“百无所思”以及“无所作为”，而是比喻自由自在，无所烦恼，大似孔子“从心所欲不逾矩”的境界。傅大士有云：“人道行路难，我道行路易，入山十二年，长伸两脚睡。”（《大藏新纂卍续藏经》第69册，第120页） [20]方便：指适当的方法技巧，与因材施教相类似。 [21]自性现：或作“菩提见”。惠能这里将“破疑”与“见性”结合起来，对于后世禅宗主张围绕“疑情”破除迷信和迷痴，倡导“不疑不悟、小疑小悟、大疑大悟”的禅行，可谓是一种思想资源。 [22]“佛法在世间”以下四句：或作“法元在世间，于世出世间，勿离世间上，外求出世间”、“法元在世间，于世出世间”，大意相同。求兔角：比喻对虚妄的、不可能的事情进行追逐。近代以来，以禅宗为主要代表的中国佛教提出“人间佛教”或“人生佛教”的口号，便以惠能此说为根据。惠能禅宗认为人人都能成佛，而且是不离世间觉，这种主张与儒家和道家（道教）认为人人经过努力都能成圣成贤、成真成仙具有内在的一致性，共同表征着中国宗教文化强烈的人文气质。 [23]大法船：或作“为大乘”。 [24]闻：或作“来”。 [25]何期岭南有佛出世：此句反映了惠能在禅宗历史上被推崇为“佛”的情形。

［点评］

在一般人的印象中，儒家更加关注人事，道家更加注重自然，而佛家则是“看破红尘，遁入空门”的另类。这种认识抓住了佛教特有的一个核心概念“空”，却对佛教的“空”在认识上带有一定的偏差。佛教的“空”在梵文中是Śūnya，它的意思与汉语的“无”是有差异的，汉语的“无”，往往是对事物本身存在的否定，是非有。佛教的“空”，却并不是说空无所有，无物存在，而是说存在的事物都是不真实的，因为都是因缘和合而有，都没有质的规定性和独立的实体，所以是“假有”。也就是说，“空”是对万物自性的否定，是对万物虚假本性的揭露，它同时兼有“非有非无”两方面的含义，佛教称之为“假有性空”。把“空”译为“无”，反映了早期佛典翻译者受老庄道家思想的影响，同时容易使人把它与老子的“有生于无”的“无”联系起来，把它理解为是绝对的空无之无。影响所及，人们至今仍常称佛门为“空门”，认为佛教否定世间的一切。

其实，佛教的“空”旨在破除人们对“有”的执著，从而帮助人断除烦恼和贪欲。正确认识万法的“性空”，就需要靠般若这种智慧。惠能在阐述“般若”要义的时候，一方面强调“般若无形相”、“智慧性即是”，要人明心见性，自性觉悟，另一方面强调以般若智慧正确地认识世界，是要对这个世界不起执著之心，而不是远离这个世界，所以其在作为总结性的偈颂中特别提到“佛法在世间，不离世间觉”，为后世禅宗融入社会人生提供了极为重要的思想资源，也为中国佛教与当代社会相适应提供了重要的理论基础。

疑问第三[1]

一日，韦刺史为师设大会斋[2]。斋讫，刺史请师升座，同官僚士庶肃容再拜。问曰：弟子闻和尚说法，实不可思议。今有少疑，愿大慈悲[3]，特为解说。

师曰：有疑即问，吾当为说[4]。

韦公曰：和尚所说可不是达磨大师宗旨乎？

师曰：是。

公曰：弟子闻达磨初化梁武帝[5]，帝问云：朕一生造寺、度僧、布施、设斋[6]，有何功德？达磨言：实无功德[7]。弟子未达此理[8]，愿和尚为说。

师曰：实无功德。勿疑先圣之言[9]。武帝心邪[10]，不知正法。造寺、度僧、布施、设斋，名为求福[11]，不可将福便为功德；功德在法身中，不在修福。

师又曰：见性是功[12]，平等是德，念念无滞，常见本性，真实妙用，名为功德；内心谦下是功，外行于礼是德；自性建立万法是功，心体离念是德；不离自性是功，应用无染是德；若觅功德法身，但依此作，是真功德；若修功德之人，心即不轻，常行普敬；心常轻人，吾我不断，即自无功；自性虚妄不实，即自无德；为吾我自大，常轻一切故。善知识，念念无间是功，心行平直是德；自修性是功，自修身是德。善知识，功德须自性内见，不是布施供养之所求也，是以福德与功德别。武帝不识真理[13]，非我祖师有过。

强调内心世界的觉悟和正直才是佛事活动的关键，这对于刻意求大、求多的建寺造像等佛事活动显然是一种提醒和抵制，至今仍有积极意义。

在惠能看来，祸福为果，因则在于内心。比较而言，功德则因于内心觉悟而行于善行，心觉行正，心行一致，那么，福而不喜，祸而不惧。正如孔子曰："造次必于是，颠沛必于是。"

区分福德与功德，见解深刻。真正的功德并不在外在的求福行为中，而在于自正其心，心正于内而善行于外，是谓功德。

［注释］

[1] 疑问第三：或作"八示西方相状【武帝问功德附】"、"八问答功德及西方相状门"、"释功德净土第二"、"决疑品第三"，这部分内容主要是介绍惠能对大梵寺听众所提问题的解答，突出地反映了惠能禅宗对于社会中普遍流行的偏执事相外力做法的纠

正。其中，造寺、度僧、布施、设斋等事相常常以上层社会为代表，念阿弥陀佛往生净土则常常以下层社会为代表，前者容易陷于追逐利益的泥潭而胡乱作为，后者容易导致对于真实生活的漠视而无所作为，正所谓“过犹不及”，这实际上也是惠能及其禅宗所处时代的中国佛教所面临的重要问题，因此《坛经》诸版本甚至将二者凝炼于标题中加以突出。随着禅宗的繁盛和禅宗思想的广泛传播，后期《坛经》版本特别又扩充了早期版本中关于“在家人如何修行”的内容，其中有关“孝”、“义”等内容的增加，体现了以禅宗为代表的佛教与儒家的融合关系。 [2] 设大会斋：后文简称“设斋”。斋乃是传统宗教仪式的组成部分，一般须在一定时间内完成，具有促成身心清净的功效，并常常伴有特定的饮食安排，因此有斋食、斋饭的说法，道家庄子甚至提出“心斋”之说。早期版本没有记载刺史为惠能设大会斋的事情。这里说刺史设斋，更有益于理解下文刺史的第一问题的由来，因为梁武帝也曾设斋以求功德。 [3] 愿：或作“欲问和尚，望意和尚”、“欲问和尚，愿”。 [4] 吾当为说：或作“何须再三”，与“再拜”相应，大意是请刺史等有话直说。 [5] 达磨：或作“达摩”。梁武帝（464—549）：姓萧，名衍，字叔达，南朝梁代开国皇帝，在位 48 年，世寿 86 岁。梁武帝早年曾信奉老子和道教，与著名道士陶弘景关系密切，但他成为皇帝的第三年（504）便下诏表示要“舍道归佛”。从他的宗教政策来看，他总体上提倡儒佛道三教并用，对于佛教则尤加扶持。在梁武帝时期，他广建佛寺、盛造佛像，经常向寺庙大量布施财产，甚至四次舍身同泰寺（今南京鸡鸣寺），有“皇帝菩萨”之称，是中国古代帝王崇信佛教的代表。在佛教义理方面，他一生精研佛教教理，自讲《涅槃》《般若》等经，著有《涅槃经》《大品经》等义记数百卷，他的“三教同源说”和“神明成佛论”在中国佛教史上影响深远。在佛教戒律方面，梁武帝提倡佛教严守戒律，规定出家人不得饮酒吃肉，开启了汉族佛教吃素的传统。在佛教轨仪方面，梁武帝大办法会，在中国佛教史上首创“忏法”，大大扩大了佛教在社会民众中的影响。在梁武帝的支持和扶植下，南朝佛教在梁代达到了极盛，据《法苑珠林》记载，梁代有寺 2846 所，僧尼 82700 人。梁武帝与达摩大师相遇而不相知的传说虽然不见于正史，但是在禅宗中广泛流传，其中所传达的思想意趣，不仅反映了禅宗对于过度操办佛教外在事相的态度，而且也合乎传统社会对于宗教活动不致于铺张浪费的一般期望。正是因为如此，梁武帝虽然对于中国佛教具有重要的影响，但是在禅宗以及在传统社会中的形象并不是很高，甚至成了一个反面人物。 [6] 造寺、度僧、布施、设斋：或作“造寺、布施、供养”、“造寺、供僧、布施、设斋”。“供僧”便是供奉供养僧侣，合乎语脉，也易于理解；“度僧”则具有剃度僧人的意思，需要联系中国社会的具体情形加以认识。其一，中国社会比较注重家族、孝亲，一般不支持出家为僧；其二，成为僧人便意味着某种意义上的“出世”，相当于“入世”人员的减少，如果当僧众达到一定数量，朝廷便会对其加以限制，而具有一定特权的皇帝在这时便会对“度僧”起到非常重要的作用。因此，从“供养”、“供僧”至“度僧”的细微变化中，人们可见中国佛教发展过程中佛教与社会习俗和国家政治的互动关系。 [7] 实无功德：或作“并无功德。武帝惆怅（chóu chàng），遂遣达磨出境”、“实无功德。武帝怅快（yàng），不称本情，遂令达磨出境”，意思是说梁武帝听到达摩的回答后心中郁郁不欢，甚至将达摩驱逐出境，其用意是来显示梁武帝虽然所做佛事很多，但心中并未真行佛法的精神。按照佛教的一般说法，人们从事造寺、布施等有益于佛教发展的活动，犹如种植善根，不仅能获得福报，甚至可以实现解脱，这些都是所谓的“功德”。如按照这种说法，梁武帝的所作所为一定有功德，而且功德很大。然而，韦刺史听到的传说是，当梁武帝问达摩有没有功德时，达摩却斩钉截铁地回答“并无功德”，更无所谓功德大小的问题。在禅宗早期文献《历代法宝记》中还记载达摩并进一步评说梁武帝的做法乃是“有为之善，非真功德”。达摩的这种说法主要源自大乘佛教对于修持外在事相所获功德远远小于修持内在佛法要义所获功德的划分。 [8] 未达此理：或作“未审此言”，是说对达摩所说的道理不太明白。佛教对同一事情，一方面说有功德，一方面又说无功德，韦刺史因此疑惑。 [9] 先圣：或作“达磨大师”。 [10] 武帝心邪，不知正法：武帝心存求名利的邪见，而对佛教正法却缺乏了解。 [11] 名为求福：或作“只是修福”，意思是说不应将佛教所倡导的那些事业只是作为追求外在名利的手段。功德在法身中：功德源自内在的清净本心。法身即佛法的根本，惠能禅宗认为即是清净本心。惠能延续达摩的说法，并将福德与功德的区分作了进一步的说明，认为福报主要是指外在善行及其好的结果，而功德强调的是内在心性本源及其正直善用，比较而言，功德要比福德更加注重自心内在本性的觉悟，而本性是超越善恶的；功德更加强调内在思想与外在行为的一致，从而更为深入地体现佛法的真正精神。 [12]“见性是功”至“是以福德与功德别”：此段对于“功德在法身中”的详细回答，或作“自法性有功德，平直是德佛性；外行恭敬，若轻一切人，悟我不断，即自无功德，自性虚妄，法身无功德；念念德行，平等真心，德即不轻，常行于敬；自修身即功，自修身心即德；功德自心作，福与功德别”，大意是说禅宗所说的真正功德乃是人人自心觉悟本性念念德行的呈现，其中特别地表现在平等对待他人、彼此相互恭敬等思想行为之中，并不是流于形式的布施、供养等表面事相所能取代的。 [13] 真理：或作“正理”；“理”：即佛法的真正道理或精神。

刺史又问曰[1]：弟子常见僧俗念阿弥陀佛愿生西方[2]，请和尚说，得生彼否？愿为破疑。

师言：使君善听，惠能与说。世尊在舍卫城中说西方引化[3]，经文分明，去此不远，若论相说里数有十万八千[4]，即身中十恶八邪，便是说远，说远为其下根，说近为其上智。人有两种，法无两般，迷悟有殊，见有迟疾，迷人念佛求生于彼，悟人自净其心，所以佛言：随其心净[5]，即佛土净。

以心说相，通达经意。

使君，东方人但心净即无罪，虽西方人，心不净亦有愆[6]。东方人造罪，念佛求生西方，西方人造罪，念佛求生何国？凡愚不了自性[7]，不识身中净土，愿东愿西，悟人在处一般，所以佛言：随所住处恒安乐。

使君，心地但无不善[8]，西方去此不遥；若怀不善之心，念佛往生难到。今劝善知识先除十恶即行十万，后除八邪乃过八千，念念见性[9]，常行平直，到如弹指，便睹弥陀。

凡夫见二，悟者见一；经文分明，是人自疑，有疑即答，贵在破疑，佛国净土，就在净心。

使君，但行十善，何须更愿往生？不断十恶之心，何佛即来迎请？若悟无生顿法[10]，见西方只在刹那；不悟念佛求生[11]，路遥如何得达？

惠能与诸人移西方于刹那间[12]，目前便见，各愿见否？

众皆顶礼，云：若此处见，何须更愿往生。愿和尚慈悲，便现西方[13]，普令得见。

师言：大众[14]，世人自色身是城，眼耳鼻舌是门[15]，外有五门，内有意门，心是地，性是王，王居心地上，性在王在，性去王无，性在身心存，性去身心坏，佛向性中作，莫向身外求，自性迷即是众生，自性觉即是佛，慈悲即是观音，喜舍名为势至，能净即释迦，平直即弥陀[16]，人我是须弥[17]，贪欲是海水，烦恼是波浪，毒害是恶龙，虚妄是鬼神，尘劳是鱼鳖，贪瞋是地狱，愚痴是畜生。善知识，常行十善，天堂便至；除人我[18]，须弥倒；去贪欲，海水竭；烦恼无，波浪灭；毒害除，鱼龙绝；自心地上觉性如来，放大光明[19]，外照六门清净，能破六欲诸天[20]，自性内照，三毒即除，地狱等罪一时销灭，内外

事物有种类，善恶有分别，分别而无别，自心常显现。于此之中，特别值得注意的是，观音、势至作为菩萨代表，释迦、弥陀作为佛代表，人们常常将之作为烧香敬拜的外在对象，而惠能这里特别强调他们乃是人们自心状态的称呼，这对于破除迷信、启发民智起着重要的作用。

明彻，不异西方；不作此修，如何到彼？

大众闻说[21]，了然见性，悉皆礼拜，俱叹善哉，唱言：普愿法界众生，闻者一时悟解。

［注释］

[1] 刺史：或作“使君礼拜”、“使君顶礼愿为弟子”。顶礼：又称顶礼佛足、头面礼足，据唐代道宣《释门归敬仪》中解释说：“我所高者顶也，彼所卑者足也，以我所尊敬彼所卑者，礼之极也。”（《大正藏》第 45 册，第 863 页中） [2] 僧俗念阿弥陀佛愿生西方：或作“僧道俗常念阿弥大佛愿往生西方”，是说在社会上广泛流行着称念阿弥陀佛名号以求往生西方净土的修行方法。阿弥陀佛：简称弥陀，因具有无量寿、无量光而又称无量寿佛、无量光佛，是大乘佛教主张的三世十方诸佛之一，其国在西方，名为极乐，美轮美奂，人称为西方净土世界。阿弥陀佛西方净土的经典依据是《佛说阿弥陀经》《佛说观无量寿经》《佛说无量寿经》等。中国净土宗成立后，阿弥陀佛成为该宗的主要信仰对象，其特点是宣称念诵阿弥陀佛名号即能往生西方极乐世界，在隋唐以后日益流行。净土宗与禅宗都提倡极为简易的修行方式，是中国社会中最为流行的中国佛教宗派。然而，净土宗强调信仰外力，禅宗注重开发自心，二者差别很大，韦刺史因此而有疑惑。 [3] 世尊：或作“释迦世尊”，意谓“为世尊重”，为世间最尊者，即释迦牟尼佛，因为觉悟而被世人尊敬。舍卫城：或作“舍卫国”。舍卫城是佛教圣地之一，为古印度拘萨罗王国（北憍萨罗国）都城，佛经常在此说法，净土宗所依据的经典《佛说阿弥陀经》即说于此。值得注意的是，明代出现的《坛经》版本将“在舍卫城中说西方引化，经文分明，去此不远”改作“在王

舍城说《观经》，有云阿弥陀佛去此不远，经文分明”。王舍城乃古印度摩揭陀国都城，《观经》是净土宗所依经典《佛说观无量寿经》的简称，其经说于王舍城，经文有云“阿弥陀佛去此不远”（《大正藏》第12册，第341页下）。 [4]“若论相说里数有十万八千”以下五句：或作“只为下根，说近说远，只缘上智”，结合上下文，以及《坛经·般若第二》提出的先觉觉后觉的思想，这里主要是说西方净土信仰也是佛为帮助人觉悟的方便之说。在佛教中，十恶与十善相对，一般指杀生、偷盗、邪淫、妄语、两舌、恶口、绮（qǐ）语、贪欲、瞋恚（huì）、愚痴，前三为身业、中四为口业、后三为意业；八邪与八正道相对，一般指邪见、邪思维、邪语、邪业、邪命、邪方便、邪念、邪定，是对于人们所做恶事的另一种分类；十恶八邪泛指人们所做的一切恶事。 [5]随其心净，即佛土净：出自《维摩经》，其云：“若菩萨欲得净土，当净其心，随其心净，则佛土净。”（《大正藏》第14册，第538页下）在佛教中，净土信仰主要有西方净土和唯心净土两种，《维摩经》就是唯心净土的重要代表。唯心净土的思想经僧肇、竺道生等人的发挥而在魏晋南北朝时期相当盛行。一般认为，惠能禅宗的自心顿悟论偏重唯心净土说，但惠能的唯心净土说对前人是既有继承又有发展，从而形成了自己的特点。这主要表现在两个方面：一是对宗教体悟的强调，二是对西方净土说的融摄。在《坛经》中，惠能肯定了“西方引化”为佛说的同时，又把往生西方与自心的迷悟联系起来。惠能把往生西方归之于自心的迷悟，实际上是以“唯心净土”说融摄了“西方净土”，使佛所说的西方引化成了一种方便而非究竟。 [6]愆（qiān）：罪过、过失。 [7]“凡愚不了自性”以下六句：或作“迷人愿生东方西者，所在处并皆一种”。身中净土：“随其心净，即佛土净”，净土系于心净。一般：一样，无别。随所住处恒安乐：出自《佛说无常经》等。恒：或作“常”。 [8] 善：或作“净”。遥：或作“远”。怀：或作“起”。 [9] “念念见性”以下四句：或作“但行真心，到如禅指”、“念念见性，常行平直，到如弹指，便睹弥陀，能净能寂即是释迦，心起慈悲即是观音，常行喜舍名为势至”。在西方净土信仰中，观音菩萨和势至菩萨是常在阿弥陀佛左右的两位胁侍，三者合称为西方三圣。其中，势至又称大势至，以威力巨大、行动迅捷为特征；观音又称观世音，以观听世人苦难之音而前来救助为特征，受到人们普遍的信仰。在《坛经》这里，弥陀、释迦二佛以及观音、势至二菩萨，不再只是外在的对象，而是本心自性的呈现。惠能禅宗弟子黄檗禅师曾有云：“观音当大慈，势至当大智。”（《大正藏》第 48 册，第 380 页上） [10] 无生顿法：当体即空，无生无灭之顿教法门，主要是说劝人立足当下，但行真心，为人正直，而非舍此愿彼、口说心非、不改愚昧。另外，儒家强调“生生”，道家注重“长生”，佛家则以“无生”为特点。早期佛教常以“灰身灭智”来理解之，带有强烈的弃世灭生的意味。惠能禅宗这里所理解的“无生”，显然已经不具有这样的意义，而是在“生即无生”、“生、不生不二”的前提下进行的阐发，其更强调此生此世的身心努力，甚至认为可以豁然顿显这种境界。对于“生”与“灭（不生）”的集中讨论，详见《坛经·宣诏第九》。惠能这里表现出的重视现实人生觉悟的思想倾向，既合乎佛教助人解脱苦难的精神本怀，也与中国传统儒、道的人文气质相一致。 [11] 不悟念佛求生：或作“不悟顿教大乘，念佛往生”、“不悟念佛欲往”，对照可见，大意是说如果只是口念弥陀而心不觉悟，那么这样的念佛以求往生他方是有失偏颇的。正如“念般若法”应口念心行一般，“念弥陀佛”也应如此。在《坛经》的流传演变过程中，虽然原来作为禅宗重要标签的“顿教大乘”被删除了，但从前后的脉络来看，“念佛求生”不再是与“顿渐大乘”相对的做法，而是成为一种方便说法，不能只说不行，需要借此“顿悟无生”，这实际上反映了在中国社会流传最广的禅宗和净土宗之间的融合关系。 [12] 诸人：或作“使君”。各：或作“使君”。 [13] 便：或作“为”。令：或作“愿”。 [14] 大众：或作“一时见西方，无疑即散。大众愕然，莫知何事。大师曰：大众。大众。作意听”、“徒众用心，一时得见西方，无疑即散。师言：大众”。 [15] “眼耳鼻舌是门”以下四句：或作“眼耳鼻舌身即是城门，外有六门，内有意门，心即是地”、“眼耳鼻舌是门，外有五门，内有意识心为地”、“眼耳鼻舌是门，外有诸门，内有意门，心是地”，联系后文“自心地上觉性如来放大光明，外照六门清净”，以及《坛经·付嘱第十》关于“三科法门”的相关论述，此句大意是以人身喻世界，将自心意识比作大地，其本性是般若觉性，其依据具体的认识能力（眼、耳、鼻、舌、身、意，所谓“六门”、“六根”等）以及认识对象（色、声、香、味、触、法，所谓“六尘”、“六境”等）而随缘发用为眼识、耳识、鼻识、舌识、身识以及意识。 [16] 平直即弥陀：或作“平直即是弥勒”，弥勒又称弥勒菩萨或弥勒佛，相传他是未来的成佛者，所住的地方是在佛教所描述世界中的兜率天宫。与西方弥陀不同，弥勒与释迦同处此方世界，因此后文有“不异西方”四字。《坛经》在流变中，将“弥勒”改为“弥陀”，当是受到弥陀信仰流行的影响所致。 [17] 人我是须弥：须弥即须弥山，意为若执著人我，好比心中有座须弥山，使人不能解脱。 [18] 除人我：消除对人自身的执著，即无人我之见。佛教以身为五蕴和合，实无恒常主宰之我，称人无我，即人空。一般而言，小乘佛教偏重讲人空，而大乘则更说法无我，即法空，强调人、法两空。 [19] 放大光明：或作“施大智惠光明”。 [20] 六欲诸天：又称六欲天。佛教把世俗世界化分为欲界、色界、无色界等“三界”，欲界是具有食欲和淫欲的众生所具住，其中包括地狱、畜生、饿鬼、人和六欲天。六欲天分别为四天王天、忉（dāo）利天、夜摩天、兜率天、乐变化天、他化自在天。六欲诸天的地位在人之上，有似于我们平常所说的天神，他们仍有食欲与贪欲，未能超脱轮回。惠能这里所说的“六欲诸天”主要是用以表征人们心中的烦恼迷惑。 [21]“大众闻说”以下六句：或作“座下闻说，赞声彻天，应是迷人了然便见。使君礼拜，赞言：善哉善哉”、“大众闻说，俱叹善哉。但是迷人了然见性。悉皆礼拜，唯言：善哉”、“大众闻说，了然见性，悉皆礼拜，俱叹善哉，唯言”，从中可见《坛经》文字细微演变的轨迹。

师言：善知识，若欲修行，在家亦得，不由在寺[1]；在家能行，如东方人心善；在寺不修，如西方人心恶；但心清净[2]，即是自性西方。

韦公又问：在家如何修行？愿为教授[3]。

师言：吾与大众说《无相颂》[4]，但依此修，常与吾同处无别；若不依此修，剃发出家，于道何益？颂曰：

心平何劳持戒[5]，行直何用修禅；
恩则孝养父母，义则上下相怜；
让则尊卑和睦，忍则众恶无喧；
若能钻木出火，淤泥定生红莲；
苦口的是良药，逆耳必是忠言；

“在家亦得”，并不是“非得在家”；“不由在寺”，也不是“不能在寺”。在惠能看来，在寺与在家，并无二致，关键是心不能有所执著。

人人心净，则社会环境自然清净。

从这里可以看到佛教在中国化过程中对儒家伦理道德思想的融合、吸收。

改过必生智慧，护短心内非贤；

日用常行饶益，成道非由施钱；

菩提只向心觅，何劳向外求玄；

听说依此修行，西方只在目前。

师复曰：善知识，总须依偈修行，见取自性[6]，直成佛道。时不相待[7]，众人且散，吾归曹溪，众若有疑，却来相问[8]。

时[9]，刺史官僚、在会善男信女各得开悟，信受奉行。

［注释］

[1] 不由在寺：由或作“但”。在禅宗发展的早期，以修禅为特点的禅师常常“穴居岩处”，并不如专事佛教经典翻译、讲述等人一般常住正规的寺院；随着信徒的增多，禅宗开始从散居而为定居，乃至立清规、建寺院，因此住寺修行日益成为禅宗的重要修行方式；随着唐五代时期禅宗的盛行，禅宗寺院遍布南北，俨然成为中国佛教的新正统。在这种情况下，后世有些《坛经》版本将“不由在寺”改为“不但在寺”，从一个侧面反映了禅宗从“教外别传”至“佛教正传”的角色转变。 [2] 但心清净，即是自性西方：或作“但愿自家修清净，即是西方”、“但能心常清净，即是自性西方”，大意是劝人修自本心，见自本性。值得注意的是，这里的“即是西方”或“即是自性西方”应该与前文所提到的“不异西方”结合起来理解，不宜将其视为是对西方净土信仰的简单否定，惠能的语意并不在于探求外在的西方世界是怎样的，而是

强调“净土”之所以为净土乃是由于自心清净能发起大智慧照破黑暗邪恶的缘故。 [3] 教授：或作“指授”，指教传授。 [4]《无相颂》：此颂在《坛经》的早期版本中是没有的。后期版本之所以会多出此颂，主要有两个原因。第一，从《坛经》内容结构变化的角度来看，早期版本是将惠能大梵寺说禅、传戒讲法以及答疑视为一个整体事件，所以在答疑之后安排了一首具有总结及劝导意义的“无相颂”，而后人将惠能讲法、说禅、传戒等活动纷纷独立成章节，原来具有总结意味的“无相颂”被安排于讲述般若法之后，所以在问答结束时便另外安排了一首更具有针对在家信众性质的偈颂。第二，从“无相颂”自身的内容来看，虽然其可谓是对惠能“佛法在世间”精神的推演，但所论及的孝养父母、上下相义、尊卑礼让等行为规范又非常合乎传统儒家的要求，从中既可以看出以禅宗为代表的佛教对于儒家思想的融摄，同时也可以说是唐宋以来儒家得以重兴后对于禅宗的进一步影响，中国文化重视礼仪孝亲的优秀传统也得以传承不息。 [5]“心平何劳持戒”至“西方只在目前”：这首偈颂的主要内容可谓是对大乘六度精神与人们日常生活智慧的总结，惠能禅宗希望以此引导人们的思想和行为，提高生命的质量和境界。其中，大乘六度包括布施、持戒、忍辱、精进、禅定和智慧，而这里则特别倡导大乘六度的精神内涵，强调布施非由施钱、心平何劳持戒、忍则众恶无喧、精进犹如钻木出火、行直何用修禅、菩提智慧只在心中等等。对于人们日常生活智慧，则倡导合乎中国传统社会的伦理规范和道德要求，首先是孝养父母以报生育恩情，其次是在上下、尊卑等一般的社会关系交往中应当讲求互助互敬、扬善抑恶，其他如良药苦口、忠言逆耳、改过生智、护短非贤等则更显出人们道德生活特别需要注意的地方。孝养：或作“亲养”。若能钻木出火，淤泥定生红莲：意思是说，犹如火生木中，莲生泥中，菩提正果在自身心中。护短心内非贤，遮掩错误、不能悔改的人，内心不会善良。日用常行饶益：于生活日用之间坚持修行将获益良多。西方：或作“天堂”。 [6] 见取自性，直成佛道：早期版本或作“去惠能千里，常在能边；此不修，对面千里”、“言下见性，虽去吾千里，如常在吾边；于此言下不悟，即对面千里”。 [7] 时不相待：或作“各各自修，法不相待”、“法不相待”。 [8] 却来相问：或作“来彼山间，为汝破疑，同见佛性”、“却来相问，为众破疑，同见佛性”等。 [9] “时”以下三句：或作“合座官僚道俗礼拜和尚，无不嗟叹，善哉大悟，昔所未闻，岭南有福，生佛在此，谁能得知，一时尽散”、“时，在会道俗豁然大悟，咸赞善哉，俱明佛性”，意在表达听众对惠能说法的赞叹和信奉。

[点评]

社会是一个综合体，佛教只是社会文化的一个组成部分，源自印度的佛教能够在中国社会流传发展，乃至最终得到民众和官方的广泛认可，其中很大的原因是佛教较好地处理了自身发展与中国社会进步之间的关系。在隋唐时期兴起的禅宗，宋代以后成为中国佛教的代表，这里的《疑问品》比较集中地展现了以禅宗为代表的佛教与社会之间关系的主要方面以及一般看法。

中国古代社会长期处在以小农经济为主的发展阶段，与这种社会存在相适应的主流社会意识比较强调自力更生、勤俭节约、安居乐业，体现在传统儒、道两家对于未来理想社会的描述中，均为比较重视个人身心的修养以及作为社会小单元的家庭生活，从而具有强烈的重视现实社会人生的价值取向，而对于未知的天地乃至死后的世界常常采取“存而不论”或不予重视的态度。对于印度佛教发展出来的追求彼岸世界的做法，民众具有先在的社会心理层面的抵触，因此佛教最多只能作为精神生活的一种补充，而不能成为生活的全部。

在这样的社会文化背景下，再来看惠能在公开广传禅宗要义的时候所遇到的三个问题，便能知道这些问题实际上也是中国社会对佛教提出的非常具有普遍性的问题，关系着禅宗乃至佛教能不能在社会立足以及如何深入影响社会的大问题。其中，第一个是“福德”与“功德”的关系问题，其呈现的是佛教作为社会性的存在，其各种行事，尤其是在社会上层人士助缘下进行的大规模造寺、大范围供养以及大时限斋戒等大型宗教活动所造成的社会问题，惠能禅宗的看法是强调内心世界的觉悟和正直才是佛事活动的关键，对于刻意求大、求多的佛事活动显然是一种提醒和抵制，合乎传统社会对于宗教事务的一般看法，至今仍有积极意义。第二个是“自性净土”与“往生西方”的关系问题，其呈现的是人们对于此岸世界与彼岸世界的认识以及态度，惠能基于“心净则佛土净”，认为断恶行善而觉悟人生便“不异西方”，惠能禅宗门人在继承惠能之说的基础上甚至又在《坛经》中增加了“自性西方”的提法，以融摄作为彼岸世界的西方净土，这些思想和做法，与中国传统文化重视个人修养及现实生活的精神也是一致的。第三个则是“在家如何修行”的问题，其所反映的是作为特殊社会团体的佛教与作为一般社会单元的家庭之间的关系。因为这一问题实际上在前两个回答已经有比较明确答案，所谓心正行善，自心觉悟，所以在早期《坛经》中亦仅此而已，而后期《坛经》中则根据中国社会特别注重家族及儒家文化的特点，又特别增加了一些以大乘六度精神为指导而富含儒家思想以及日常生活智慧的伦理道德规范，由此亦可见惠能禅宗之所以赢得中国社会广泛接受的原因，同时，中国社会伦理道德传统也以禅宗为代表的佛教方式曲折地得以呈现和传承。

定慧第四[1]

师示众云：善知识，我此法门，以定慧为本[2]。大众勿迷言定慧别[3]。定慧一体不是二[4]。定是慧体[5]，慧是定用；即慧之时定在慧，即定之时慧在定。若识此义[6]，即是定慧等学；诸学道人，莫言先定发慧，先慧发定，各别；作此见者，法有二相[7]。口说善语[8]，心中不善，空有定慧，定慧不等；若心口俱善，内外一如，定慧即等。自悟修行，不在于诤；若诤先后，即同迷人，不断胜负，却增我法[9]，不离四相[10]。

宋代契嵩禅师云："定慧为本者，趋道之始也。定也者静也，慧也者明也。明以观之，静以安之。安其心可以体心也，观其道可以语道也。"（《坛经赞》）

善知识[11]，定慧犹如何等？犹如灯光。有灯即光，无灯即暗。灯是光之体，光是灯之用。

名虽有二，体本同一。此定慧法，亦复如是。

师示众云：善知识，一行三昧者[12]，于一切处，行住坐卧，常行一直心是也。净名云[13]：直心是道场，直心是净土。莫心行谄曲，口但说直，口说一行三昧，不行直心。但行直心，于一切法勿有执著。迷人著法相[14]，执一行三昧，直言常坐不动，妄不起心，即是一行三昧。作此解者[15]，即同无情，却是障道因缘。

东晋僧肇云："直心者，谓质直无谄，此心乃是万行之本。"（《注维摩诘经》，《大正藏》第38册，第335页中）

善知识，道须通流[16]，何以却滞？心不住法[17]，道即通流；心若住法，名为自缚。若言常坐不动是[18]，只如舍利弗宴坐林中，却被维摩诘诃。善知识，又有人教坐、看心、观静、不动、不起[19]，从此置功，迷人不会，便执成颠。如此者众[20]，如是相教，故知大错。

［注释］

[1] 定慧第四：或作"三为时众说定慧（门）"、"定慧一体第三"、"定慧品第四"，以惠能对传统禅学理论和禅修实践的独到理解为主要内容，其中包括"定慧体一"、"一行三昧"以及"三无法门"等三个方面。 [2] 以定慧为本：以定慧为根本，这里的"定慧为本"，要与下文的"定慧等学"联系起来理解。中国佛教发展至隋唐时期进入创宗立派阶段，比如三论宗、天台宗、

华严宗、律宗等，禅宗虽然也是其中之一，但它不同于其他派别的一个特点是特别注重理论与实践相结合，尤其注重禅学理论必须落实于实际的禅行生活中，在日常的行住坐卧中修心悟心，并对传统的修习禅定、由定发慧，做出了定慧不二的新解。禅宗以禅命宗，以“禅定”来概括佛教的全部修习，却并不以坐禅入定为功夫，而是以慧摄定，将定慧统一于无念之心，用惠能的话来说，就叫做定慧无别、定慧不二、定慧等。这是禅宗区别于其他宗派的重要特点。 [3] 大众勿迷言定慧别：大家不要错误地认为定与慧是截然分别的。从下面所举的例子来看，这些分别包括定慧各别、先定发慧、先慧发定。一般来说，这些地方的“定”和“慧”都有比较具体的内涵，比如“定”为梵文“Samādhi”（三摩地、三昧）的意译，以思想专注为特点，与心意散乱相对，故而又称“止”，可以引发“智慧”；“智”与“慧”虽然可以相通，但也有细微差别，“智”为梵文“Jñāna”（若那）的意译，意为于事理能决断，指由修习佛理所获得的辨别现象、判断是非、评判善恶的认识能力。这种认识能力因人修习佛理的水平不同而有高下之分。在佛教中，智与识是对立的，因而只有佛智才称得上是真正的“智”。智：在佛智的意义上，就与“慧”相通。“慧”：梵文为 Mati，音译作末底、摩提，指通达事理、决断疑念、取得决断性认识而把握真谛的那种精神作用。在佛教中，慧并非一般所谓的知识或智慧，而是特指圣者所具有的一种观照能力，例如“般若”（梵文“Prajñā”的音译），就是能观照万法性空的一种智慧。智慧多与建立在“止”之上的“观”有关。若结合佛教的基本理论业感缘起来看，由于身口二业实际是心意之业的表现，所以佛教定慧之学可谓从凡至圣的核心。然而，由于佛教在不同阶段不同派别基于不同的理论结构，它们不仅对“定”、“慧”的界定不尽相同，而且就二者的关系也出现了不同的主张。据《坛经》记载，当时禅宗北宗即依据佛经常言的“诸恶莫作，诸善奉行，自净其意，是诸佛教”（如《法句经》）而认为“诸恶莫作名为戒，诸善奉行名为慧，自净其意名为定”（《坛经·机缘第七》），并在定慧关系上倾向于“先定发慧”，而这一看法在当时社会上是非常流行的，甚至认为“欲得会道，必须坐禅习定，若不因禅定而得解脱者未之有也”（《坛经·宣诏第九》）。正是基于这样的背景，惠能强调从“定慧等学”（如《涅槃经》）的传统出发，提出了“定慧一体”、“定体慧用”以及“自性定慧”等融会定慧的主张。 [4] 定慧一体不是二：或作“惠定体一不二”、“定慧一体，本不是二”。这是说，定慧虽然名字义涵上有所不同，但是二者所依据的真心之体是同一的，正因为二者为依他而起，所以定慧自性也都是空性。一体：这里主要指定慧所依之体，又名真如、佛性、自性、自心、本性、本心等，以本来清净、无相之相为体相；比较而言，定慧等则为此体的起现，定慧各自的规定称为有相之相状。 [5]“定是慧体”以下四句：真心之体不二而显现为定慧之二；从犹如灯火一般不即不离的体用关系来看，定可谓是慧的载体，慧可谓是定的发用；虽然定是体、慧是用故而不即，但是定是慧之体、慧是定之用故而不离，所以说正当慧的时候实际上是有定的慧，正当定的时候是有慧的定。定是慧体，此“体”与“定慧一体”之“体”不同，前者与“用”相待而立，是有相之体；后者为前者所依，是无相之体。 [6]“若识此义”以下六句：或作“善知识，此义即是惠等；学道之人作意，莫言先定发惠，先惠发定，定惠各别”、“若识此义即是定慧等学；诸学道人莫言先定发慧、慧定各别”，对照来看，作“若识此义，即是定慧等学；诸学道人，莫言先定发慧、先慧发定、定慧各别”则语脉通畅，语意完备。这是说如果大家认识到上述义理即是定慧等学的话，那么那些学习佛道的人应慎言“先定发慧”、“先慧发定”以及“定慧各别”等违背“定慧等学”的话。定慧等学：“定慧等”出自《涅槃经》，其云：“善男子。十住菩萨智慧力多，三昧力少，是故不得明见佛性。声闻缘觉三昧力多，智慧力少，以是因缘不见佛性。诸佛世尊定慧等，故明见佛性了了无碍。”《涅槃经》因提倡“一切众生皆有佛性”而在中国佛教史上影响深远。佛教禅有小乘禅和大乘禅，在汉代都已传入中国。小乘禅以坐禅习定获神通为特点，定学色彩浓重，较早在中土流传；魏晋时期随着佛教般若性空思想乘着玄学而广传，大乘禅逐渐得到流行，其更强调对佛教真理的领悟，慧学色彩明显。南北朝时即在中国出现了北方重视定学、南方重视慧学的风气。在这种背景下，如智者大师等佛教高僧力倡“止观双运”、“定慧等学”，而《涅槃经》关于“定慧等”的说法则是其重要的经典依据，对中国禅学最终以“定慧等学”为至高境界甚至唯一境界可谓影响深远。 [7] 法有二相：法即自性法体，虽然法体呈现为定慧等相状，但是法体之体相是清净的、无相的、不二的。二相：即有分别的相状，如执著于“定”、“慧”的相状，又争论其各别、先后，这些都属于是“二相”。法本无相而偏执于相状，佛教认为这是舍本逐末、流浪生死、没有觉悟的表现。 [8]“口说善语”以下七句：或作“口说善，心不善，惠定不等；心口俱善，内外一种，定惠即等”、“口说善，心中不善，定惠不等；心口俱善，内外一种，定惠即等”，“内外一如”在许多种版本中作“内外一种”。这是用生活中“口是心非”和“心口一如”的例子来进一步说明“定慧不等”与“定慧等学”。《坛经》在后面结合传统佛教对于世界的理解亦曾说：“如是一十八界，皆从自性起用。自性若邪，起十八邪；自性若正，起十八正。”（《坛经·付嘱第十》）其中，口属身、语言属声、文字属意识，它们自性本空，自身实际上无所谓善恶，善恶乃根源自于人心自性。从心口善恶的四句分别来看，与心善口恶和心口俱恶相比，口善心恶为世间常见，而心口俱善是佛教常劝，因而定慧等学具有劝人完满善行、进修清净三业的意味。正是在此意义上，《坛经》的编者增加了一句“空有定慧”，认为如果只是口中说定慧之类的善语，而在心行上不做去恶行善的实修，这等于没有真定真慧。这样一来，口是心非和心口一如就不是作为说明类比的例子，而分别成了实修定慧过程中需要提防和努力的内容，出世不离入世的精神在入世操行上的选择，于此亦可见一斑。　[9] 却增我法：或作“却生法我”、“却增法我”，大意相同，但仔细推敲“生”与“增”、“法我”与“我法”还是意味有所不同。一般而言，佛教认为“我执”有两种，所谓“人我”执与“法我”执，前者粗显，后者微细。“却生法我”与“却增法我”是就诤论的深层理论偏执而言，切合之前的“先定发慧”等主张，有生有增，因本无而有、已有更增故；“却增我法”的意思则在已有如前之“法我”的基础上更增加“人我”，多就诤论的主体而言，切合此句前后“即同迷人”、“不断胜负”、“不离四相”等粗显的内容。　[10] 四相：出自《金刚经》，其云：“若菩萨有我相、人相、众生相、寿者相，则非菩萨。”历史上对此四相有多种理解，意在说明四相乃因缘假立，并非实有不变之体。一般而言，我相，是将五蕴和合之身执著为“我”，也称“我见”或“身见”；人相，是执著我与他人之分别，增长我慢；众生相，是执著我与众生无别，起退却心，不信佛法；寿者相，是执著色身常住，贪着生死。就本处所涉诤事而言，计较这是我的主张，即有我相；计较那是他的主张，即有人相；诤论不离自他而成，即有众生相；计较是我永胜他者，即是寿者相。　[11]“善知识”至“亦复如是”：此段早期版本多在下文“故知大错”之后。　[12]“一行三昧者”以下四句：或作“一行三昧者，于一切时中行住坐卧常行真心是”，“一行三昧，常行直心”，是说所谓的“一行三昧”这种禅法是时时处处都为自心本性呈现。一行三昧：指以法界（真如、实相）为观想对象，并以法界为唯一行相的禅定。这是东山法门的共同主张，道信主张通过念佛即可以达到这种三昧，弘忍认为“守本真心”可以达到，神秀则更强调以坐禅看净的方式成就一行三昧。惠能以当下人心人性的显现为解脱，不拘限于某一固定的方式，认为但行直心，行住坐卧皆是禅，这无疑是对执著念佛、坐禅等传统禅行的反对。“一行三昧”本身是梵语和汉语的组合词，其中“三昧”为梵文的音译之一，也译作“三摩提”等，指佛教禅定摄心的状态；其中的“一行”，表明这种三昧与其他三昧不同的特点。《摩诃般若波罗蜜经》说“云何名一行三昧？住是三昧，不见诸三昧此岸彼岸，是名一行三昧”（《大正藏》第 8 册，第 252 页下）；《大智度论》解释说这种三昧“常一行毕竟空相应三昧中，更无余行次第；如无常行中次有苦行，苦行中次有无我行。又菩萨于是三昧不见此岸、不见彼岸。诸三昧入相为此岸、出相为彼岸，初得相为此岸、灭相为彼岸”（《大正藏》第 25 册，第 401 页中）。可见，“一行三昧”属于大乘禅法，其特点是专注于大乘佛教“毕竟空相”这一要义。因为万法皆缘起性空，“毕竟空相”又可称为“法界”（界者性也），所以《文殊师利所说摩诃般若波罗蜜经》中当文殊师利菩萨问佛何为“一行三昧”时，佛回答说：“法界一相，系缘法界，是名一行三昧。若善男子、善女人，欲入一行三昧，当先闻般若波罗蜜，如说修学，然后能入一行三昧。如法界缘，不退不坏，不思议，无碍无相。善男子、善女人，欲入一行三昧，应处空闲，舍诸乱意，不取相貌，系心一佛，专称名字。随佛方所，端身正向，能于一佛念念相续，即是念中，能见过去、未来、现在诸佛。”（《大正藏》第 8 册，第 731 页上）这里对“一行三昧”的解释值得注意的有两点。第一，这种禅法不仅将修习般若性空思想作为前提，而且进一步将其与专心“念佛”结合，有“先慧后定”的倾向；第二，般若和念佛都被涵化到“法界”这一核心概念之中，这实际上带有“慧定一体”的意味。在《大乘起信论》中，即把“真如三昧”和“一行三昧”联系起来，说“依如是（真如）三昧故，则知法界一相，谓一切诸佛法身与众生身平等无二，即名一行三昧。当知真如是三昧根本，若人修行渐渐能生无量三昧”（《大正藏》第32册，第582页中）。即虽然认为一行三昧是其他三昧根本，但是真如三昧又是一行三昧的根本。华严宗人法藏曾将经论融合起来说：“如《文殊般若经》云：何名一行三昧？佛言：法界一相、系缘法界，是名一行三昧。入一行三昧者，尽知恒沙诸佛法界无差别相。乃至广说以此真如三昧能生此等无量三昧故，名三昧根本也。”（《大正藏》第44册，第284页上）后来的华严宗人澄观则直接提出“离障见（真）如，是谓具足清净一行三昧，一行者一法界行故”（《大正藏》第35册，第923页上）。被认为是华严宗五祖的宗密禅师则进一步指出，这二种三昧其实是异名同实的关系：“一行三昧，亦名真如三昧，此是一切三昧根本。若能念念修习，自然渐得百千三昧。达摩门下展转相传者是此禅也”（《大正藏》第48册，第399页中）。宗密推崇惠能弟子神会为禅宗正宗，将“一行三昧”和“真如三昧”视为等同，并认为其核心内涵是中国禅宗自始以来的主张，这虽然具有会通禅教分歧以及有益于禅宗内部凝聚的意义，但禅宗史上依《文殊所说般若经》而提倡“一行三昧”禅法的实际上是四祖道信，而且从《坛经》的记载来看，这种禅法在实行过程中也产生了分化。惠能对于“一行三昧”的理解，是“于一切处，行住坐卧常行一直（真）心是也”，这既是对其本来意义“毕竟空相”（所谓“于一切法勿有执著”）及“法界一相、系缘法界”（所谓“常行真［直］心”）的回归，又是针对当时出现的一些“禅病”而发的。其中有比较粗糙易知的，如“心行谄曲、口但说直，口说一行三昧、不行真（直）心”；也有比较微细难辨的，如将“一行三昧”的一些规定形式化或绝对化，把“应处空闲”、“端身正向”等归结为“常坐不动”，把“舍诸乱意”、“系心一佛”等视为“（除）妄不起心”。直心：法海集记本作“真心”，本段落其他出现直心的地方也作“真心”。从上面对“一行三昧”理解的分析，可知“直心”更倾向于从“三昧”是“正心行处”中引申出来，因为在三昧的处境中，平常弯曲的心转变成了正直的心；而“真心”则更倾向于从“一行”的“毕竟空相”或“法界一相、系缘法界”中引申出来，因为在一行的涵义下，不仅弯曲的心本性是空，正直的心也是如此；弯曲的心虽应该转为正直的心，但正直的心却不应该被执著；曲直是假，本空是真，知心性空而无谄曲，行于正直而无执于相，是行真心，是真直心。从《坛经》的体用角度看，清净真心是直心之体性，无谄曲之直心是真心之发用，直心即真心。 [13]“净名云”以下三句：引文分别出自《维摩经》的《菩萨品第四》和《佛国品第一》，其中“直心是净土”在原经文中为“直心是菩萨净土”。道场：一般指修学办道的场所，其中大多都有各种设备严饰。净土：常与秽土相对，多指诸佛菩萨所处所见的境界。在惠能看来，虽然道场和净土在表象上差别千万，但是二者又具有高度的统一内涵，道场之所以成为“道”，净土之所以成为“净”，关键在于其中的人心有道而清净，即“直心”。直心是因，场土是果。另外，惠能不仅将分属不同品的内容进行了加工，而且颠倒了它们在原文中的顺序，隐约可见他认为“道场”与“净土”同是果的同时，也认为净土是道场之果。 [14]“迷人著法相”以下五句：或作“迷人著法相，执一行三昧，真心坐不动，除妄不起心，即是一行三昧”、“迷人著法相，执一行三昧，直言坐不动，是早已执迷著，除妄不起心，即是一行三昧”、“迷人著法相，执一行三昧，直言坐不动，是早已执迷著，悟即除妄不起心，即是一行三昧”，综合来看，是说迷惑的人执著于“一行三昧”的表相，有的认为真心就是一直端坐不动，有的认为还包括破除虚妄思想从而达到百无所思的不起心境界。后文紧跟着是对这些见解和践行的批评。　[15]“作此解者”以下三句：“作此解者”，或作“若如是此法”、“此法若”，是说如果这样理解和行事的话，修行的有情之人便会犹如木石般无知的无情之物，这反而成为觉悟之道得以呈现的障碍。无情：相对于“有情”而言，有情即“众生”，为有情识的生物，无情即没有情识的草木土石之类。从此句中可知，惠能所讨论的禅法，是就有情之人而言的，出发点和落脚点都是有情众生的觉悟解脱；后文中说，人之本性即表现在“念念不住”上，反对“百无所思”，认为“一念断即死，别处受生”，这些说法都表现了惠能禅学在正视生命、珍惜生命的基础上提升生命的人文关怀和人文性格。　[16]道须通流，何以却滞：觉悟之道应该像通畅的河流般会通百川活泼泼流向远方大海，怎么可以变成凝滞不前的一潭死水呢？通流，会通而不偏局，畅流而不滞塞，是行直心的形象说法之一。　[17]“心不住法”以下四句：或作“心在住即通流住，即彼缚”、“心若住法，名为自缚”，是说行直之心若执著于名言设立的假相，从所执著的对象而言是被束缚，从能执著的主体而言实际只是妄想自缚，使本来直心似曲凝滞，如若流水不通。　[18]“若言常坐不动是”以下三句：或作“若坐不动是，维摩诘不合呵舍利弗宴坐林中”、“若言坐不动是，只如舍利弗宴坐林中，不合被维摩诘呵”，大意相同，是说如果行真心只是端坐不动而已的话，那么佛陀弟子舍利弗当初在树林下安闲静坐修行时，便不应该受到维摩诘居士的呵斥，可见偏执于常坐不动并不是一行三昧。舍利弗宴坐林中被维摩诘诃，维摩诘对舍利弗坐禅的尖锐批评，一方面透露了以般若性空思想为指导的大乘佛教对于小乘传统佛教修行的重新界定，另一方面也反映了以“维摩诘”为代表的世间修行者更希望在日常生活中实现佛教禅修的社会需要。舍利弗：人名，梵文 Śāriputra，音译舍利弗多、舍利弗罗、舍利弗多罗、舍利富多罗、舍利补怛罗等，相传舍利为其母之名，弗、弗多、弗多罗等其义为子，所以又称舍利子。舍利弗是佛陀著名弟子之一，有“智慧第一”的美誉，然而此处所引事例则反映其智慧有不若维摩诘的地方，此事出自《维摩经》的《弟子品第二》。宴坐：安然闲适的静坐，指坐禅。 [19]“又有人教坐、看心、观静、不动、不起”以下四句：“静”或作“净”，“会”或作“悟”，是说还有一些禅师，他们教人静坐，专注地观看自己的心理活动，乃至观察到静止清净的真心，认为这种身心不动不起的修禅，就可以最终实现一行三昧的境界，而学道者若迷惑不能理解，便会固执其中的成见，从而违背正理，颠倒错乱。看心观静（净）：看和观都是禅定修习中的观想，目的在于去除妄念，使意念安定不放逸而达到清净。在惠能看来，起心观和看，这本身就是一种起心动念，这将导致离清净的本心更远。一般认为，这也是对神秀北宗禅法的批评。 [20]“如此者众”以下三句：或作“即有数百般，如此教道者，故之大错”、“即有数百人，如是相教，故知大错”，是说社会上这样的人很多，但以这种方式教人，是大错特错的。

师示众云：善知识，本来正教无有顿渐[1]，人性自有利钝，迷人渐修，悟人顿契，自识本心，自见本性，即无差别，所以立顿渐之假名。

善知识，我此法门[2]，从上以来，先立无念

契嵩禅师云：无相为体者，尊大戒也；无念为宗者，尊大定也；无住为本者，尊大慧也。（《坛经赞》）

为宗，无相为体，无住为本。无相者[3]，于相而离相；无念者，于念而无念。无住者[4]，人之本性，于世间善恶好丑，乃至冤之与亲，言语触刺欺争之时，并将为空，不思酬害，念念之中，不思前境；若前念今念后念，念念相续不断，名为系缚；于诸法上念念不住，即无缚也，此是以无住为本。

善知识，外离一切相[5]，名为无相；能离于相，即法体清净，此是以无相为体。

善知识，于诸境上心不染[6]，曰无念；于自念上常离诸境，不于境上生心。若只百物不思[7]，念尽除却，一念绝即死，别处受生，是为大错。学道者思之[8]，若不识法意，自错犹可，更误他人，自迷不见，又谤佛经，所以立无念为宗。

这样的无念，是对传统佛教禅定的新阐释，表明惠能禅注重的是现实的活生生的人的当下解脱。

善知识，云何立无念为宗[9]？只缘口说见性迷人，于境上有念，念上便起邪见，一切尘劳妄想，从此而生；自性本无一法可得，若有所得，妄说祸福，即是尘劳邪见，故此法门立无念为宗。善知识，无者无何事[10]？念者念何物？无者无二相，无诸尘劳之心，念者念真如本性。真如即是念之体[11]，念即是真如之用。真如自性起念[12]，非眼耳鼻舌能念；真如有性，所以起念，真如若无，眼耳色声当时即坏。善知识，真如自性起念，六根虽有见闻觉知，不染万境而真性常自在。故经云[13]：能善分别诸法相[14]，于第一义而不动。

不于境上生心，去除妄心执著；真如自性起念，依持清净本心，念念无住。惠能的无念，是有正念而无妄念，即妄念不起，正念不断。由此，禅就能融入百姓生活中。

［注释］

[1]“本来正教无有顿渐”至“所以立顿渐之假名”：或作“法无顿渐，人有利钝，迷即渐劝，悟人顿修，识自本心是见本性，悟即元无差别，不悟即长劫轮回”、“本来正教无有顿渐，人性自有利钝，迷人渐契，悟者顿修，自识本心，自见本性，即无差别。所以立顿渐之假名”、“本来正教无有顿渐，人性自有利钝，迷人渐修，悟人顿契，所以立顿渐之假名，自识本心，自见本性，即无差别”，对照而言，虽然前后语句细节有所增减，但是有三个基本层次没有变化。第一层次是“无顿渐”，法体清净故；其次是“有顿渐”，人有利钝差别故；最后是“无差别”，人能转迷为悟故。因此这句话是说，从根本上讲，佛陀真正的教法本来是没有顿渐之分的，然而人性有利钝的不同，故有人渐修，有人顿悟，顿和渐正是由此而来，其实它们都只是假名而已。只要能自识本心，自见本性，即无所谓顿和渐了。正教：原作“正法”，法：即心法、佛法，后来改作“正教”，虽义无别，但从中可见《坛经》受禅宗从教外别传向援教入禅而主张禅教合一的影响。人性自有利钝，又作“人有利钝”，这里的“性”，宜理解为佛教经常所说的“根性”，即主要指由于各种因缘导致人与人在智力高低

上的差别。利钝，以刀具的锋利和钝拙来比喻人们智力的敏锐与迟缓。迷人渐修，悟人顿修，对迷惑的人应该采取渐渐引导劝发的办法促使其觉悟，觉悟人的修行相对渐修过程中的人而言可以称为顿修，二者虽然有根本区别，但也有一种递进联系，而且注重善知识的劝助。此二句被修改后，无论是“迷人渐契、悟者顿修”，还是“迷人渐修，悟人顿契”，似乎修行单是自己自悟自修，于理虽可讲通，但注重善知识开导的一义不见了。实际上，《坛经》很多地方都强调“依师”的重要性。 [2]“我此法门”以下五句：或作“我自法门，从上已来，顿渐皆立无念为宗，无相为体，无住为本”，意思是说，我这里所要讲述的修行法门，是从历代祖师那里传来的佛教正法，即所谓无念为宗、无相为体、无住为本。 [3]“无相者”以下四句：或作“何名为相无相，于相而离相。无念者，于念而不念”、“何名无相，于相而离相。无念者，于念而不念”、“无相者，相而离相。无念者，念而无念”，从中可见《坛经》演化过程中出现的专业概念规范化（“相无相”成“无相”）、思想内容简洁化（“于相而离相”成“相而离相”）以及文字排列整齐化（“何名无相”成“无相者”）的现象。 [4]“无住者”至“此是以无住为本”：或作“无住者，为人本性，念念不住，前念今念后念，念念相续，无有断绝。若一念断绝，法身即是离色身。念念时中，于一切法上无住。一念若住，念念即住，名系缚。于一切法上念念不住，即无缚也。以无住为本”，两相对照文句上的增减，可知此句对于“无住”的解释包涵三个层次。首先，“念念相续”是人的基本存在，所以不可有断灭意念之妄想；其次，“念性本空”是念自身的本质特点，所以应“于念而无念”，不应执著于相续之念相；第三，“相而无相”是所念对象的本质特点，所以应“于相而离相”，不应执著于所念之相。比照而言，修改后的文句，虽然在第二方面的内容有所明晰（所谓“并将为空”），但由于对第三方面内容的过度强化，却导致了第一方面内容的消弱。总起来看，这句话是说，所谓“无住”，是因为人的生命没有一刻不是在念念相续之中，但是要明白我们这里所说的每一念的本性是空的，如善恶美丑、冤家亲属、恶语伤人、巧言欺诈争斗等等，总有缘由也总可转化，若总是执迷不悟便是被前念形成的绳索绑住了。不过，有人一听到自己被意念绑住了，就想到以断绝一切意念作为解脱的方法，这又走向了另一个极端，因为人是意念之流的存在，没有了意念也就没有了人，更没有了觉悟的可能性。正当的解脱之道是，在意念相续之流的人生中，人应该既不执著于外境，也不执著于自心，不被一切现象的表面所迷惑而保持清晰的认识和行为，这便是“无住”，也是“应无所住，而生其心”的“无住心”。所以宋代契嵩禅师认为，这是般若智慧的表现：“无住之本，般若之谓也。”人之本性：或作“为人本性”，表明无住是就人的心性而言的。在惠能看来，人的本性就体现在人们当下的心念之中，它是念念相续不断绝而又于一切法上无住的。无住：既有心念迁流不息之义，又有心念不滞留在迁流无常的虚假万法上，不执著妄相之义。冤：与亲相对，指不愿亲近的人，如仇敌等。言语触刺欺争：用语言触碰刺伤、欺诈争斗，是人世间常有的恶意相向的现象。酬害：报复。 [5]“外离一切相”以下五句：不执著于一切相状，便称为“无相”，而当真的能做到不执著相状，便即是“法体清净”。“无相”可谓意指法体，因此宋代契嵩禅师将其视为是法身的表征，说“无相之体，法身之谓也”。“离”即是“无”，即“清净”，即“不二”，并非完全脱离、绝对空无或死寂静止，所以无相是实相无相，故“于相而离相”。 [6]“于诸境上心不染”以下四句：自心于各种缘起之境上没有执著，不被污染，这便是“无念”，而当自心做到清净无染，便不会攀缘幻境生起妄念。不染，或作“心若能离万境常寂”。一般而言，“染”与“净”相对，这里的染，可以理解为自心对内外本自性空的境界生起人法二我之执著，从而对清净自心生起正念有乌云遮日般污染盖覆的意味，所以“无染”即“无我”而行直心也。 [7]“若只百物不思”以下五句：或作“莫百物不思，念尽除却，一念断即无，别处受生”、“莫百物不思，念尽除却即无，别处受生”。是说不可错认百无所思便是无念，若一旦没有意念心思，人的生命也就结束了，还谈什么人的解脱呢？这可是大大的错误。 [8]“学道者思之”以下七句：或作“学道者用心，莫不识法意，自错尚可，更劝他人，迷不自见迷，又谤经法，是以立无念为宗”、“学道者莫不识法意，自错犹可，更劝他人，自迷不见，又谤佛经，所以立无念为宗”，这是说追求正道的人应该仔细想想，如果不识得佛法要义，自己错了影响还比较小，如果还依此去劝教他人，自己迷执不能见性，却又毁坏佛法、诽谤佛经，那问题就大了，所以要立无念为宗。佛经：又作“经法”，一字之改，又见禅教一致论更加清晰。 [9]“云何立无念为宗”至“故此法门立无念为宗”：或作“即缘迷人于境上有念，念上便起邪见，一切尘劳妄念从此而生，然此教门立无念为宗，世人离见，不起于念，若无有念，无念亦不立”、“云何立无念为宗？只缘口说不见本性迷人于境上有念，念上便起邪见，一切尘劳妄想从此而生；自性本无一法可得，若有所得，妄说祸福，即是尘劳耶，然此法门立无念为宗”。前面在正面解说“无念”之后便提到“不识法意”的迷执者，并说所以要“立无念为宗”，这里则是进一步对迷执者的问题展开说明，意谓那些口说见性而心其实还迷执的人，对外境仍然生起妄念，进而产生许多邪见，一切尘世烦恼妄想，也就从这里而生。人心自性本空清净，无一法可得，如果认为有所得，并妄言祸福，这就是世俗烦恼邪见，为了强调“自心清净无所得”，所以要立“无念”为宗。惠能“于念而无念”，是要人既不偏执于虚妄有念，也不偏执于无智无用的无念。 [10]“无者无何事”以下五句：“无念”之“无”是针对什么的呢？“无念”之“念”又蕴含着什么样的境界呢？“无念”之“无”是外不执著于境相，内不执著于意念，这种“无念”之“念”所念者，为本自清净的真如本性，故念无所念。或作“无者无何事？念者何物？无者离二相诸尘劳”、“无者无何事？念者念何物？无者无二相，无诸尘劳之心，念者真如本性”，对照可知，“念者念真如本性”一句有一个从无至有、从粗而精的过程，然而“念者念真如本性”一经形成，便在已有的“真如”与“念”的关系上多出了一层蕴含能、所二分的认识关系，而这种关系在传统禅学看来常常是具有分别心的、有污染的，需要被超越的。而“念者何物”，则可理解为真如自性起念，是谓无念。 [11] 真如即是念之体，念即是真如之用：清净本心便是念之体，无烦恼杂念之正念即是清净本心之妙用。 [12]“真如自性起念”至“不染万境而真性常自在”：或作“性起念，虽即见闻觉知，不染万境而常自在”，是说虽然眼耳鼻舌等感官是意念产生的依托，但清净的真如本性才是意念的真正根本；如果没有了作为根本的真如本性，眼耳色声也就随之即坏。所以说，虽然依托六根缘取六境而有不同的意念现象，但这些意念的根本是清净的真如自性，具有不执著于内心外境而达到解脱的能力。惠能这里主张真如自性为“六根”终极根本的看法，是对传统佛教关于六根、六尘、六识的理论从心性的角度而做出的进一步深化。 [13]经云：或作“维摩经云”。 [14]能善分别诸法相，于第一义而不动：出自《维摩诘经》的《佛国品第一》，是说能够善于分别各种复杂的现象，又保持自心清净而不被现象所迷惑污染。

[**点评**]

佛教自印度传入中国，它的经典和义理丰富繁多而且千变万化，然而中国僧人常以经、律、论“三藏”来分类佛教经典，并以戒、定、慧“三学”来统摄它的义理内容，东晋时期著名的佛教领袖道安即说“世尊立教，法有三焉，一者戒律，二者禅定，三者智慧，斯之三者，至道之由户，泥洹之关要”(《大正藏》第55册，第80页上)，所以中国佛教各宗派大都在三学的框架下建立各自的理论和实践体系，从而使得人们更易于了解和掌握佛教的根本精神。在中国佛教宗派对三学关系的看法中，尤其注重“定”与“慧”二者的关系，但多是依据早期佛教将定慧视为不同，并主张先定发慧的修行次第。惠能则与此不同，他先是在理论上依据经典倡导的“定慧等学”而以“体一不二”对其加以理解，并从“定是慧体，慧是定用”的角度破除将定慧作绝对区分隔绝的各种理论偏执，然后在对“但行直心”的“一行三昧”禅法本质及其在当时的流弊进行说明的基础上，契合时宜地提出“无念为宗，无相为体，无住为本”的禅法宗旨和禅修要求，其中又特别强调了“无住为本”是立足于人的现实性，而“无念为宗”则旨在破除人的妄念执著而又能正念不断。

总起来看，惠能禅宗将定慧这种深具印度佛教传统的名相概念及修行体系建立在了人是现实的人这一基础之上，因此修禅便不是建立在定慧的名相差别和先后程序上，也不是停留在对某种禅定境界的口头声称和程式规定中，更不是采取极端的措施压抑甚至杜绝意念或者任由意念妄想攀缘内心外境，禅不远人，禅在人心，心自清净而不寂灭，活泼泼依根缘境而能通达自在。因为心自清净而活泼泼，所以既给予污染邪恶者以能转染成净的希望，也使得世间善良的人能时时认识到一切都是在因缘中才能呈现而保持心无所得的心境。

坐禅第五[1]

师示众云：此门坐禅[2]，元不著心，亦不著净，亦不是不动。若言著心，心元是妄，知心如幻，故无所著也；若言著净，人性本净，由妄念故，盖覆真如，但无妄想，性自清净，起心著净，却生净妄。妄无处所，著者是妄；净无形相，却立净相，言是工夫[3]，作此见者，障自本性，却被净缚[4]。善知识，若修不动者，但见一切人时，不见人之是非、善恶、过患，即是自性不动[5]。善知识，迷人身虽不动，开口便说他人是非、长短、好恶，与道违背。若著心著净，即障道也。

“问：何不看心？答：看即是妄，无妄即不看。问：何不看净？答：无垢即无净。净亦是相，是以不看。”（《神会禅话录》）

天桂禅师云：“盖覆真如者，此亦不言别有真如而妄念覆之。已著净求真，却是名妄念，情见顿亡，即名真如。”（《注法宝坛经海水一滴》）

［注释］

[1] 坐禅第五：或作“四教授坐禅门”、“教授坐禅第四”、“妙行品第五”，以惠能对传统禅定及一般形式坐禅的看法为主要内容。坐禅：传统修习禅定，多以结跏趺坐为形式，故称坐禅。以坐禅为代表的禅定实际上关涉从心念思想到身体行动一系列的内容，惠能即以此为题展开其禅学论述。为什么又称“妙行品”？妙行，乃是禅定或坐禅的别称，唐代宗密禅师云：“禅定一行，最为神妙，能发起性上无漏智慧，一切妙用，万德万行，乃至神通光明，皆从定发”（宗密《禅源诸诠集都序》，《大正藏》第48册，第399页中）；清代真朴云：“定慧均等，理事圆融，动静不移，方为大定，故次之以妙行”（真朴所刻《坛经》）。 [2]“此门坐禅”以下四句：惠能这一禅系主张的坐禅，并不执著于心或净以及静坐不动、调身调息等，这体现了惠能对当时流行的坐禅形式的批评，那种坐禅比较重视“远离愦闹，住闲静处，调身调息，跏趺宴默，舌拄上腭，心注一境”，认为“众生虽本有佛性，而无始无明覆之不见，故轮回生死。……须依师言教，背境观心，息灭妄念，念尽即觉悟，无所不知，如镜昏尘，须勤勤拂拭，尘尽明现，即无所不照”（宗密《禅源诸诠集都序》，《大正藏》第48册，第402页中）。一般认为，这是以神秀为代表的禅宗北宗对坐禅的看法，神会曾将其总结为“凝心入定，住心看净，起心外照，摄心内证”（《神会和尚禅话录》，杨曾文编校，中华书局1996年版，第31页）。《坛经》在这里则认为，这种禅法的症结在于“著心著净”。元，通“原”。著：执著，有版本作“看”，意谓观看、观察，通过观心而达到对真心的体悟，是当时禅宗北宗流行的禅法，将“看心看净”概括为坐禅中落入执著的表现形式，更能反映这是针对禅宗北宗的流弊而发。亦不是不动：异本有作“亦不言动”，联系上下文，这里如果是“动”，则其义指起心动念；

如果是“不动”，则其义指只是身体坐着不动而已，二者都是有所执著的表现，都需要对其进行纠偏。所以关键不在于“动”或“不动”，而在于前面的“不是”或“不言”。 [3] 工夫：异本作“功夫”，指努力修行。 [4] 净缚：因起心执著于有形相的净，本来清净的人之本性反而被净相所束缚。这里的“净”与“性自清净”的“净”有根本的不同，后者虽言“净”，但并非一般的认识活动所见的“形相”之一，它是般若智慧所认识到的人心本净之相，是“实相”，实相无相。 [5] 自性不动：与身不动的静坐、心不动的无记之净不同，惠能所说的自性不动并非使然不动，而是当体缘起性空之本然不动，《坛经》下文中记载惠能《真假动静偈》云“若觅真不动，动上有不动”。

师示众云：善知识，何名坐禅？此法门中[1]，无障无碍。外于一切善恶境界心念不起名为坐[2]，内见自性不动名为禅。

惠能曾教人：“道由心悟，岂在坐也。”

善知识，何名禅定？外离相为禅[3]，内不乱为定。外若著相，内心即乱；外若离相，心即不乱。本性自净自定，只为见境思境即乱，若见诸境心不乱者，是真定也。

善知识，外离相即禅，内不乱即定，外禅内定，是为禅定。《菩萨戒经》云[4]：我本元自性清净。

将修禅融于行住坐卧的日常生活之中，成为惠能禅的基本修行态度。

善知识，于念念中[5]，自见本性清净，自修、自行、自成佛道。

[注释]

[1] 此法门中，无障无碍：惠能禅系对于坐禅的理解是基于本性清净而通达自由的，没有特定的形式可以遵循，所以也就没有自设的障碍。 [2] 外于一切善恶境界心念不起名为坐，内见自性不动名为禅：对外境不起妄念，名为坐；内见自性本来清净，名为禅。 [3] 外离相为禅，内不乱为定：禅定即是外而离相，内而自定。离相，即前文提到的“于相而离相”。 [4]《菩萨戒经》云：我本元自性清净：《菩萨戒经》中说，我原本便是自性清净的。异本《坛经》在这一引经之前尚有对《维摩诘经》的援引，所引经文为“即时豁然，还得本心”，以作为顿悟顿修的禅学依据。 [5]“于念念中”以下三句：在当下的每一念中，自见本性清净，自己修持，自己践行，自然能成就佛道。山田大应云：“休东穿西凿，直可了达生佛不二之本道。”（[日] 山田大应：《增注六祖坛经》（乾），第 36 页）

[点评]

禅宗以禅命宗，坐禅本是其自家本领，然而坐禅发展至禅宗六祖惠能时，反而成为禅宗自身发展的瓶颈，如何恢复坐禅的本旨，如何实现禅宗追求的觉悟成佛的目标，成为禅宗进一步发展面临的时代问题。以惠能为代表的禅宗南宗，基于对传统佛教革新而提出的禅学新义，对坐禅等传统佛教的修行方法提出了改革性意见，认为“道由心悟，岂在坐也”，觉悟的关键在于自心不起妄念执著，而不在于坐卧的形式。经过惠能禅宗的禅学改革，与上篇所述的传统禅学强调的“以定发慧”或“先定后慧”形成对照，惠能南宗之禅虽然仍有坐禅的内容，但是更多的具有禅悟的特点，强调“以慧摄定”，突出智慧觉悟。与此同时，因为禅悟对于禅修形式的融摄，所以行、住、坐、卧皆可为禅，语、默、动、静亦可行禅，挑水担柴亦皆是禅，甚至后来出现孝亲忠义亦是禅，禅宗不断走向禅教融合乃至提倡儒佛道三教融合，并以此面向了现实生活。

忏悔第六[1]

时[2]，大师见广韶洎四方士庶骈集山中听法，于是升座告众曰：来，诸善知识，此事须从自事中起[3]，于一切时，念念自净其心，自修自行，见自己法身，见自心佛，自度自戒，始得不假到此。既从远来[4]，一会于此，皆共有缘，今可各各胡跪，先为传自性五分法身香，次授无相忏悔。

文明敬香的表率。

［注释］

[1] 忏悔第六：或作“传香忏悔第五”、“忏悔品第六”，这部分内容或被分为两部分，即“五说传香忏悔发愿（门）”和“六说一体三身佛相（门）”，其以惠能传授“无相戒”为主要内容，包括传香、忏悔、发愿、皈依三宝及三身佛等五部分，属于大乘

戒而又具有禅宗特色。值得注意的是，在比较早的《坛经》版本中，惠能传授“无相戒”与“说摩诃般若波罗蜜法”实际上是一个有机的整体事件，其过程是先请听众净心念摩诃般若波罗蜜法，其次自我介绍得法事由，再次交代禅门宗旨及时代乱相并告知自宗特色及坐禅要点，然后解说三身佛，接着是发愿、忏悔、皈依，在皈依后才宣说摩诃般若波罗蜜法，并回答以韦刺史为代表的听众疑问，所以《坛经》的最早名称为“南宗顿教最上大乘摩诃般若波罗蜜经惠能大师于大梵寺施法坛经一卷兼受无相戒弟子法海集记”，其开篇即为“惠能大师于大梵寺讲堂中升高座说摩诃般若波罗蜜法兼受无相戒”，这种传法授戒有机一体的情形在唐宋之间的一些版本中依然保留着，但已经有将二者分离并将无相戒进行增益和重新编排的倾向，而宋元以后的更多版本则将“无相戒”作为另一个事件以“（传香）忏悔”为名将其独立出来，清代真朴刻《坛经》解释说：“妙行内秘，理障未除，夙习现流，事障难遣，二障现前，果难克证，故次之以忏悔”，认为该部分的主旨内容在于消灭理、事二种障碍，所谓理忏和事忏，由此可见《坛经》的编辑者在不断地将“无相戒”所蕴含的内容剥离出来的同时，也在不断地努力将诸多内容归结为“忏悔”，我们从而又能据此窥察到中国佛教特重忏悔的方面。忏悔：是梵语与汉字的组合词，一般认为“忏”为kṣama（忏摩）音译的简称，本意为向别人表露罪过或过错、请求原谅容忍，“悔”表示不希望已做之事的发生及再次发生，具有改往修来的意义，可以说悔是忏的内在根据，其目的均在于消除罪恶业报，体现了佛教独特的自力拯救的业报思想。正是因为忏悔在消罪建福上的重要功能，所以受到中国佛教特别的重视，在南北朝以后各种免灾求福的忏法广泛流行，而且逐渐被视为护戒清净、进趣止观的前方便和常方便，最终形成理事二忏并行的忏法风气而又追求以理摄事、理事合一的忏法精神。在中国佛教中流行的忏法仪式中，常常包括忏悔、劝请、随喜、回向、发愿等五个方面，称之为“五悔”。在广泛流行忏法仪轨的中国佛教以及重视礼仪规范的中国文化中熏陶成长的《坛经》编辑者，将《坛经》中本所具有的请佛、发愿、忏悔、皈依以及后加的传香以“忏悔”之名加以概括，虽然今天的人会觉得有些疑惑，但也还是可以理解的。 [2]“时”以下五句：此段文字有的《坛经》或无，或作“师言善知识”五字。广韶：广州和韶州。洎：及。四方：即东、南、西、北四个方向，泛指各个地方。士庶：为官的人和普通人，泛指社会上的人。骈集：二马并驾一车为骈，借喻人们簇拥聚集。山：一般指曹溪山，借指曹溪宝林道场。来：诸善知识，或作“善来诸善知识”、“来善知识”，具有很强的口语色彩，意指惠能对听众的呼唤。 [3]“此事须从自事中起”至“始得不假到此”：有的版本《坛经》或无此句。从上下文来看，此句为惠能说法传戒的纲领，意在劝导人们不宜只知向外寻师觅友，看似热闹非凡，不知觉悟此事尚需自己担当，莫将功劳枉费。此事须从自事中起，觉悟大事必须时时落实在自己的心意言行之中。此事或作“此性”，自事或作“自性”，性事不二故。始得不假到此：这样才算真正来到了这里，获得了真正受用的东西。 [4]“既从远来”以下六句：有的版本此句或无，或作“某甲一会在此，皆共有缘，今各胡跪，传自性五分法身香”，从行文来看，显然没有“次授无相忏悔”的句子更易理解，因为后面除了忏悔之外尚有其他发愿、皈依等内容。胡跪：即胡人跪坐的方法。“胡”在古代常指北方或西域的民族，因为这一地带在很长一段时间都是中外之间主要的文化走廊，中国佛教仪轨深受其习俗影响，而中国传统的习俗与此常有不同，例如中国传统俗礼在接受事物表示尊敬时需要起立接纳，而经由胡人传来的佛教在授戒、忏悔等法事活动中则常以曲膝跪拜为尊敬，所以唐代道宣《释门归敬仪》中说“胡跪者胡人敬相，此方所无，存其本缘，故云胡也”(《大正藏》第45册，第864页上)。宋代道诚《释氏要览》中说这种仪轨实际上是传自天竺印度，“胡跪”乃是“互跪”的音讹所致。总起来看，这里可以将“胡跪”理解为佛教仪轨中所使用的跪法。一般而言，佛教皈依中的跪法有三种，一为左跪，二为互跪，三为长跪。长跪的特点为双膝着地，左跪的特点是右膝着地，互跪则是左右膝交替着地，以缓解时间过长导致的疲劳。佛教跪法虽形式有不同，但均在表达尊敬之意。先为传自性五分法身香，次授无相忏悔，在传授忏悔法之前先进行传香。传香又称为行香，为传统佛教进行法事活动的内容之一，表示对诸佛菩萨的崇敬。禅宗早期传法受戒活动并不注重传香的形式，而是强调自心觉悟的内涵。后来禅宗规模扩大，派别增多，逐渐加强传统佛教法事形式(如传香)，但依然以禅意对其进行改造，这里即将“传香”视为“传自性五分法身香”，并不是强调一般所谓的烧香。五分法身：五分指戒、定、慧、解脱、解脱知见，以此五分为因，作为一切思想行为轨则，形成佛法之自体，故名。法身：亦称“佛身”，指以佛法成身，或身具一切佛法。唐代道宣律师曾解释说：“戒、定、慧从因受名，解脱、解脱知见从果彰号。由慧断惑，惑无之处名解脱；出缠破障，反照观心，名解脱知见”(《大藏新纂卍续藏经》第1册，第732页上)。“五分法身”见于《维摩经》《涅槃经》《璎珞经》等，但只有《璎珞经》中有“五分法香”的说法，其云“五分法身以识往别，戒香摄身，定香摄意，慧香摄乱，解慧摄倒见，度知摄无明，是谓如来五分法香璎珞其身。”(《大正藏》第16册，第19页上)《坛经骈拇考证》解释说：“在头曰璎，在身曰珞，天竺风俗，以沉香华鬘庄严其身，比丘以五种香庄严其心，故比之。”惠能禅宗则强调“五分法身”在人的身心之中，为人自己所能成就，所以称为“自性五分法身”。“传自性五分法身香”，即传戒香、定香、慧香、解脱香、解脱知见香等自性五分法身香。无相忏悔：指达到对自心佛性认识为根本的忏悔。无相：与“有相”相对，指摆脱世俗之有相认识而获得的真如实相。在忏悔前冠以无相，是为了突出忏悔乃是从自心发出，向自心忏悔。忏悔的目的在于消灭罪业，所以忏悔的分类便与罪业的认识有关。一般来说，佛教所说的业有身、口、意三种，总摄其他各种业。若专对某个行为或某类行为所行的忏悔，可称为有相忏悔或事忏；又因为三业之中意为根本，而意的最高境界是以“三昧”直正之心彻底根除罪的源头——贪瞋痴，所以中国佛教中特别流行各种旨在引发三昧的忏悔，如“法华三昧忏”等，而在大乘佛教看来，无论是外在事忏还是内心意忏，都需要以缘起性空为指导，不执著于其过程中出现的福慧等相状，从而有无生忏悔或理忏的说法。惠能“无相忏悔”可以说既属于理忏而又不脱离事忏，因为其中的“无相”是作为“于相而无相”来理解的，其忏悔又是融入在当下身心修行之中的，代表着禅宗对忏悔行法的独特理解和实践。

众胡跪。

师曰：一戒香[1]，即自心中无非、无恶、无嫉妒、无贪瞋、无劫害，名戒香。二定香[2]，即睹诸善恶境相，自心不乱，名定香。三慧香[3]，自心无碍，常以智慧观照自性，不造诸恶，虽修众善，心不执著，敬上念下，矜恤孤贫，名慧香。四解脱香[4]，即自心无所攀缘，不思善，不思恶，自在无碍，名解脱香。五解脱知见香[5]，自心既无所攀缘善恶，不可沈空守寂，即须广学多闻，识自本心，达诸佛理，和光接物，无我无人，直至菩提，真性不易，名解脱知见香。善知识，此香各自内熏[6]，莫向外觅。

传香不是点燃外香向外求觅，而是自净其心，改过迁善，无所执著，自心觉悟。

［注释］

[1]“一戒香”以下三句：五分法身香中，戒香强调的是自心生发的防非止恶的能力，比如不作非法，不作邪恶，不妒忌贤良，没有贪欲和瞋恨，没有掠夺和毁害，等等。妒：意为不能容忍别人比自己好，常作“妒忌”，佛教用以解释“嫉”这一心理状态而作“嫉妒”。劫：作掠夺理解。 [2]“二定香”以下四句：五分法身香中的定香，强调的是自心中处境不乱的能力，比如在遇到善顺恶逆境界的时候可以明了其中的因果而保持内心的清净正直。善恶境相：顺利为善境相，违逆为恶境相，不以顺喜，不以逆悲，中道而行是心不乱。 [3]“三慧香”至“名慧香”：五分法身香中的慧香，强调的是自心智慧行善的能力，比如自心清净如流无滞碍，常能以无分别的智慧体察自心的状态；又如不仅不做违逆的事，而且即便做了很多善益之事也不执著炫耀；又如在纷繁复杂的社会中，不仅对周围的人能常做到心怀敬畏爱念，而且能想方设法给予那些处在社会底层的人予以特别的关心和帮助。碍：繁体作“礙”，有版本或作“癡”，可能是因为下文解脱香的解释中有“自在无碍”故改。“敬上念下”：或作“畏上爱下”，上下一般指比自己地位高或低的人，这里可以泛指周围的人。矜（jīn）恤孤贫：矜或作“怜”，怜悯也；恤，怜恤同情而行救济；孤

即孤单无力，贫即贫穷困苦，泛指苦难的社会底层民众。 [4]“四解脱香”以下六句：五分法身香中的解脱香，强调的是自心无所系缚的能力，比如自心既不被外在的境界所束缚，也不被内在的思想所困扰，从而达到出入自由、自在无碍的境界。攀缘：攀即用手抓住东西往上爬，手是能缘，被抓的东西是所缘，如猿猴攀援树木，佛教常用以比喻心随境转、依附外境。 [5]“五解脱知见香”至“名解脱知见香”：五分法身香中的解脱知见香，强调的是自心通达万法的能力，比如虽不攀缘内外能所境界，但也并不是死寂木呆，而是能增广学识、扩大见闻，开发自己的潜力，贯通佛教真理，协和成就万物人事，没有二种我见执著，常使得本有的智慧得以真正呈现。“达诸佛理”与“和光接物”之间，有的《坛经》版本有“言满天下无口过，行满天下无怨恶”二句十四字，形容心口相应、身心一如、自利利他的境界。和光接物：出自《老子》第四章和第五十六章，其云：“和其光，同其尘”，大意为有才德含而不露，浑然同世俗相处，这里用来形容无我无人、浑然一体的境界。真性：或作“真照”，均指菩提智慧。 [6]此香各自内熏，莫向外觅：五分法身香乃是在各人自己内心自熏，不要向自心之外去寻觅追求。

“无相忏悔”也是围绕着自心的觉悟而展开的，是于内心对自己平时的言行进行深刻反省，认识到一切恶行均受妄念杂心的支配，从而依本然净心而除去妄心，永断恶行。

今与汝等授无相忏悔，灭三世罪[1]，令得三业清净。

善知识，各随我语一时道[2]：

弟子等[3]，从前念今念及后念，念念不被愚迷染，从前所有恶业愚迷等罪，悉皆忏悔，愿一时销灭，永不复起；弟子等，从前念今念及后念，念念不被憍诳染，从前所有恶业憍诳等罪，悉皆忏悔，愿一时销灭，永不复起；弟子等，从前念今念及后念，念念不被嫉妒染，从前所有恶业嫉妒等罪，悉皆忏悔，愿一时销灭，永不复起。

《百丈清规》："我昔所造诸恶业，皆由无始贪瞋痴，从身口意之所生，一切我今皆忏悔。"（《大正藏》第48册，第1137页下）

善知识，已上是为无相忏悔。

云何名忏[4]？云何名悔？忏者，忏其前愆，从前所有恶业，愚迷憍诳嫉妒等罪，悉皆尽忏，永不复起，是名为忏；悔者，悔其后过，从今以后，所有恶业，愚迷憍诳嫉妒等罪，今已觉悟，悉皆永断，更不复作，是名为悔；故称忏悔。凡夫愚迷，只知忏其前愆，不知悔其后过，以不悔故，前愆不灭，后过又生。前愆既不灭，后过复又生，何名忏悔？

［注释］

[1] 灭三世罪，令得三业清净：灭除过去、现在、未来三世的罪业，使身、口、意三业，亦即一切行为、语言和思想悉皆清净。三世：过去、现在、未来。在佛教业感缘起理论中，造作善恶之因便有苦乐罪福之果，要消灭根除苦果罪报便需要从恶因恶缘着眼，从自身的角度便是身口意三业能够摆脱贪瞋痴三个根本烦恼的束缚。 [2] 各随我语一时道：即各位一起跟着我唱说下面的内容。 [3]"弟子等"至"永不复起"：此整段或作"前念后念及今念，

念不被愚迷染，从前恶行一时，自姓若除即是忏悔。前念后念及今念，念念不被愚痴染，除却从前矫诳心，永断名为自性忏。前念后念及今念，念不被疽疾染，除却从前疾垢心，自性若除即是忏。（已上三遍）”、“前念后念及今念，念念不被愚迷染，从前恶念一时除，自性自除真忏悔；前念后念及今念，念念不被诳妄染，除却从前憍慢心，永断名为自性忏悔；前念后念及今念，念念不被疽妒染，除却从前疽妬心，永断名为自性忏。（已上三遍唱）”。此为忏悔文，从中可见，其忏悔用语有一个逐渐得到完善的过程，大意正如后文再次所总结的，不仅从前所有恶业愚迷憍诳嫉妒等罪悉皆尽忏，永不复起，而且从今以后所有恶业愚迷憍诳嫉妒等罪今已觉悟，悉皆永断，更不复作。恶业：恶业多种，以贪瞋痴为根，贪瞋痴中又以无明痴愚为最重要，故而忏悔要以觉悟为根基。愚迷、憍诳、嫉妒，为贪瞋痴的具体表现，其中嫉妒又作“疽（jū）疾”、“疽妒”，疽即毒疮，形容嫉妒心比较重。三遍或三遍唱，是指在忏悔过程中需要将忏悔文重复三遍表示仪式郑重，内心真诚。 [4]“云何名忏”至“故称忏悔”：有的版本或无，或作“何名忏悔者？终身不作。悔者知于前非，恶业恒不离心，诸佛前口说无益，我此法门中永断不作，名为忏悔”，强调的是要心口相应，只有心地真正清净，恶业才能真正不起，不能只是口说心里知道忏悔，心中却常流三毒，口是心非，明知故犯，终非忏悔。前愆：即以往的过失。悔其后过：悔的本义是不希望已做之事的发生及再次发生，这里则与忏形成相补充的语意，忏针对的是以往的恶业，而悔则针对当下与未来所做及可能会做的恶业，体现着惠能不滞泥于名相而活用文字的特点。

善知识，既忏悔已，与善知识发四弘誓愿[1]。各须用心正听[2]。

自心众生无边誓愿度[3]，自心烦恼无边誓愿断，自性法门无尽誓愿学，自性无上佛道誓愿成。

四弘誓愿原是大乘菩萨为了“上求菩提，下化众生”所发的自利利他的大愿。惠能从自我心性的角度对此作了新的发挥，以此来激发众人依持本觉自心“自性自度”的信心与决心。

善知识，大家岂不道众生无边誓愿度[4]，恁么道，且不是惠能度。善知识，心中众生[5]，所谓邪迷心、诳妄心、不善心、嫉妒心、恶毒心[6]，如是等心，尽是众生，各须自性自度，是名真度。何名自性自度？即自心中邪见烦恼愚痴众生[7]，将正见度。既有正见，使般若智打破愚痴迷妄众生，各各自度，邪来正度，迷来悟度，愚来智度，恶来善度，如是度者，名为真度。

又烦恼无边誓愿断，将自性般若智除却虚妄思想心是也[8]。

善恶要分明，修行无止境。

又法门无尽誓愿学，须自见性[9]，常行正法，是名真学。

又无上佛道誓愿成，既常能下心[10]，行于真正，离迷离觉，常生般若，除真除妄，即见佛性，即言下佛道成。

常念修行[11]，是愿力法。

[注释]

[1] 四弘誓愿：弘即大，又作宏；誓即决心不退，愿即希望完成，誓愿即决心实现的愿望，此乃随着大乘菩萨信仰而流行。誓愿一般分为通愿和别愿，别愿如阿弥陀佛在菩萨位时所发的四十八愿、药师佛在菩萨位时所发的十二愿，分别不同故；通愿即各菩萨所发愿的共同之处，此四弘誓愿即是。 [2] 用心正听：即专心致志地聆听。 [3] “自心众生无边誓愿度”以下四句：或作“众生无边誓愿度，烦恼无边誓愿断，法门无边誓愿学，无上佛道誓愿成。（三唱）”、“自心邪迷众生誓愿度，自心烦恼无边誓愿断，自性法门无尽誓愿学，无上自性佛道誓愿成。（已上三遍唱）”，此即四弘誓愿的发愿文。 [4] “大家岂不道众生无边誓愿度”以下三句：刚才各自所念的“众生无边誓愿度”，说的是要度尽众生，怎么度？不是惠能度，而是众生自性自度。岂不道：难道不是说过？恁么道：常用口语，即这样说、这么说。 [5] 众生：梵語 Sattva（萨埵），旧译“众生”，新译“有情”，是佛教对人和一切有情识生物的通称。中国佛教多主张心、佛、众生“三无差别”，以佛性论为基础，认为佛即众生，众生即佛，禅宗又特别强调心悟则是佛，心迷则是众生，故而下文以邪心迷心等心来解释之。 [6] “所谓邪迷心、诳妄心、不善心、嫉妒心、恶毒心”以下五句：或作“各于自身自性自度”。 [7] “即自心中邪见烦恼愚痴众生”至“名为真度”：或作“自色身中邪见烦恼愚痴迷妄自有本觉性，只本觉性，将正见度，既悟正见般若之智，除却愚痴迷妄众生，各各自度，邪见正度，迷来悟度，愚来智度，恶来善度，烦恼来菩提度，如是度者是名真度”、“即自心中邪见烦恼愚痴众生将正见度，既有正见，使般若智打破愚痴迷妄众生，各各自度，邪来正度，迷来悟度，愚来智度，恶来善度，如是度者名为真度”，这是对自性自度的解释，主要有三个层次：首

先是心中众生即是邪迷心、诳妄心、不善心、嫉妒心、恶毒心等心，其次是自性般若智慧正见能打破这些自心中的邪见烦恼愚痴，第三是各自发明本心，依清净智慧去除邪迷愚恶，这才是真正的度众生。 [8] 将自性般若智除却虚妄思想心是也：或作“自心除虚妄”、“自性除却虚妄思想心是也”。 [9]“须自见性”以下三句：或作“学无上正法”、“须自见性、常行其善法是名真学”。 [10]“既常能下心”以下七句：或作“常下心行恭敬一切，远离迷执，觉知生般若，除却迷妄，即自悟佛道成”，“即常须下心，行于普敬，离迷离觉，常生般若，除真除妄，即见佛性、即言下佛道成”，对照可知，此句的变化先是将“远离迷执，觉知生般若，除却迷妄”改成了“离迷离觉，常生般若，除真除妄”，再将“普敬一切”改为了“即常须下心，行于普敬”，进而变成“既常能下心，行于真正”，虽然语句更加工整，但是语意发生了一些变化。这里的意思是说，常常能够保持谦虚和宽容，依正法而真实修行，不执著于迷和觉，心中常生起般若智慧，超越真与妄的对待，这便是当下见性成佛了。 [11] 常念修行，是愿力法：即口说心行，常行直心的誓愿。或作“行誓愿力”。

善知识，今发四弘愿了，更与善知识授无相三归依戒[1]。善知识：

归依觉，两足尊[2]；归依正，离欲尊；归依净，众中尊。从今日去[3]，称觉为师，更不归依邪魔外道[4]，以自性三宝常自证明[5]。

劝善知识，归依自性三宝。佛者，觉也；法

惠能的“无相戒”强调“戒”以心为本，是每个人时刻在当下生活中的“念念自净其心”。

佛法僧三宝，皆在自性中；自心归依觉正净，才是真正的归依三宝。惠能将“无相三归依戒”落实在人的自心自性上，把向外求解脱转化为向内自心的证悟。

者，正也；僧者，净也。自心归依觉，邪迷不生，少欲知足[6]，能离财色[7]，名两足尊。自心归依正，念念无邪见[8]，以无邪见故，即无人我、贡高、贪爱、执著，名离欲尊。自心归依净[9]，一切尘劳爱欲境界，自性皆不染著，名众中尊。若修此行，是自归依。凡夫不会[10]，从日至夜受三归戒，若言归依佛，佛在何处？若不见佛，凭何所归？言却成妄[11]。善知识，各自观察，莫错用心[12]。经文分明言自归依佛[13]，不言归依他佛。自佛不归，无所依处。今既自悟[14]，各须归依自心三宝，内调心性，外敬他人，是自归依也。

[注释]

[1] 无相三归依戒：简称无相戒，即建立在“无相”之基础上的戒；心以无相为体，故宋元以来多又称无相心地戒。惠能所说的“无相”继承了大乘佛教一切法本性皆空的精神，从“凡所有相，皆是虚妄”出发，要人于相而离相，因而他的“无相戒”也就表现出了与传统戒法的很大区别。在传统佛教中，戒主要是指为出家或在家的信徒所制定的规则，其根本精神是防非止恶，以助人修习善行，完善道德，觉悟人生。戒作为佛教的“三学”之首，大乘的“六度”之一，在佛教中一向占有重要的地位。但由

于各家各派所遵循的教理不一，故所持戒律也有不同。在佛教中，戒有戒体和戒相的不同说法。戒体，是指弟子从师受戒时所发生而领受在自心的法体，亦即由授受的作法在心理上构成的一种防非止恶的功能，实际上也就是受持戒律的意志和信念。唐代南山律宗的创始人道宣就曾提出心法戒体论，即以心法为戒体。戒相，即指五戒、八戒等具体的戒条。惠能的无相戒，在戒体和戒相两方面都有其独创性。在戒体方面，惠能从自性清净出发，强调依持本心，识心见性，觉悟成佛，把持戒与自心开悟结合了起来。在戒相方面，惠能以实相无相的般若思想来破除对各种形式化戒条的执著，主张当下之心的念念无著、自心起般若观照即是持戒。三归依，又作三皈依，一般是指对佛、法、僧"三宝"的皈依，这是信奉佛教者的通戒，而与五戒、八戒、十戒、具足戒等根据具体的人或时间所受之戒有所区别。然而，在惠能禅宗看来，佛之所以为佛，是因为心的觉悟；法之所以为法，是因为心无邪见；僧之所以为僧，乃是因为心自清净，即有相三宝以无相三宝为依托，而无相三宝实际即是自心的呈现，是自性本来具足的，可称"自性三宝"，所以惠能禅宗提倡的无相三皈依，便是自皈依，而不是皈依他。　[2] 两足尊：或作"二足尊"，是对佛的尊称之一，人有两足而立，佛即为两足人中最为尊者；或因智慧和福德二者圆满，故称两足尊。　[3] 从今日去，称觉为师：即从今以后应以佛为师，以觉悟者为师。觉：有的版本或作"佛"。　[4] 邪魔外道：邪即邪见非正，魔即恶劣违道，邪见恶魔都非正道，所以统称外道，泛指一切妨碍成就菩提正果的人和学说。　[5] 以自性三宝常自证明：或作"愿自三宝慈悲证明"。自性三宝：即自心所具的觉、正、净等三宝，常自证明，即以自性三宝自己给自己作证，与传统受戒律仪强调需要一定数量戒律师的作证相区别。　[6] 少欲知足：合理地节制欲望，得少了也能知足。《大般涅槃经》说：

"少欲者，不求不取；知足者，得少之时，心不悔恨。少欲者，少有所欲；知足者，但为法事，心不愁恼。"（《大正藏》第12册，第526页中）　[7]能离财色：或作"离财离色"，能够摆脱钱财等名利的诱惑。　[8]"念念无邪见"以下三句：或作"念念无邪故，即无爱著，以无爱著"，大意是说正见便是无邪见，而诸如贪爱心、傲慢心、偏执心等都属于邪见，无邪见便无此等心。　[9]"自心归依净"以下三句：或作"自心归依净，一切尘劳妄念虽在自性，自性不染著"，自心归依了清净本性，一切烦恼妄想、爱欲境界，自性都不染著。　[10]"凡夫不会"以下六句：大意是说，凡夫不明白自归依的道理，从白天到夜里，都向外受三皈依戒，如说归依佛，那佛在哪里呢？如果见不到佛，那依凭什么作为所归依呢？凡夫不会：或作"凡夫解"；凡夫与觉者相对，指尚未觉悟的人。凭何所归：或作"即无所归"。　[11]言却成妄：或作"既无所归，言却成妄"，意谓凡人的有相归依之说因无法落实，最后成了妄语。　[12]用心：或作"用意"。　[13]经文分明言自归依佛，不言归依他佛：经文中清楚地说"自皈依佛"，并没有说"皈依他佛"。禅宗东土初祖的《达磨论》即云：《华严经》云自归依佛，自归依法僧，此是心中一体三宝。然而《华严经·净行品第七》中的原文则是："自归于佛，当愿众生，体解大道，发无上意；自归于法，当愿众生，深入经藏，智慧如海；自归于僧，当愿众生，统理大众，一切无碍。"由此可见禅宗以心释义的特点。　[14]"今既自悟"以下五句：有的版本或无。自心三宝：即自性三宝。

善知识，既归依自三宝竟，各各志心[1]，吾与说一体三身自性佛，令汝等见三身，了然自悟自性，总随我道：

于自色身归依清净法身佛[2]，于自色身归依圆满报身佛，于自色身归依千百亿化身佛。

善知识，色身是舍宅[3]，不可言归。

向者三身佛，在自性中，世人总有，为自心迷，不见内性[4]，外觅三身如来[5]，不见自身中有三身佛。

汝等听说，令汝等于自身中见自性有三身佛[6]，此三身佛从自性生，不从外得。

三身原本是一身，识心见性即是真。

何名清净法身佛？世人性本清净[7]，万法从自性生，思量一切恶事即生恶行[8]，思量一切善事即生善行，如是诸法在自性中[9]。如天常清[10]，日月常明，为浮云盖覆，上明下暗，忽遇风吹云散，上下俱明，万象皆现。世人性常浮游[11]，如彼天云。善知识，智如日[12]，慧如月，智慧常明，于外著境[13]，被妄念浮云盖覆自性，不得明朗，若遇善知识[14]，闻真正法，自除迷妄，内外明彻，于自性中万法皆现，见性之人[15]，亦复如是，此名清净法身佛。

善知识，自心归依自性[16]，是归依真佛；自归依者，除却自性中不善心、嫉妒心、谄曲心、吾我心、诳妄心、轻人心、慢他心、邪见心、贡高心，及一切时中不善之行，常自见己过，不说他人好恶，是自归依；常须下心，普行恭敬，即是见性通达，更无滞碍，是自归依。

何名圆满报身？譬如一灯能除千年暗[17]，一智能灭万年愚。莫思向前[18]，已过不可得；常思于后，念念圆明，自见本性，善恶虽殊，本性无二，无二之性，名为实性，于实性中，不染善恶，此名圆满报身佛。

自性起一念恶[19]，灭万劫善因，自性起一念善，得恒沙恶尽，直至无上菩提，念念自见，不失本念，名为报身。

何名千百亿化身？若不思万法[20]，性本如空，一念思量，名为变化。思量恶事，化为地狱；思量善事，化为天堂。毒害化为龙蛇，慈悲化为菩萨，智慧化为上界[21]，愚痴化为下方[22]。自性变化甚多，迷人不能省觉，念念起恶[23]，常行恶道，回一念善[24]，智慧即生，此名自性化身佛。

善知识，法身本具[25]，念念自性自见，即是报身佛。从报身思量，即是化身佛，自悟自修自性功德，是真归依。皮肉是色身，色身是舍宅，不言归依也。但悟自性三身[26]，即识自性佛。

三身佛并非存在于身心之外，而是人的清净心性的自然显现，归依自性三身佛，才是真归依。

［注释］

[1]“各各志心”以下五句：或作“总须自听，与受无相戒，一时逐惠能口道，令善知识见自三身佛”、“各各志心，某甲与说一体三身自性佛，令善知识见三身了然自悟自性，总随某甲道”，其中的变化主要有二，一是在早期《坛经》版本中是在受戒的一开始便“令善知识见自三身佛”，而后期版本中则将“令善知识见三身、了然自悟自性”放在了受无相三皈依戒之后，正好用以回应凡夫的错解“他佛”；变化之二是将口语化的语言重新编排，最后才是“一时逐惠能口道”或“总随某甲道”。一体三身自性佛：又称“一体三身佛”、“自三身佛”、“自性三身”、“三身”等，三身佛一般是指法身佛、化身佛、报身佛，佛教各家各派有不同的理解，而禅宗则多从心性上予以阐发，认为佛在心中，所以法身、报身和化身都不离自心自性，为每个人本来具有，只因自迷不觉。惠能曾总结说：“三身者，清净法身汝之性也，圆满报身汝之智也，千百亿化身汝之行也。”（《坛经·机缘第七》） [2]“于自色身归依清净法身佛”以下三句：或作“于自色身归依清净法身佛，于自色身归依千百亿化身佛，于自色身归依当来圆满报身佛。（以上三唱）”、“于自色身皈依清净法身佛，于自色身皈依千百亿化身佛，于自色身皈依圆满报身佛。（已上三遍唱）”，相当于佛教受戒仪式中的“请佛”用语，同时可见早期版本中是以法身、化身、报身为序，而后者逐渐以法身、报身、化身为序，之所以有这种变化，或是因为禅宗在发展过程中更加注重“见性”，首先是顿见自心自性，然后才可能进而引发具体行为，用宗密禅师的

话说，前者是“自性用”，后者是“随缘用”，故而《坛经》后期编辑者便将报身提至化身之前，并将“念念见自本性”作为“报身”的核心内容之一，在报身和化身的关系中，强调的是报身是本质、化身是现象。而早期《坛经》中，法身本有，思量则有各种化身，所谓报身则是去恶行善而无染所得到的圆满境界，注重的是在报身和化身的现实关系上，化身是基础，报身是结果。由于三身佛具有一定的先后意义，所以早期《坛经》又称为“三世佛”。 [3] 色身是舍宅，不可言归：佛教认为人身是色、受、想、行、识等五蕴和合的产物，其中的色身又可以从地、水、火、风等四大和合的角度来说明，这便是一般理解的肉身，由于大乘佛教强调心的解脱才是根本解脱，禅宗便因此而提出色身不是皈依所在，而应该皈依自心，皈依自心的三身佛。 [4] 内性：即三身佛以内在的自性为根本。 [5] 三身如来：如来是佛的称号之一，三身如来即三身佛。 [6] 三身佛：或作“三性佛”、“三世佛”，后世《坛经》日益统一使用“三身佛”。 [7] 世人性本清净，万法从自性生：或作“世人性本自净，万法在自性”，是说人们的心性本来是清净的，一切万法皆从自性生。 [8] 思量一切恶事即生恶行，思量一切善事即生善行：当自心有分别以后便发动内心，依托外缘，逐渐有善恶的思想和行为。 [9] 如是诸法在自性中：或作“知如是一切法尽在自性”，是说明白这些善恶事情的根源在自身心中。 [10]“如天常清”以下七句：“如天常清”或作“自性常清净”，此为结合比喻来解释“自性清净法身佛”，意思是说清净的天空中有着明亮的日月，当被浮云覆盖的时候，便会感觉时明时暗，一旦有风将浮云吹散，那么青天日月，世界万象，都会光明显现。天空喻心，日月喻智慧，浮云喻迷惑，风吹喻顿悟，万象皆现喻心通达。风或作“惠风”，非常形象。在多种禅宗早期文献中提及类似的比喻，如云：《十地经》云众生身中有金刚佛性，犹如日轮体明圆满广大无边，只为五阴重云覆，如瓶内灯光不能显现（《大藏新纂卍续藏经》第 63 册，第 8 页下；《大正藏》第 48 册，第 377 页上）。《佛说十地经》则云："大智光明，普灭有情烦恼黑暗。"（《大正藏》第 10 册，第 562 页上） [11] 世人性常浮游，如彼天云：或作"世人性净，犹如清天"，以本段主旨及与前句的首尾对应关系而言，"世人性净，犹如清天"或更合适，是说人们清净的自心犹如晴朗的天空。世人性常浮游：世人的心性为妄念遮蔽而常浮游不定，犹如晴朗的天空时时有浮云。 [12] 智如日，慧如月：或作"惠如日，智如月"，均用以说明"智慧常明"。 [13] 著境：或作"看境"，亦通。 [14]"若遇善知识"以下三句：或作"遇善知识开真法，吹却名妄"、"若遇知识，闻真正法，自除妄迷"，其将"开"（繁体字为"開"）改写成"闻"（繁体字为"聞"），虽一字之差，但却凸显了禅宗对于自除迷惑、自我觉悟的强调。 [15] 见性之人，亦复如是，此名清净法身佛：或作"一切万法自在性"、"一切万法在自性"，是说万法呈现于心中正是由于清净的自性智慧能够常照使然，所以"万法在自性"与"自性常清净"一起构成清净法身佛的内涵。 [16]"自心归依自性"至段末"是自归依"：或作"自归依者，除不善行，是名归依"、"自归依者，除不善心及不善行，是名归依"、"自心皈依自性是皈依真佛；自皈依者，除却自性不善心、疽妒心、憍诳心、吾我心、诳妄心、轻人心、慢他心、邪见心、贡高心及一切时中不善行，常自见己过，不说他人好恶，是自皈依；常须下心，行于普敬，即是见性通达，更无滞碍，是自皈依"，由此可见，后来的编辑者增加了三个方面的内容，其一是关于不善心的举例，比如憍诳心等；其二是关于自皈依的根本是皈依自心之本觉性，所谓皈依自性；其三是关于行于善行，如普敬等。疽妒：即嫉妒。憍：同"骄"。 [17] 譬如一灯能除千年暗，一智能灭万年愚：以一灯能除千暗，一智能灭万愚，来说明智慧生发，顿悟即能成佛。在《坛经》看来，一智生时也是一念善起的时候，因为“一念善智惠即生”，以此鼓励人修善去恶。 [18]“莫思向前”至“此名圆满报身佛”：或作“莫思向前，常思于后，常后念善，此为报身”、“莫思向前已过，常思于后，念念圆明，自见本性，善恶虽殊，本性无二，无二之性，名为实性，于实性中，不染善恶，此名圆满报身佛”，从此可见，后来的《坛经》编辑者更加强调“报身”的“圆明”、“不二”或“清净”，并以融摄的方式淡化了其中“善性”内涵，而之前的《坛经》则强调即善即智、完善即圆智，似更容易让听众明白。 [19]“自性起一念恶”至“名为报身”：或作“一念恶报却千年善心，一念善报却千年恶灭，无常已来后念善，名为报身”、“师言：自性起一念恶报灭万劫善因，自性赴一念善报得河沙恶尽，直至无上，念念自见，不失本念，名为报身”，从中再次可见，对于报身内涵的修订是有意进行的，“念念自见，不失本念”即是“念念圆明，自见本性”，其中既容纳了所现之善行，又能保持自性清净的本性，正如“念者念真如本性”、“于念而无念”一般。万劫：即很长时间，劫：指比较大的时间单位。河沙：即恒河沙的简称，恒河为印度知名大河之一，恒河沙在佛教经典中常用来形容数目之多。直至无上菩提：即直到最终成就最高的智慧、觉悟。从此句尚可见到原来的《坛经》主张报身本是基于行善化身而来的观点。 [20]“若不思万法”以下四句：或作“不思量，性即空寂，思量即是自化”，是说如果不起心思量万法，那么心性就如晴空，本性清净，如果一念心起，思量万法，那就叫变化，化身便是从自心思量、自化而来。 [21]上界：比当前境界更高的境界，有称天界或佛界。 [22]下方：比当前境界更低的境界，有称众生界或三途（地狱、恶鬼、畜生）。 [23]念念起恶，常行恶道：

即心起恶念，便行恶道。 [24] 回一念善，智慧即生：或作“一念善智慧即生”，是说一念善心生起，不仅可以对治以前的恶行，而且可以生起自性智慧，从而进一步破除罪恶之根，因为通过般若智慧可以进行无相忏悔。所以《坛经》古本紧跟着说“一灯能除千年暗，一智能灭万年愚”等内容。然而，本来连贯的内容却因为编者对于经文形式编排的关注（如增加“此是自性化身佛”等内容），以及对报身的重视（如将报身的解释提前），最终显得有些支离。 [25]“法身本具”以下七句：或作“从法身思量即是化身，念念善即是报身，自悟自修即名归衣也”、“从法身思量即是化身佛，念念自性自见即是报身佛，自悟修自性功德是真自皈依”，因为《坛经》在修改的过程中将“念念自性自见”提高到报身佛根本内涵的高度，故而使得报身佛的基础从化身佛跨越到直见自性法身的层面，从而产生了是从法身产生化身、还是从报身产生化身佛的问题。值得注意的是，虽然后来的有些《坛经》版本接受了法身生报身、报身生化身的方案，但是依然没有改变“自悟自修”这一更为根本的主张，正是在这一意义上，后面又特别指出要领悟“自性”三身、“自性”佛，甚至在《坛经·机缘品》中说“若离本性别说三身，即名有身无智”（《坛经·机缘第七》）。 [26] 但悟自性三身，即识自性佛：或作“但悟三身，即识大意”、“但悟自性三身，即识自性大意”，是说若能够领悟自性三身不可离开自心而论，便真正认识到了自性三身佛。

吾有一《无相颂》[1]，若能师持，言下令汝积劫迷罪一时销灭。颂曰：

迷人修福不修道[2]，只言修福便是道。

布施供养福无边[3]，心中三恶元来造。

除罪在改过，改过须从心。王阳明云："破山中贼易，破心中贼难。"

拟将修福欲灭罪，后世得福罪还在。

但向心中除罪缘[4]，各自性中真忏悔。

忽悟大乘真忏悔[5]，除邪行正即无罪。

学道常于自性观[6]，即与诸佛同一类。

吾祖惟传此顿法[7]，普愿见性同一体。

若欲当来觅法身[8]，离诸法相心中洗。

努力自见莫悠悠[9]，后念忽绝一世休。

若悟大乘得见性[10]，虔恭合掌至心求。

师言：善知识，总须诵取[11]，依此修行；言下见性，虽去吾千里，如常在吾边；于此言下不悟，即对面千里，何勤远来？珍重好去。

一众闻法[12]，靡不开悟，欢喜奉行。

［注释］

[1]"吾有一《无相颂》"以下三句：或作"大师言：善知识听吾说《无相颂》，令汝迷者罪灭，亦名《灭罪颂》"、"善知识：吾有一《无相颂》，汝等诵取，言下令汝迷罪消灭"，可见这里要说的《无相颂》又称为《灭罪颂》。师持：即依法修持，又作"诵持"，即口诵心持。积劫，即累积多劫，形容时间很长。 [2] 迷人修福不修道，只言修福便是道：迷惑的人不知修福与修道的不同，只知修福而不知修道，还说修福就是修道。 [3]"布施供养福无边"以下四句：虽然布施供养会获福很多，但心中的贪瞋痴三毒还会不断造业，试图通过修福来灭罪，修福而后世虽然得

福，但罪恶的根源依然在，时机成熟，罪恶的果报还将到来。布施：梵语 Dāna，音译作檀那，意思是将福利施与他者。大乘佛教主张自利利他，所以在传统戒定慧三学的基础上增加了布施、忍辱、精进三法而形成“六度”，认为布施也可以使人达到觉悟的境界，并且将布施置于首要地位。《坛经》中也强调布施，如《坛经》亦称“檀经”、“施法坛经”，而且强调内外无执著的“无相布施”。供养，一般是指向佛法僧三宝提供资养，可以理解为布施。元来造，依然在造作。 [4] 但向心中除罪缘，各自性中真忏悔：只有向心中破除罪恶的根源，那才是依持自性的真忏悔。 [5] 忽悟大乘真忏悔，除邪行正即无罪：若能顿悟大乘真忏悔，断除邪恶，正直而行，即是无罪。 [6] 学道常于自性观，即与诸佛同一类：或作“学道之人能自观，即与悟人同一例”，是说学道者若能自心观照，自性觉悟，便与诸佛同属一类了。 [7] 吾祖惟传此顿法，普愿见性同一体：或作“大师今传此顿教，愿学之人同一体”、“五祖唯传此顿法，普愿见性同一体”，从此中“大师”改为“五祖”进而成“吾祖”来看，似可推测此颂乃是《坛经》编者根据六祖惠能“大师”所说法进行的总结之言，此句是说历代祖师唯传此一顿教法，是希望人人可以见自本性，同成觉悟。顿法：即顿教法、见性法。 [8] 若欲当来觅法身，离诸法相心中洗：或作“若欲当来觅本身，三毒恶缘心中洗”，是说若希望找到自性清净的法身，不要执著于外在的名相，而应该洗涤除却心中的贪瞋痴。 [9] 努力自见莫悠悠，后念忽绝一世休：需努力力自修自悟，人生一世非常短暂，不可虚度时光。 [10] 若悟大乘得见性，虔恭合掌至心求：或作“若遇大乘顿教法，虔诚合掌志心求”，从中再次看到从编者的语气变成说法者的语气，而且更加注重自觉、见性，大意是说若遇到大乘顿教法，就应该虔诚恭敬地专心致志学习，领悟这种大乘顿教法的旨趣在于使人自见本性。

合掌：即合十，双手十指合拢，以此表示虔诚恭敬之心。 [11]“总须诵取”至“珍重好去”：此段文字，有的版本或无，有的或作“今于大梵寺中说此顿教，普愿法界众生于此言下见性成佛”。全句的大意是，希望各自用心记住这一偈颂，依此修行，若能言下见性，虽然与我相距千里，如同常随在我身边；如果只知道口诵而心中不悟，那么即便与我面对面，也如同远隔千里，那又何必辛辛苦苦地长途跋涉到我这里来呢？希望大家珍重，好好回去用心体会！ [12]“一众闻法”以下三句：或作“师说法了，韦使君与官僚道俗一时作礼，无不悟者，皆叹善哉希有，何期岭南有佛出世”、“大师说法了，韦使君官僚僧众道俗赞言无尽，昔所未闻”，均是编者赞叹的话，其中“岭南有佛出世”等语，反映了随着禅宗的盛行，惠能受到的推崇及地位的提高。大意是说，惠能的说法使得听众都有所开悟，大家欢欢喜喜地信受奉行。靡不：无不。

［点评］

从《坛经》版本的演化来看，以“忏悔”作为品目所概括的主题最为繁杂，最终形成包含传香、忏悔、发愿、三皈依以及说三身佛等五个内容，而这些内容，除“传香”之外，最初都是在“无相戒”的传授流程之中的，所以这种以忏代戒的做法，在一定程度上反映了中国佛教对于戒律要点贵在真实忏谢悔过的特别重视。同时，我们也看到，后世《坛经》虽然将这些内容以“忏悔”立名，但是依然没有改变它们以“无相”为本性的特征，并且时时将这些内容系属于自心本性的基础上予以说明，从而保持着禅宗“无相忏悔”或“自性忏悔”的特色。

忏悔的思想和实践在人类文化历史上有着广泛的存

在，小至向别人说声“对不起”，大至“向天谢罪”，有着不同的表现。在印度佛教传入中国之前，中国文化便已形成一套以礼仪规范为框架和以内省自察为主流的迁善悔过传统，乃至《论语》中即提倡“吾日三省吾身”。印度佛教很早就以戒定慧组织教育徒众，又常以戒为定慧的前提，而因为忏悔是对于过去恶行的悔恨并蕴含着对于未来善行的向往，故而受到佛教特别的注重，并依此作为实现和保持戒律清净的重要途径。

然而，大小乘佛教对于忏悔的作用又有不同的观点，这尤其表现在对于“重罪”的忏悔方面。小乘佛教认为忏悔的作用虽然有助于使罪转轻，但是对于“重罪”则无能为力；大乘佛教则认为忏悔不仅可以使罪转轻，而且因为主张“罪性本空”，故而认为忏悔可以使罪根除。前者一般称为“有相忏悔”，后者称为“无相忏悔”，后者是基于前者的进一步发展。

在中国佛教的忏悔思想和实践的流传过程中，先是流行以消灾祈福为特点的“有相忏悔”，后来则比较强调以观罪实相本空为归宿的“无相忏悔”，并形成各自的忏悔仪轨流程，其中大都包括劝请、忏悔、随喜、回向、发愿等“五悔”内容。中国佛教以大乘佛教为主流，而忏悔又特别与戒律相关，所以“无相忏悔”及其相关内容又成为中国佛教徒众受戒仪式中不可或缺的准备阶段。中国禅宗以惠能为代表将禅的精神融入行住坐卧的普通生活之中，以人们但行真心来解释各种传统的佛教名相和行仪，不仅将忏悔纳入到受戒的过程，而且认为真正的受戒便是真正的忏悔，忏悔便是受戒，从而进一步提高了忏悔的地位。

值得注意的是，惠能禅宗以自心无相而主张忏悔便是受戒，而忏悔又包含着传自性五分法身香、自性忏悔、发四弘大愿、皈依觉正净三宝、皈依自性三身佛等内容，所以惠能禅宗所主张的忏悔不仅具有破除罪性而灭罪的传统意义，而且更多地表现为劝善发智的积极作用。正是因为这样的缘故，惠能禅宗对于传统佛教流于形式化弊端的改革并没有使得佛教走向衰落，反而促进了中国佛教调整自身从而得到了进一步的发展，并最终成为中国传统文化重要的组成部分。惠能无相忏悔的思想和实践也让我们想起孔子“仁义的礼乐”的主张，孔子针对当时礼崩乐坏的社会现象而提出“人而不仁，如礼何？人而不仁，如乐何？”（《论语·八佾》）他们都认为人类社会的重大问题应该从人的自身自心中去寻找化解的办法，而不是只是知道从表面的、外在的或次要的方面去解决问题。

机缘第七[1]

师自黄梅得法[2]，回至韶州曹侯村，人无知者[3]。【他本云[4]：师去时至曹侯村住九月余，然师自言不经三十余日便至黄梅[5]，此求道之切[6]，岂有逗留[7]；作去时者[8]，非是。】有儒士刘志略[9]，礼遇甚厚[10]。志略有姑为尼[11]，名无尽藏，常诵《大涅槃经》。师暂听即知妙义[12]，遂为解说。尼乃执卷问字[13]，师曰[14]：字即不识，义即请问。尼曰：字尚不识[15]，焉能会义。师曰：诸佛妙理[16]，非关文字。尼惊异之[17]，遍告里中耆德云[18]：此是有道之士[19]，宜请供养。有魏【魏一作晋】武侯玄孙曹叔良及

黄檗希运禅师云："道在心悟，岂在言说，言说只是化童蒙耳。"（《宛陵录》）

居民[20]，竞来瞻礼[21]。

时宝林古寺自隋末兵火已废，遂于故基重建梵宇[22]，延师居之[23]，俄成宝坊[24]。师住九月余日，又为恶党寻逐[25]，师乃遁于前山[26]；被其纵火焚草木[27]，师隐身挨入石中得免[28]。石今有师趺坐膝痕及衣布之纹[29]，因名避难石。师忆五祖怀会止藏之嘱[30]，遂行隐于二邑焉[31]。

［注释］

[1] 机缘第七：或“参请机缘第六”，或以“十南北二宗见性”概括之。《坛经骈拇考证》中云：“机缘者，即临机应缘之义。机谓根机，约所化；缘谓胜缘，约能化。机根有利钝，能缘有胜劣，机缘相感，自性开发，故名篇矣。”简单地说，机缘即是惠能与弟子之间具有启发意义的言行故事。如果说这部分前面的内容主要是惠能与在家弟子之间的机缘，那么自此以后的内容则主要是惠能与出家弟子之间的机缘；因为这部分在早期《坛经》版本中主要记载着惠能南宗的部分弟子以及部分神秀北宗弟子在惠能启发下觉悟见性的机缘，故而曾被命名为“南北二宗见性门”；随着《坛经》在出家弟子以及护法弟子机缘等方面内容的增加，这部分又进一步分化为“参请机缘”、“南顿北渐”以及“唐朝征诏”等三部分，参请即参禅请教的意思；这样一来，作为篇目名称的“机缘”则是特指那些除了来自神秀北宗以及唐朝内廷的弟子们的言行故事。特别值得一提的是，不仅这些弟子机缘在内容义理上流行甚广，而且其中个别弟子是唐宋以来禅宗派系主流的源头，如南岳怀让、青原行思，故而从对惠能南宗的重大影响方

面而言，将这些弟子的言行故事特别予以“机缘”之名也是很自然的。真朴在其所刻《坛经》中，曾联系上下文这样解释此品：“因忏悔入实，达罪性空；空性圆明，当下解脱，得解脱者，方名真僧，故次之以机缘。” [2] 自黄梅得法：从黄梅五祖弘忍处得受顿教衣法。黄梅：湖北黄梅，五祖弘忍弘法处。 [3] 人无知者：人们都不知道惠能得法的事。 [4] 他本：或作“旧本”，指其他的《坛经》版本，这种版本至今未见。 [5] 自言：自己所说，所说的内容见于《坛经·行由第一》。 [6] 求道之切：追求觉悟之道非常急切。 [7] 逗留：停留。 [8] 作去时者，非是：那些记载惠能前往黄梅求道之前曾经停留韶州曹侯村的《坛经》版本，是不对的。值得注意的是，编者认为“旧本”错误的理由，依的是惠能“自说”的内容，然而恰恰是这些内容在早期的版本中没有，而唐宋之间的资料则常将惠能留住曹侯村的事迹记在他到黄梅见五祖之前。不过，唐宋之间也出现了一种《坛经》版本，开始有了这里所谓的“不经三十余日便至黄梅”的内容，但因为并没有增加包括刘志略及其姑无尽藏的机缘，因而并没有所谓的时间冲突问题；而到了宋代以后广泛流传的《坛经》版本，因为增加了这些机缘，使得这些事件在时间上的冲突显现了出来。 [9] 刘志略：传记不详。 [10] 礼遇甚厚：以礼接待，给予优厚的待遇。 [11] 志略有姑为尼，名无尽藏：刘志略有位姑姑出家为比丘尼，她的法名为无尽藏。尼：比丘尼，女性出家人的称谓，俗称尼姑。 [12] 暂听：听了一会儿。 [13] 执卷问字：拿着经卷向惠能请教其中的文字。 [14] “师曰”以下三句：惠能言，我不识字，所以不要问我文字，如果想知道佛义，则可以问我。 [15] 字尚不识，焉能会意：你字都不识，怎么能领会其中的意义呢？ [16] 诸佛妙理，非关文字：诸佛的微妙大义，并不与文字相关。在惠能的时代，佛教名相之学已经深刻影响到僧徒的日常修行，甚至出现了“字尚不识，焉能会义”的看法，这便形成了佛教中流行的执著文字的形式主义倾向。但当时人们并不如现在一样具有识字受教育的权利及条件，因而存在着广大不识字的群体，“若会大义，必须识字”的看法，无疑会将他们拒之门外，而惠能“诸佛妙理，非关文字”的观点，则为他们冲破屏障寻求真实的道理提供了帮助。 [17] 惊异：惊讶诧异。 [18] 里中耆（qí）德：古代有以五家为邻、五邻为里的说法，这里可作所住的地方来理解；《礼记·曲礼》说六十曰耆，古人平均年龄不高，素称“人生七十古来稀”，耆德即泛指年高德重的老人。 [19] 此是有道之士，宜请供养：这个惠能是位有道之士，宜请来好好供养。 [20] 魏武侯玄孙曹叔良：魏武侯曹操的后代曹叔良。曹叔良事迹不详，相传他居在曹溪一带，曾将住宅施与惠能。魏一作晋，“魏”字，有的文献作“晋”字，比如《释氏要览》在注释“曹溪”时即云：“韶州双峰山下，昔晋武侯玄孙曹叔良宅，六祖大师居之。” [21] 瞻礼：瞻仰礼敬。 [22] 梵宇：即寺院。 [23] 延：或作“迎”，即迎请、邀请。 [24] 俄成宝坊：很快便成为著名的寺院。俄，时间很短。宝坊，对寺院的美称。 [25] 恶党：泛指为非作恶的人，或指前来夺取传法袈裟的人。 [26] 遁（dùn）：即隐蔽。 [27] 焚：焚烧。 [28] 挨（āi）：用肩力挤。 [29] 趺（fū）坐膝（xī）痕及衣布之纹：即结跏趺坐留下的膝盖痕迹以及衣服紧贴石壁形成的条纹。 [30] 怀会止藏之嘱：即《坛经·行由第一》所记载的五祖弘忍对惠能的叮嘱，所谓“逢怀则止，遇会则藏”，怀即怀集，会即四会，意为隐遁于怀集四会一带。 [31] 二邑：即怀会二地。

僧法海[1]，韶州曲江人也[2]，初参祖师[3]，问曰：即心即佛[4]，愿垂指谕[5]。师曰：前念不生即心[6]，后念不灭即佛；成一切相即心[7]，离一切相即佛。吾若具说[8]，穷劫不尽。听吾偈曰：

即心名慧[9]，即佛乃定，
定慧等持，意中清净。
悟此法门[10]，由汝习性，
用本无生[11]，双修是正。

法海言下大悟。以偈赞曰：

即心元是佛[12]，不悟而自屈，
我知定慧因，双修离诸物。

众生与佛的差别只在自心的一念之中，自心邪念不起，正念不断，不执著任何幻相，便自然与佛不二。

要用中道正观来超越二元对立以达到对即心即佛的体认，不再向心外去作任何求觅，以真正实现自成佛道，自我解脱。

［注释］

[1] 法海：惠能的弟子之一，以集记《坛经》和传承惠能《坛经》宗旨而著名。现存较早的敦煌本《坛经》，即有人称之为法海本。这里记载的关于法海在惠能引导下领悟“即心即佛”的重要内容在于“定慧等持”，合乎惠能大梵寺传法授戒的要义，但这一机缘故事在早期《坛经》中并无记载。 [2] 曲江：即曲江县，汉时设置，自唐以来隶属于韶州管辖；韶州今为韶关市，曲江县现为韶关市的曲江区。 [3] 初参祖师：即首次向惠能禅师参禅请教。“参”具有参加、交流、增益、谒见、探究并领会等多重意思，禅宗又特重师徒面对面的言传身教，故在修行和日常生活中形成了各种参禅请益的故事甚至参学形式，如早参、晚参、小参等等。 [4] 即心即佛：是惠能禅宗的要义之一，《坛经》中特别注重将其解释为“但用此心，直了成佛”或“识心见性，自成佛道”，而随着禅宗的广泛传播又衍生出各种对于“即心即佛”的

解释，使得“即心即佛”一度成为参禅问道的主题之一。在这些解答中，惠能弟子怀让的高徒马祖道一的见解可谓别出心裁。据《景德传灯录》记载，有僧人问马祖：和尚为甚么说即心即佛。马祖说：为止小儿啼。僧人问：啼止时如何。马祖说：非心非佛。僧人又问：另外有人来，如何指示。马祖说：向他道不是物。（《大正藏》第 51 册，246 页上） [5] 愿：愿望、希望。垂：敬辞，表示对惠能的尊敬。指谕（yù）：有文献作“指喻”，即指点告知。 [6] 前念不生即心，后念不灭即佛：前念不再生起的即心，后念不灭清净的即佛。也可从意念生灭流转的角度来体会“即心即佛”。一般来说，以“即心即佛”发问的人，心中难免会将“心”与“佛”视为二物，然后再思考此二物如何“即”或相统一。此二句便可基于这种理解而形成对待的结构，“前念”与“后念”、“不生”与“不灭”、“即心”与“即佛”；而禅宗基于缘起性空的道理，既看到事物相互区别的一面，同时也看到事物相互统一的一面，所以“前后”、“生灭”、“心佛”相异而体同。因为人以念念无住为本，前后便是念念相续的相状。人们常常基于前念后念的区别而谈论前念不灭的记忆情境和后念不生的清净佛境，而实际上人的心境另有前念本不生、后念本不灭的一面，如果能够进一步超越常见达到前念后念不生不灭的领会，便是一种即心即佛的境界。 [7] 成一切相即心，离一切相即佛：能成万法一切相的即心，远离万法一切相的即佛。这也可以从心念与境相的关系来理解“即心即佛”，“成一切相”与“离一切相”相异而体同，犹如定慧不二，定是慧体，慧是定用，所以“即心即佛”。 [8] 吾若具说，穷劫不尽：我如果展开具体的细说，再多的时间也说不完。 [9]“即心名慧”以下四句：心念活动不离智慧，佛陀觉悟表征着大定，若能定慧双修，心意自然常清净。定慧等持：或作“定慧等等”。佛教中有以修习定慧的多少来衡量修行的境界，如

《大涅槃经》就认为“定慧等故，明见佛性”是佛的境界（《大正藏》第 12 册，第 792 页下）。禅宗认同此说的同时，更多地以定慧的体用关系进行说明，提出“定慧等”即“定是慧体，慧是定用”、“即定之时慧在定，即慧之时定在慧”、“定慧体一不二”等观点，所以一些《坛经》版本在这里常以“定慧等等”为是而不作“定慧等持”。 [10] 悟此法门，由汝习性：应该基于法海你自己在一定环境条件下修习所得的个性来领悟“即心即佛”，不可以只是向外盲目地询问别人对于“即心即佛”的理解，因为那样的理解可以很多很多，但不一定适合你自己。习性：与本性相对的一个概念，因为《坛经》主张人人“自有本觉性”，并认为众生常常“被妄念浮云盖覆”而需要大善知识“开导”见性，所以“习性”既有将其理解为烦恼习气之性，也有将其理解为研习修成之性。联系上下文及法海的身份，宜将此处的“习性”理解为研习修成之性，具有开发自心智慧本性并向觉悟的人请教学习的意涵。 [11] 用本无生，双修是正：用是生，生本无生；生如慧，不生如定，定寂不生而常照，慧照生而常寂，双修定慧，定慧不二，是真正的修行。 [12]“即心元是佛”以下四句：心即是佛，佛即在心中；但是，如果自心不能觉悟，那就是委屈了自己心中的佛；我现在知道定慧是觉悟成佛的正因，而且知道应该秉持“定慧等”而努力定慧双修，不偏执任何内心外境。

僧法达[1]，洪州人[2]，七岁出家[3]，常诵《法华经》，来礼祖师，头不至地[4]。师诃曰[5]：礼不投地[6]，何如不礼。汝心中必有一物[7]，蕴习何事耶[8]？

孔子曰：“人而不仁，如礼何？人而不仁，如乐何？”（《论语·八佾》）

曰：念《法华经》已及三千部[9]。

师曰：汝若念至万部[10]，得其经意，不以为胜，则与吾偕行；汝今负此事业[11]，都不知过。听吾偈曰：

礼本折慢幢[12]，头奚不至地[13]，
有我罪即生[14]，亡功福无比。

师又曰：汝名什么？

曰：法达。

师曰：汝名法达，何曾达法[15]。复说偈曰：

汝今名法达，勤诵未休歇，
空诵但循声[16]，明心号菩萨[17]。
汝今有缘故，吾今为汝说，
但信佛无言[18]，莲华从口发。

达闻偈，悔谢曰[19]：而今而后[20]，当谦恭一切。弟子诵《法华经》，未解经义，心常有疑[21]；和尚智慧广大，愿略说经中义理。

师曰：法达，法即甚达，汝心不达；经本无疑，汝心自疑。汝念此经，以何为宗[22]？

达曰：学人根性暗钝[23]，从来但依文诵念，岂知宗趣。

师曰：吾不识文字，汝试取经诵一遍，吾当为汝解说。

法达即高声念经，至《譬喻品》[24]。

师曰：止[25]。此经元来以因缘出世为宗[26]，纵说多种譬喻，亦无越于此。何者因缘？经云：诸佛世尊唯以一大事因缘出现于世[27]。一大事者，佛之知见也。世人外迷著相，内迷著空，若能于相离相，于空离空，即是内外不迷。若悟此法，一念心开，是为开佛知见。佛，犹觉也，分为四门：开觉知见，示觉知见，悟觉知见，入觉知见。若闻开示[28]，便能悟入，即觉知见，本来真性而得出现。

汝慎勿错解经意[29]，见他道开示悟入，自是佛之知见，我辈无分。若作此解，乃是谤经毁佛也。彼既是佛，已具知见，何用更开。汝今当信佛知见者，只汝自心，更无别佛。盖为一切众生，自蔽光明，贪爱尘境，外缘内扰，甘受驱驰，便劳他世尊，从三昧起，种种苦口，劝令寝息，莫向外求，与佛无二，故云开佛知见。

惠能云："一切修多罗及诸文字、大小二乘十二部经皆因人置，因智慧性方能建立；若无世人，一切万法本自不有，故知万法本自人兴，一切经书因人说有。"(《坛经·般若第二》)勿反被经书所迷而自暴自弃。

吾亦劝一切人[30]，于自心中，常开佛之知见。世人心邪[31]，愚迷造罪，口善心恶，贪瞋嫉妒，谄佞我慢，侵人害物，自开众生知见；若能正心，常生智慧，观照自心，止恶行善，是自开佛之知见。汝须念念开佛知见，勿开众生知见。开佛知见，即是出世；开众生知见，即是世间。汝若但劳劳执念[32]，以为功课者，何异牦牛爱尾。

达曰：若然者，但得解义[33]，不劳诵经耶？

师曰：经有何过，岂障汝念？只为迷悟在人，损益由己。口诵心行，即是转经[34]；口诵心不行，即是被经转。听吾偈曰：

心迷《法华》转[35]，心悟转《法华》。

诵经久不明[36]，与义作雠家。

无念念即正[37]，有念念成邪。

有无俱不计[38]，长御白牛车。

惠能并不是绝对地排斥经教，而只是强调不能执著文字，更不能被文字相牵着鼻子走。执著于诵经固然是“有念”，拘泥于“不可诵经”，也是一种执著。惠能本人也曾有过一闻《金刚经》心即开悟的经历，说明他并不排斥经教的启迪作用。

达闻偈，不觉悲泣，言下大悟，而告师曰：法达从昔已来，实未曾转《法华》，乃被《法华》转。

再启曰：经云，诸大声闻乃至菩萨[39]，皆尽思共度量，不能测佛智，今令凡夫但悟自心，便名佛之知见，自非上根，未免疑谤。又经说三车，羊鹿牛车与白牛之车，如何区别？愿和尚再垂开示。

师曰：经意分明，汝自迷背。诸三乘人，不能测佛智者，患在度量也[40]。饶伊尽思共推[41]，转加悬远[42]。佛本为凡夫说[43]，不为佛说。此理若不肯信者，从他退席[44]。殊不知坐却白牛车[45]，更于门外觅三车。况经文明向汝道，唯一佛乘，无有余乘，若二若三，乃至无数方便，种种因缘，譬喻言词，是法皆为一佛乘故。汝何不省，三车是假，为昔时故；一乘是实，为今时故。只教汝去假归实，归实之后[46]，实亦无名。应知所有珍财，尽属于汝，由汝受用，更不作父想，亦不作子想，亦无用想，是名持《法华经》；从劫至劫[47]，手不释卷，从昼至夜，无不念时也。

达蒙启发，踊跃欢喜。以偈赞曰：

经诵三千部，曹溪一句亡[48]，
未明出世旨[49]，宁歇累生狂。
羊鹿牛权设[50]，初中后善扬[51]，
谁知火宅内[52]，元是法中王[53]。

师曰：汝今后方可名念经僧也。

达从此领玄旨，亦不辍诵经[54]。

禅宗后学中曾有过一些极端的说法，如德山宣鉴曾云："这里无祖无佛，达摩是老臊胡，释迦老子是干屎橛，文殊普贤是担屎汉，等觉妙觉，是破执凡夫，菩提涅槃是系驴橛，十二分教是鬼神簿，拭疮疣纸。"这与惠能破除对经典的执著，还是有一定差异的。惠能门下读经的现象其实一直是存在的。

[**注释**]

[1] 法达：惠能弟子之一，以修习《法华经》著名，这里主要记载法达在惠能引导下消除因读诵《法华经》而产生的傲慢、通达《法华经》"开佛知见"的宗旨，以及"唯一佛乘"的要义等三个方面的内容。早期《坛经》没有第一方面的内容，其他方面的内容也相对简洁。 [2] 洪州：地名，隋代时称洪都，唐代时称洪州，即今江西南昌。 [3] 七岁出家，常诵《法华经》：法达在七岁的时候出家成为佛教徒。早期《坛经》版本关于法达的记载并未提及他出家的年龄，只是提到他曾在七年之间常诵《法华经》；后期《坛经》版本虽然去掉了诵读《法华经》"七年"的时间，但是增加了读诵"已及三千部"的数量，"部"在这里作量词理解；二者都反映了一个在社会上比较流行的佛教修行方式，即读诵《法华经》，这是《法华经》信仰流传广泛的表征之一。《法华经》如前文中提到的《金刚经》《涅槃经》《维摩诘经》等经典一样，不仅在印度佛教史上具有重要地位，而是对中国佛教也有非同寻常的影响，甚至形成了以《法华经》为宗经的中国第一个佛教宗派天台宗。《法华经》有多种译本，现存具有代表性的三种全译本为西晋竺法护译的《正法华经》、姚秦鸠摩罗什译的《妙法莲华经》以及隋代阇（shé）那崛多、达摩笈（jí）多译的《添品妙法莲华经》，其中以鸠摩罗什所译的《妙法莲华经》最为流行。《法华经》影响大的一个重要原因是，其在《金刚经》"实相无相"和《涅槃经》"佛性本有"的基础上，不仅在佛教内部主张"会三归一"的融合精神，即认为声闻、缘觉、菩萨三乘本质上都归于佛一乘，即所谓"唯一佛乘"；而且进一步贯彻"一切众生皆可成佛"的理念，突破传统佛教认为某些类别的人不能成佛

的看法，指出曾经触犯“五逆罪”的提婆达多和具有“女性”身份的龙女也可以直接成佛，从而使得佛教的融合精神超出佛教内部的界限更容易得到社会更广泛人群的接纳。 [4] 头不至地：双腿跪拜行礼的时候额头没有接触到地面。古人以跪拜的行为表示对师长的尊敬，这里主要的用意在于说明法达心存傲慢而身仪不轨。值得一提的是，这一细节以及围绕它的关于礼仪与傲慢关系的说明，在早期《坛经》中并没有记录，而对这类内容的增加不仅反映了禅宗生活存在严肃井然的一面，而且说明日益扩大的禅宗群体有着对清规律仪的特别需要，所以下文又提到“三千威仪、八万细行”对于“慢”的对治功能。“慢”在佛教中常常与“贪瞋痴”三毒并称为“四使”，意为能使心烦恼增长；“慢”有许多具体表现，均以认为自己比他人高强为特征，故而常称为“我慢”，这不仅不利于认识自心，觉悟自心，而且不利于产生平等和谐的人事关系。 [5] 诃：呵斥。 [6] 礼不投地，何如不礼：礼拜却头不着地，此非如法之礼，还不如不拜。古代男子的跪拜之礼大体上有两类，一是头触地即起，称为“顿首”，二是触地时间较长，称为“稽首”，但两者都要头触地以表示对受礼者的崇拜和恭敬，所以法达向惠能行礼，但“头不至地”，是为不敬之举。这种对“礼仪”及“敬意”的重视，见之于文本，很可能是受到儒家文化尊师重礼的影响。当然，佛教律宗在唐以后的发展也是一个重要原因。 [7] 汝心中必有一物：你心里面必定有着什么东西。 [8] 蕴习何事耶：你平时都修习什么？蕴习：蕴蓄积习，指长期积学。 [9] 已及三千部：三千表数量之多，部为量词，意为已读了非常多的遍数。 [10]“汝若念至万部”以下四句：你如果读到一万部，领会了《法华经》的宗旨，仍然不以为傲，觉得胜过了别人，那就可以与我一起修行了。偕行：即同行。 [11] 汝今负此事业，都不知过：你现在以读了三千遍而自负，却一点都不知道自己的过失。负：指有负于、违背。　[12] 礼本折慢幢（chuáng）：礼拜跪拜的基本作用可以对治行为的傲慢。折：去除。慢幢：高慢如幢。幢，即被丝织物修饰围绕的高耸柱子，在佛教诸多事物中以高耸为特点，故这里用以形容"慢"。　[13] 奚（xī）：为何。　[14] 有我罪即生，亡功福无比：既然心中有我慢，那么必然心存我见，这些都是罪的根源；既然罪的根源存在，那么它们因缘成熟便会产生不好的结果。而与"有我"相对，如果心中无我，不以读经居功，那将功德无量。有我，即心中有个"我"，心中有我，就产生人与我的分别，产生别人不如"我"的傲慢心，不合教义。亡，即"无"。　[15] 达法：即领悟通达正法。　[16] 空诵：有口无心的诵读。但循声：只是循着声音，而不去明白佛法大义。　[17] 明心：明悟本心，心地觉悟。号菩萨：称为菩萨。菩萨为梵文（Vajrasattva）音译简称，全称为菩提萨埵（duǒ），菩提即觉悟，萨埵即有情。　[18] 但信佛无言，莲华从口发：可以理解为只要信诸佛妙理并不关文字，不再偏执文字语言，便可通达《妙法莲华经》义，妙法莲华自然从口而发。《笺注》云："此言法达果信佛未尝有所说法，离言说相而忘诵经之功，则可以诵《妙法莲华经》矣。"由此可见，禅宗对于诵经的观点并不持极端化的不诵经，而是基于修心的要求纠正走样的诵经，这种追求中道的特点，与禅宗对于其他流行的修行方式的观点也是一致的。佛无言：佛法只是以心传心，并不立于文字，佛说法只是自心慈悲的外显，为的是促使众生成就自心中的佛，以得解脱。所以应该看到佛虽有言语，实际上不是为了言语而言语，此即"佛无言"。莲华从口发：指若懂得佛法大意，一部《妙法莲华经》只是从自心统御之口发出的声音。　[19] 悔谢：忏悔谢罪。　[20] 而今而后，当谦恭一切：从今以后一定谦虚恭敬地对待一切事物，不起贡高我慢。　[21] 心常有疑：或作"经上有疑"，心中对于《法华经》的宗旨一直有疑惑。佛教认为如果对真正的道理生疑，便会影响甚至阻止有关善的思想和行为的产生，所以常将“疑”与“贪瞋痴慢”等“四使”共同视为“五毒心”，认为它们能够毒害人心。一般来说，在大乘佛教中，特别重视“疑”，这一方面与大乘佛教提出独特的理论和实践常引起传统佛教的怀疑有关，所以大乘经典特别强调“怀疑”大乘经法的罪恶比较深重，而“信奉”大乘经法则有很大利益；另一方面也与大乘佛教随着时地的转移不断追求对人事有清楚的认知和觉悟有关，甚至在中国禅宗中出现专就“疑情”而实现开悟的修行方式，提出“大疑大悟、小疑小悟、不疑不悟”的主张。宋代以后非常流行的“看话禅”，其特征便是从某个经典的“话头”（常来自于禅门公案里禅师的一些典型答语）出发，引发各种疑惑形成“疑团”，以求最终达到“豁然觉悟”的境界。应该说，这种面对怀疑、分析怀疑以及运用怀疑的怀疑精神，对于人们突破思想和习惯的束缚，努力探求和实现对于事物真实的认知，依然具有重要的价值。 [22] 以何为宗：以什么为其宗旨？ [23] 暗钝：形容不聪明，愚笨。 [24] 至《譬喻品》：或作“至《方便品》”，《方便品》为《法华经》第二品，《譬喻品》则为第三品，从《坛经》这里的上下文涉及的主要内容而言，“开佛知见”出现在《方便品》，“经说三车”而“唯一佛乘”出现在《譬喻品》，故《坛经》多取《譬喻品》为是。在早期《坛经》版本中，则记载了法达为惠能读了一遍之后，惠能才向法达解说宗旨以及相关内容。 [25] 止：即停止读诵。 [26]“此经元来以因缘出世为宗”以下四句：或作“《法华经》无多语，七卷尽是譬喻因缘；如来广说三乘，只为世人根钝；经闻分明，无有余乘，唯一佛乘。大师：法达，汝听一佛乘，莫求二佛乘，迷却汝性。经中何处是一佛乘”，文字虽然有些长，但是层次比较清楚。其先从整体上归纳《法华经》因缘譬喻的生动特点，然后解释这一特点产生的直接原因是因为世人的根机差异，进而强调虽然人们的根性不同、譬喻因缘有异，但都贯穿着实现觉悟的根本目的，最后则拟通过经文加以论证而引出下文。经修改后的文字，则浓缩为“因缘出世”为宗，意思反倒不及原来清楚系统了。或是因为早期版本主张惠能听了一遍《法华经》而综述其要点，而后期版本则因主张惠能听到某一品便开始分述其要点，从而造成行文上的这一差异。 [27] 诸佛世尊唯以一大事因缘出现于世：出自《法华经·方便品第二》，原文作“诸佛世尊唯以一大事因缘故出现于世”等十六字，早期《坛经》版本在此引文后有“已上十六字是正法”或“正法唯有一十六字”的特别注明，体现禅宗对于《法华经》宗旨进行理解的独特之处。在《法华经》中，紧跟着有这样的解释：“云何名诸佛世尊唯以一大事因缘故出现于世？诸佛世尊欲令众生开佛知见使得清净故出现于世，欲示众生佛之知见故出现于世，欲令众生悟佛知见故出现于世，欲令众生入佛知见道故出现于世。”惠能《坛经》即抓住其中的关键词“佛知见”而认为《法华经》的宗旨在于引导人们自己实现觉悟从而成就“佛知见”。 [28]“若闻开示”以下四句：或作“开示悟入上一处入，即觉知见见自本性即得出世”、“此名开示悟入，从上一处入，即觉知见见自本性即得出现”，分为四门的“开、示、悟、入佛知见”实际上最终都是觉悟自心清净本性，这便是超越的解脱境界。四门指《法华经》所说的开佛知见、示佛知见、悟佛知见、入佛知见，简称开、示、悟、入四门，惠能以“觉”释佛，径直将其改为开觉知见、示觉知见、悟觉知见、入觉知见，而“觉”即智慧心之觉，所以“四门”在根本上立足于当下之人心。 [29]“汝慎勿错解经意”至“故云开佛知见”：此段目的在于从禅宗观点纠正一般人因为《法华经》相应经文所引发的“自暴自弃”误解，即当人们读到经文中“佛知见”的时候，常会认为这只是在讲诸佛的知见，而自己是凡夫，没有这样的知见，故与我无关。如果这样理解，那便是误读误解了“佛知见”，也脱离了《法华经》的根本宗旨。应该仔细领会《法华经》的本意，是希望众生成就自心觉悟，切实地认识到佛从心生、觉悟便是佛、心外无佛的道理；而正是因为人们长期以来没有觉悟，反而贪爱追逐外在的事物，因此外在事物和内在烦恼使得本心不能得到片刻清净，佛来到世上就是要通过各种办法引导人们回归自心，实现觉悟。寝息：停息贪瞋痴等烦恼。此句虽然在早期《坛经》中是没有的，但是其基于《法华经》产生的缘由和本怀，并从惠能即心即佛的立场加以解释，既有助于答疑，也有利于增加信徒成佛的自信心。 [30] 一切人：或作“世人”，意指没有觉悟的人。 [31]“世人心邪”至“是自开佛之知见”：或作“世人心愚迷造恶自开众生知见，世人心正起智惠观照自开佛智见”、“世人心邪，愚迷造罪，口善心恶，贪瞋嫉妬，谗佞侵害，自开众生知见；世人心正，常起智惠观照，自开佛之知见”、“世人心邪，愚迷造罪，口善心恶，贪瞋嫉妬，谗佞侵害，自开众生知见；世人心正，常起智惠，观照自心，止恶行善，自开佛之知见”，由此可见《坛经》历经多次修订完善的过程，以至于将“止恶行善”补充进“开佛知见”内涵中的同时，还将一直与“心邪”相对的“心正”改写成了“正心”，而“正心”常常是儒家经典文献（如《大学》）与思想体系中所特有的概念，从而可见《坛经》演化过程中所受传统文化影响的细节。 [32] 汝若但劳劳执念，以为功课者：你如果只是将辛苦地念诵《法华经》视为应做的功课。劳劳，形容劳碌、辛苦的样子。功课，每日按时需做的事。牦（máo）牛爱尾：出自《法华经·方便品第二》，其云：“见六道众生，贫穷无福慧，入生死险道，相续苦不断，深著于五欲，如牦牛爱尾。”牦牛与一般的牛相比，腿短毛长。相传，牦牛特别珍爱自己的尾巴，当看到自己尾巴被荆棘缠绕时便不敢动弹，以致于常常因此而丧失自己的性命，被猎人所杀。佛教以此类比人们身心受到烦恼驱使而丧失觉悟成佛的机会。《坛经》这里依此提醒人们不应以烦恼心念诵《法华经》，而应该将烦恼心扭转为清净心来修持《法华经》。 [33] 但得解义，不劳颂经耶：只要能了解《法华经》义理，就不必诵读《法华经》了吗？这一见解虽然在早期《坛经》中没有，却是比较普遍的关于读经的另一个极端。 [34] 转经：读完一遍经文，继续又读一遍，犹如轮转，所以转经即是不断地读诵经典。惠能借此强调觉悟之心在其中的意义，转经即了悟经义，将其转化为自己所用；“被经转”即被经文的文字或字面意思牵着走，不知经义。所以早期《坛经》特别记有惠能劝导法达“努力依法修行即是转经”，而法达则承诺要“念念修行佛行”，这一要点被后期《坛经》融入到了“口诵心行即是转经，口诵心不行即是被经转”中予以强调。 [35] 心迷《法华》转，心悟转《法华》：或作“心行转《法华》，不行《法华》转”、“心正转《法华》，心邪《法华》转”、“开佛知见转《法华》，开众生知见被《法华》转”，可见这是将“佛知见”的理解运用到转读诵持经典的修行中。 [36] 诵经久不明，与义作雠家：如果诵经长久却不明白其中的佛法义趣，便会反而与佛法义趣相背离。雠（chóu）：即“仇”，形容相反。 [37] 无念念即正，有念念成邪：没有偏邪之念时的念是正念，心不清净时的念便成邪念了。 [38] 有无俱不计，长御白牛车：心自清净而随缘任运，超越有念与无念，便是觉悟成佛的境界。御：驾驭车马。白牛车：出自《法华经·譬喻品第三》，用以比喻“佛乘”，即觉悟成佛的境界。 [39]“诸大声闻乃至菩萨”以下三句：出自《法华经·方便品第二》而有节略，那些著名的声闻、缘觉以及菩萨即便竭尽全力思量揣摩，依然不能测得佛的智慧。据《法华经》，声闻的特点是通达四谛法，缘觉或辟支佛的特点是洞察十二因缘，菩萨的特点则是修行六度，他们分别被比喻为羊乘、鹿乘、牛乘等三种车乘。在《法华经》看来，三乘人所修行的三乘法最终都是追求觉悟佛智，不应该执著于三乘的具体分歧而应该以追求觉悟为共同目的，经文中以白牛大车比喻佛乘。这便是《坛经》中所说的“三车”以及“羊鹿牛车与白牛之车”的意义；在《坛经·机缘第七》中，有弟子问及“四乘”，可能也是溯源于《法华经》，但是惠能对于“四乘”的解释又有所不同。 [40] 患在度量：错就错在以分别心思揣摩度量佛的智慧。 [41] 饶伊：尽管让他。 [42] 转加悬远：反而离佛的智慧更远。 [43] 佛本为凡夫说，不为佛说：佛当然是为未觉悟的凡夫说法，以使他们能够觉悟，而不是为已觉悟的佛而说法。 [44] 从他退席：任由他们离开。在《法华经》中，因为佛所说的内容难信难解，所以有些人便退席离开了。 [45] 殊不知坐却白牛车，更于门外觅三车：已经坐在了白牛大车上，却还要在门外寻觅羊鹿牛小车。这是对法达询问“三车区别”的责问。因为按照《法华经》的本意，并不是要人分别三乘，而是要人看到三乘的共性、一乘的真实。 [46] 归实之后，实亦无名：若能真实觉悟便不会执著于名相。 [47] “从劫至劫”以下四句：念念修行，便是真实地修持念诵《法华经》。 [48] 曹溪：代指惠能。一句亡：即惠能的开示使得诵经三千部心存的傲慢偏执一下子烟消云散。 [49] 未明出世旨，宁歇累生狂：没有明了佛之知见从心而生的道理，如何能够止息心中的迷狂呢？ [50] 权设：权巧方便之设。 [51] 初中后善扬：出自《法华经·序品第一》：“演说正法，初善中善后善。” [52] 火宅：“三界火宅”之略称，出自《法华经·譬喻品第三》：“三界无安，犹如火宅。”佛教以“火”喻烦恼，以“宅”喻“三界”，谓众生流转三界生死受苦。 [53] 元是法中王：原来自性觉悟即是法中王。法中王，喻三界众生觉悟即可成佛。 [54] 辍（chuò）：中止，停止。

僧智通[1]，寿州安丰人，初看《楞伽经》约千余遍，而不会三身四智，礼师求解其义。师曰：三身者，清净法身[2]，汝之性也；圆满报身[3]，汝之智也；千百亿化身[4]，汝之行也。若离本性[5]，别说三身，即名有身无智；若悟三身无有自性[6]，即明四智菩提。听吾偈曰：

自性具三身[7]，发明成四智。

不离见闻缘[8]，超然登佛地。

吾今为汝说，谛信永无迷。

莫学驰求者[9]，终日说菩提。

通再启曰：四智之义[10]，可得闻乎？

师曰：既会三身，便明四智，何更问耶？若离三身[11]，别谈四智，此名有智无身，即此有智，还成无智。复说偈曰：

大圆镜智性清净[12]，平等性智心无病[13]；

妙观察智见非功[14]，成所作智同圆镜[15]。

五八六七果因转[16]，但用名言无实性[17]；

若于转处不留情[18]，繁兴永处那伽定。

三身四智及八识，不离自性即能知。

【如上转识为智也。教中云：转前五识为成所作智，转第六识为妙观察智，转第七识为平

等性智，转第八识为大圆镜智。虽六七因中转、五八果上转，但转其名而不转其体也[23]。】

通顿悟性智[24]，遂呈偈曰：

三身元我体，四智本心明，
身智融无碍，应物任随形。
起修皆妄动[25]，守住匪真精[26]，
妙旨因师晓，终亡染污名[27]。

［注释］

[1] 智通：惠能的弟子之一，这里记载的他向惠能询问《楞伽经》中三身四智的机缘故事，在早期《坛经》本子中是没有的。寿州安丰：地名，即寿州安丰县。寿州为隋代所置，今安徽寿县。安丰县今为安丰镇，在寿县南。三身：即法身、报身、化身，惠能关于“三身”的说法，可参考《坛经·忏悔第六》。四智：即大圆镜智、平等性智、妙观察智、成所作智。一般而言，四智之说乃是佛教有关心识的理论发展到后期的学说，常见于唯识学说体系中。在唯识学说中，心识可以分为八种四类，八种分别是眼识、耳识、鼻识、舌识、身识、意识、末那识、阿赖耶识，其中前五识、第六意识、第七末那识、第八阿赖耶识由浅入深各成一类而成四类，进而展开“转识成智”的论说，最终这四类识相应地转为成所作智、妙观察智、平等性智、大圆镜智等四智。具此四智，即达到佛果。 [2] 清净法身，汝之性也：自心本性清净，以无相为体，所以名为清净法身。 [3] 圆满报身，汝之智也：清净体上自有觉性智慧，念念无念而圆明，所以名为圆满报身。 [4] 千百

亿化身，汝之行也：识自本心，见自本性，随缘任运，止恶行善，但行真心，名为千百亿化身佛。 [5] 本性：自心本性。有身无智：因为四智不离人的本性，若离开了自心本性而另说什么“三身”，那就是有身而没有智慧。 [6] 三身无有自性：“三身”皆从人的自性而生，并非另外各有自性。明四智菩提：明白“四智”的真正智慧。 [7] 自性具三身，发明成四智：自心本性是“三身”的依据，而“三身”则可以进一步发明成“四智”。 [8] 不离见闻缘，超然登佛地：并不需要断离见闻外缘，就能超然达至佛地。 [9] 莫学驰求者，终日说菩提：不要向那些向外求佛者学习，他们只知终日说菩提而不知向自性中求。 [10] 四智之义，可得闻乎：可以再为我讲说一下“四智”之义吗？ [11]“若离三身”以下五句：如果离开了三身而另外来谈四智，这就叫做有智无身，即使有这个智，其实还是无智，因为这样谈论的“四智”流于玄虚而失去了根本。 [12] 大圆镜智性清净：大圆镜智指的是自心本性清净法身的智慧境界。 [13] 平等性智心无病：平等性智指的是自心没有“我痴我慢我疑我见”等烦恼病症的智慧境界，这正如念念圆明报身所蕴含着的一切平等。 [14] 妙观察智见非功：妙观察智指的是自心自由地行于内外境界而成就诸行的智慧境界，犹如千百亿化身的随缘任运。 [15] 成所作智同圆镜：成所作智同大圆镜智一样清净无染，正如心口相应一般。 [16] 五八六七果因转：从因果的角度来看的话，前五识、第八识必须在众生成就佛果时才转成成所作智、大圆镜智，所以称为“五八果上转”；而第六识、第七识则在众生尚未成就佛果时便可以转成妙观察智、平等性智，所以称为“六七因上转”。 [17] 但用名言无实性：上面提到的“八识”、“四智”、“转”、“因”、“果”等名言均为不离人的自心本性而言，名言自身并无自性，是假言设施而已。 [18] 若于转处不留情，繁兴永处那伽定：倘若能够真正领悟“转识成智”而不是流于空谈名相，那么便犹如在繁杂的闹市永恒地成就最高的禅定。那伽定：那伽为梵文（Nāga）的音译，意译为龙或象，蕴意大力，那伽定意谓大定，最高的禅定。 [19] 但转其名而不转其体：针对转识成智而言，是对“但用名言无实性”的解释。 [20] 性智：即不离自性的三身四智。 [21] 起修：起心而修。 [22] 守住：执守三身四智，即错误地执著，如死守百无所思的心境，压抑思想随缘任运的变化。 [23] 终亡染污名：心中终究没有了关于“三身”、“四智”等不清净的假名。

僧智常[1]，信州贵溪人，髫年出家，志求见性。一日参礼，师问曰：汝从何来？欲求何事？

曰：学人近往洪州白峰山礼大通和尚[2]，蒙示见性成佛之义[3]，未决狐疑[4]，远来投礼[5]，伏望和尚慈悲指示。

师曰：彼有何言句[6]，汝试举看。

曰：智常到彼，凡经三月，未蒙示诲，为法切故[7]，一夕独入丈室[8]，请问如何是某甲本心本性。大通乃曰：汝见虚空否？对曰：见。彼曰：汝见虚空有相貌否？对曰：虚空无形，有何相貌？彼曰：汝之本性，犹如虚空，了无一物可见，是名正见，无一物可知，是名真知。无有青黄长短，但见本源清净，觉体圆明，即名见性成佛，亦名如来知见[9]。学人虽闻此说，犹未决了，乞和尚开示。

师曰：彼师所说，犹存见知[10]，故令汝未了。吾今示汝一偈：

不见一法存无见[11]，大似浮云遮日面。

不知一法守空知[12]，还如太虚生闪电。

此之知见瞥然兴[13]，错认何曾解方便。

汝当一念自知非[14]，自己灵光常显现。

常闻偈已，心意豁然[15]。乃述偈曰：

无端起知见，著相求菩提，

情存一念悟[16]，宁越昔时迷。

自性觉源体[17]，随照枉迁流，

不入祖师室[18]，茫然趣两头。

智常一日问师曰：佛说三乘法[19]，又言最上乘，弟子未解，愿为教授[20]。

师曰：汝观自本心，莫著外法相；法无四乘[21]，人心自有等差。见闻转诵是小乘[22]，悟法解义是中乘[23]，依法修行是大乘，万法尽通，万法俱备，一切不染，离诸法相，一无所得，名

王阳明弟子王龙溪曾言："悟得自己，只有一点灵光，是从生带来的。""千古圣学，只从一念灵明识取。"

《悟性论》云：凡迷者迷于悟，悟者悟于迷，正见之人，知心空无，即超迷悟。(《大正藏》第48册，第371页中)

最上乘。乘是行义[24]，不在口争；汝须自修，莫问吾也。一切时中[25]，自性自如。

常礼谢[26]，执侍[27]，终师之世。

［注释］

[1] 智常：惠能弟子之一，这里主要记载了惠能开导智常不应以绝对的“空无”来理解本心本性以及关于“四乘”的解释，在早期《坛经》版本中只有智常问“四乘”的机缘故事，而且紧跟在法达问《法华经》“三乘”之后，可以参考。信州贵溪：信州贵溪县，今江西贵溪县，信州、贵溪县并为唐代所置。髫（tiáo）年：古时习俗，人之发肤受之父母，不可轻易毁伤，在成人束发着冠之前，小孩前额下垂的头发称为“髫”，髫年即指年龄很小的时候或儿童。 [2] 洪州白峰山：洪州境内的白峰山。洪州为隋代所置，今江西南昌。白峰山，据《景德传灯录》所载在洪州建昌县内，建昌县即今江西永修县。大通和尚：生卒事迹不详。或认为是神秀禅师，然而神秀禅师去世后才受谥号“大通”，所以不应该是他。 [3] 蒙示：蒙受大通和尚的教示。 [4] 狐疑：有疑惑。相传作为兽的狐常常多疑，每渡冰河，且听且渡，所以人们将有疑惑者，称为“狐疑”。 [5] 投礼：指投奔问礼，向惠能禅师学习。 [6] 言句：禅宗开示学人与其他佛教宗派的一个重要不同便是通过一言半语使人当下顿悟见性，这里的“言句”即是指大通禅师开示智常时的话语。举看：说出来听听。这种复述事件的“举”，随着禅宗门徒的日增以及参学经历的日广，日益成为禅宗师徒间参禅问道的重要内容，即通过“举”来表达师徒的看法，实现师徒的交流；同时，在这个过程中，一些经常被“举”的事件逐渐形成了禅宗的经典传统，进而成为后来流行的“话头”、“公

案”。 [7] 为法切故：因为求法心切的缘故。 [8] 丈室：又称方丈，丈为计量单位，形容居室很小。相传维摩诘居士所居之室方一丈，后来禅宗仿效并以德高望重者居之，乃至一寺之主亦称方丈，方丈所居之室即称丈室。 [9] 如来知见：如来是佛的名号之一，如来知见即佛之知见。由智常的转述来看，大通和尚向智常所解释的“如来知见”，与惠能在《坛经·般若第二》中关于“心性犹如虚空”的解释相比，比较强调本性“空无一相”方面的内容，而缺少本性“不空起用”方面的内容，所以成为具有偏失的“知见”，如同《坛经》所说的“无记空”或佛教常说的“断见”。 [10] 犹存见知：还存有一些有所偏失的知见。 [11] 不见一法存无见，大似浮云遮日面：不见一法，即上文大通和尚说的“了无一物可见”，虽然不见一法，但心中却存有“无见”，“无见”便成了有碍明心见性的“妄见”，犹如浮云遮日一般。 [12] 不知一法守空知，还如太虚生闪电：不知一法，即上文大通和尚说的“无一物可知”，虽然不知一法，但心中却执著“空知”，“空知”也就成了“幻见”，犹如晴朗的天空中突然出现了闪电一般，转瞬即逝。 [13] 此之知见瞥（piē）然兴，错认何曾解方便：这些“空无知见”一下子在心中出现，却被错误地认为是真实知见，不了解“空无知见”只是为对治人们“实有知见”的方便说法，如果错误地执著于这些知见，那么便没有领悟其中的道理。瞥然，形容时间很短的样子。 [14] 汝当一念自知非，自己灵光常显现：你应该当下明白自己的错误之处，使得自己本有的智慧常常显现出来。自己灵光，自己固有的佛性智慧。 [15] 豁然：指疑虑消失而豁然开朗。 [16] 情存一念悟，宁越昔时迷：倘若心中执著于自以为是的一点觉悟，那如何能超越昔日的迷惑？ [17] 自性觉源体，随照枉迁流：虽然自心本性是觉悟的本源，但如果随顺错误的知见行事，便会枉受愚昧困惑而迁流不息。 [18] 不入祖师室，茫然趣两头：如果不是因为惠能禅师的开示，将依然茫然处于不觉之中。趣：趋向于。两头：即关于事物之间相互区别或矛盾的两种情形或两种成见。如有和无，“存无见”和“守空知”。一般人会贪图名利之有，而另有一些人则会执著空无所有之无，从一个极端投向另外一个极端，都不是正知正见。 [19] 佛说三乘法，又言最上乘：在《法华经》中，佛说有声闻、缘觉、菩萨等三乘法，又说最上乘佛乘。 [20] 愿为教授：希望您为我讲授解说。 [21] 法无四乘，人心自有等差：或作“元无四乘法，人心量四等，法有四乘”、“无四乘法，人心自有四等”。佛法并没有四乘的说法，只是人心自己有差别。 [22] 转诵：或作“读诵”。即读诵经典。 [23] 悟法解义：或作“悟解义”。即领悟佛法义理。 [24] 乘是行义，不在口争：或作“乘是最上行义，不在口诤”、“乘是行义，不在口诵”，“乘”是运载以行的意思，不是口头的争辩。意谓自己实际的修行最重要。 [25] 一切时中，自性自如：或作“一切时中自性自知自悟自行是四乘义”、“一切时中自性自如是四乘义”，自心念念觉悟，便是四乘的根本意趣。 [26] 常礼谢：智常礼拜致谢。 [27] 执侍，终师之世：侍奉供养惠能禅师，直至他去世。

僧志道[1]，广州南海人也。请益曰：学人自出家，览《涅槃经》十载有余，未明大意，愿和尚垂诲。

师曰：汝何处未明？

曰：诸行无常[2]，是生灭法，生灭灭已，寂灭为乐。于此疑惑。

师曰：汝作么生疑[3]？

曰：一切众生皆有二身，谓色身、法身也；色身无常[4]，有生有灭；法身有常，无知无觉。经云生灭灭已、寂灭为乐者，不审何身寂灭[5]，何身受乐？若色身者，色身灭时，四大分散，全然是苦，苦不可言乐；若法身寂灭，即同草木瓦石，谁当受乐？又，法性是生灭之体[6]，五蕴是生灭之用。一体五用，生灭是常，生则从体起用，灭则摄用归体。若听更生，即有情之类，不断不灭；若不听更生，则永归寂灭，同于无情之物。如是，则一切诸法被涅槃之所禁伏，尚不得生，何乐之有？

师曰：汝是释子[7]，何习外道断常邪见，而议最上乘法？据汝所说，即色身外别有法身[8]，离生灭求于寂灭，又推涅槃常乐[9]，言有身受用，斯乃执吝生死，耽著世乐。汝今当知佛为一切迷人[10]，认五蕴和合为自体相，分别一切法为外尘相，好生恶死，念念迁流，不知梦幻虚假，枉受轮回，以常乐涅槃，翻为苦相，终日驰求。佛愍此故，乃示涅槃真乐，刹那无有生相，刹那无有灭相，更无生灭可灭，是则寂灭现前，当现前时，亦无现前之量，乃谓常乐。此乐无有受者，亦无不受者，岂有一体五用之名？何况更言涅槃禁伏诸法，令永不生，斯乃谤佛毁法。听吾偈曰：

无上大涅槃[11]，圆明常寂照。
凡愚谓之死，外道执为断。
诸求二乘人，目以为无作。
尽属情所计，六十二见本。
妄立虚假名[12]，何为真实义。
惟有过量人[13]，通达无取舍。
以知五蕴法，及以蕴中我。
外现众色象，一一音声相。
平等如梦幻，不起凡圣见。
不作涅槃解，二边三际断[14]。
常应诸根用，而不起用想。
分别一切法，不起分别想。
劫火烧海底[15]，风鼓山相击。
真常寂灭乐，涅槃相如是。
吾今强言说，令汝舍邪见。
汝勿随言解[16]，许汝知少分。

早期版本的《坛经》中惠能极少使用“涅槃”这个概念，他多用“自在解脱”而不用“涅槃解脱”来表示解脱境，表现出他的解脱论要求人们在现实的行住坐卧中去体悟自家生命之本然、在具体的生活中去显现自己完美具足的人格与人性、不离世间求解脱的重要特点。

志道闻偈大悟，踊跃[17]，作礼而退。

［注释］

[1] 志道：惠能弟子之一，这里记载的是惠能开示志道理解《涅槃经》“无常偈”的因缘故事，在早期《坛经》版本中并没有这些内容，后来增加的这些讨论“无上大涅槃”的内容，或反映了不同禅系对所传《坛经》的增删。广州南海：这里是指广州南海县，今广东佛山。　[2]“诸行无常”以下四句：出自《涅槃经》。《涅槃经》中有两个偈颂特别引起禅宗的注意，一是“本有今无偈”，所谓“本有今无，本无今有，三世有法，无有是处”；一是“诸法无常偈”，即此偈也。相传这一偈颂或是佛陀去世时所作，或是佛陀曾经舍命所得。尤其是后一传说，提到佛陀先听到前半句“诸行无常，是生灭法”，以命相舍才得到后半句“生灭灭已，寂灭为乐”，这个故事在一定程度上反映了后半句的难解难得。一般来说，“诸行无常，是生灭法”的意思比较清楚，表达了佛教对世界一切现象的认识，即万法无常，都处在生灭变化之中。基于对世界的这种认识，佛教得出一个基本的价值判断，即世间是“苦”，由此而有佛教的根本关怀，即希望世间众生能够“离苦得乐”；然而，一般人会认为世间有苦有乐，苦并不比乐更根本，而且乐比苦更重要。这样，“生灭灭已，寂灭为乐”则更多地表达了佛教对于“生灭法”的态度以及对于“寂灭乐”的独特认识和追求。另外，由于后半句的“寂灭乐”一般作为佛教追求的最高境界“涅槃”来理解，而由于佛教内部派系众多，故而也导致了此句在理解上比较难以统一。例如，有的认为“灰身灭智”是最高的境界，而有的则认为最高的境界“不离身心”，惠能《坛经》中即主张后说。　[3] 汝作么生疑：你的疑惑是怎么样的？作么，即怎么样，属于口语。　[4]“色身无常”以下四句：众生

的色身变动不居，有生也有灭；众生的法身则与色身不同，它是恒常不变的，不仅没有生灭，而且也没有知觉。有关“色身”与“法身”关系，可以说也是《坛经》中的重要论题之一，见于《疑问第三》《定慧第四》《忏悔第六》等。比较而言，志道倾向于将色身、法身的特点绝对化，而惠能则更注重色身与法身之间不即不离的依存关系。特别是对于“法身”的理解上，惠能虽然认为“清净”为其内涵，但是指“自性”的清净，而自性并不是“无知无觉”，而是智慧常照，有知有觉而又离诸法相的。 [5]“不审何身寂灭”至“谁当受乐”：不审何身寂灭，何身受乐：不明白是哪个身“寂灭”？哪个身“受乐”？色身灭时，四大分散：佛教认为世界万物由地、水、火、风等四种基本要素组成，所以人的色身也是四大的会聚而没有自性，四大分散便没有所谓的色身了。志道据此而认为，如果将“寂灭”理解为“色身灭亡”，那么在四大分散的时候伴随着的都是苦，既然是苦就不能说是乐。若法身寂灭，即同草木瓦石，谁当受乐：如果“寂灭”是“法身寂灭”，而“法身”是无知无觉的，那就如同草木瓦石一般，那又由谁来承当受乐呢？简而言之，志道基于色身法身相互区别的内涵界定，认为色身虽然具有苦乐的感受，但是色身灭时只有苦没有乐；法身根本就没有觉知能力，也不可能成为受乐的主体，因此，他对“寂灭为乐”感到疑惑不解。然而，志道将众生二身中的法身视为完全脱离于色身的某种带有绝对性质的存在，这本身就会引起争议，惠能的批评便主要是从这里入手的。 [6] 法性是生灭之体，五蕴是生灭之用：法性为生灭法的本体，五蕴是生灭法的功用，即法身是色身的本体，色身是法身的发用。这与前面将二身视为绝对不同有所不同，这里借用“体用”这对范畴来理解二身存在的一种联系。法性即法身，五蕴即色、受、想、行、识等身心活动，相当于色身，这里虽然将法身理解为体，但是其内涵并不包含心识活动，所以这种法性依然具有绝对实体的意义，它是生灭变化的本体，但它自身却是可以静止不变。因此志道认为，从一法身本体产生身心五蕴的功用来看，生灭是可以恒常维系的，所谓生便是从法身产生五蕴，而所谓灭便是指色身回归到法身尚未产生相关功用的情境；然而，志道又发现，作为本体的法性既可以继续生发身心功用，同时也可以不再继续生发身心功用，直至所谓“寂灭”的涅槃状态，这时因为一切身心诸法都不产生，乐的感受自然也无从谈起。简而言之，志道从法身与色身的体用关系的角度，也无法理解“寂灭为乐”。 [7]“汝是释子”以下三句：释子，释即释迦牟尼，子即弟子，释子即泛指归信佛教的人。“何习外道断常邪见，而议最上乘法：为什么要学外道那些断常邪见来议论最上乘的佛法呢？外道：这里泛指与佛教不一致的观点和见解。断常邪见：即只看到“断”灭不相续或只看到恒“常”相续的不正确见解。最上乘法：即圆融的佛法。 [8] 即色身外别有法身，离生灭求于寂灭：认为法身完全不同于色身，因而离弃具有生灭的身体而追求所谓没有生灭的法身，这是断见。 [9]“又推涅槃常乐”以下四句：又推论涅槃是常乐，便说一定有某种身体来受用此乐，这实际上是既执著于生命的生死，又耽于世俗的享乐，并没有超越以往的生命境界，这是一种常见。执吝，与下文“耽著”意义相同，均指违背正理的偏执或执迷。 [10]“汝今当知佛为一切迷人”至“斯乃谤佛毁法”：与志道从名相的定义出发不同，惠能从名相的缘起和佛法的义旨来加以说明。在惠能看来，“寂灭为乐”的提出，是佛希望借此方便来帮助执著于“我见”而又贪求“常乐”的迷惑者能够实现觉悟，倘若真正达到了觉悟，领悟到这些名相背后所针对的偏执以及真实的用意，那便能知道真正的“寂灭”、“常乐”，并无所谓受不受者、一体五用以及涅槃禁伏诸法等等围绕名相的定义以及关系所制造衍生出的断常见解。五蕴和合为自体相，即一般佛教所说的“人我执”。分别一切法为外尘相，即一般佛教所说的“法我执”。以常乐涅槃，翻为苦相，反而将常恒极乐的涅槃视为苦相。佛愍（mǐn）此：佛怜悯这些迷执的人。涅槃真乐，不同于前面所提到的我执之乐和无苦之乐等迷惑之乐，而是真正的觉悟之乐，其性清净。刹那：佛教一般以此描述非常短的时间，这里可以将其作为“每一念”来理解，《坛经》中常常用“念念”来表示。寂灭现前：当下便是涅槃真乐的境界。当现前时：亦无现前之量，乃谓常乐，涅槃真乐念念无住，相续不断，因此也可以称之为常乐。 [11]“无上大涅槃”以下八句：至高无上的大涅槃，念念圆明，既清净寂灭又智慧观照，但凡夫愚人却称之为“死亡”，外道邪见执著其为“断灭”，求取涅槃的二乘人则视之为“无作”，这些都属于迷情惑识的偏执计较，同时又是更多错误见解的最主要者。二乘：指声闻乘和缘觉乘，惠能将其归结为见闻读诵者和只求悟法解义者，他们与大乘相比的一个重要特点是强调自觉自利、无为无作，而不是强调觉他利他、有为有作。六十二见：佛教所谓外道的六十二种错误见解，它们常常被认为是远离觉悟正见的戏论邪见。 [12] 妄立虚假名，何为真实义：由于迷惑执著而妄立的种种虚假名相，皆非真实义。 [13] 惟有过量人，通达无取舍：只有那些能够突破名相、不被迷惑的人，才可能融通达到无取无舍的清净涅槃境界。过量人：非常人所能量度之人。 [14] 二边三际断：觉悟的境界没有错误的见解。二边：两种对立的边见，如有和无，这里主要表现为“断常”二见。三际：即过去、现在、未来等三个时位，也有的解释为外、内、中间三处。二边三际可谓是“六十二见”的另一种表达，泛指一切错误的见解。 [15]“劫火烧海底”以下四句：即便世界发生无比巨大的灾难，涅槃的真实相，依然是真常寂灭之乐。劫火烧海底，巨大的火将大海烧得干涸见底。风鼓山相击：鼓动的风将高山吹得相互撞击毁坏。 [16] 汝勿随言解，许汝知少分：如果你能不从言说文字上来理解，那我就许你对佛法有了一点了解。 [17] 踊跃：形容欢喜的样子。

行思禅师[1]，生吉州安城刘氏，闻曹溪法席盛化，径来参礼[2]。遂问曰：当何所务[3]，即不落阶级？

师曰：汝曾作什么来[4]？

曰：圣谛亦不为[5]。

师曰：落何阶级？

曰：圣谛尚不为[6]，何阶级之有？

师深器之，令思首众[7]。

一日，师谓曰：汝当分化一方，无令断绝[8]。

思既得法，遂回吉州青原山[9]，弘法绍化【谥弘济禅师】[10]。

修行法门有分，圆悟之境无别。虚堂禅师评唱："建化门中，不无评品；实际理地，宁有阶差。"（《续藏经》第67册，第324页上）

[注释]

[1] 行思：惠能的弟子之一，这里主要记述行思请问惠能关于如何修行的机缘故事，这在早期《坛经》中是没有的。由于行思从惠能参学之后，在当时吉州庐陵青原山靖居寺住持修行并且影响很大，所以后世多种文献常称其为青原行思、靖居思。行思禅师的影响一开始可能不如惠能其他弟子著名，如在记述惠能弟子

的禅宗早期文献《坛经》(早期版本)以及《曹溪大师别传》中并没有提及他，但是行思禅师随着门下弟子逐渐增多，特别是出现弟子石头希迁之时，青原行思一系禅宗(或称“青原系”)的影响逐渐兴盛起来。据《宋高僧传》记载，希迁当时被誉为参禅必往的两大禅师之一。在唐末至五代之间，青原系又分化出曹洞、云门、法眼等禅宗派别，其中法眼宗的永明延寿编纂过《宗镜录》而大力提倡“禅教一致”、“禅净双修”，云门宗的佛日契嵩则著有《辅教篇》大力提倡“儒佛一致”，并编订《传法正宗记》等，整理禅宗祖师传记谱系，还曾校勘《坛经》为三卷，他们的思想和行为对于《坛经》的演化均起到非常重要的影响。吉州安城：吉州为隋代所置，安城或为安福县，隋代以前为安成县，吉州安城即吉州安福县，今江西安福。另外，《祖堂集》说行思为吉州庐陵人。庐陵为秦代所置郡，隋代改为吉州，唐代则称庐陵县而属吉州，今江西吉安。　[2] 径来：径直而来，形容求道心切。　[3] 当何所务，即不落阶段：应当如何修行，才不落入有阶次的渐修法门？按照传统佛教的观点，从平凡的人到觉悟成佛，中间必须要经过各种不同的修行阶段，因此总体上都比较注重“渐修”。然而，惠能禅宗则主张依于清净本心“自性自悟，顿悟顿修，亦无渐次”，这也成为与主张“时时勤拂拭”渐修的神秀北宗禅的重要区别之一。务：即作务，泛指修行。阶级：即阶梯等级，常用于代指以修行次第见称的“渐修”。　[4] 汝曾作什么来：你以前曾经是如何修行的？　[5] 圣谛亦不为：我连圣谛也不修。圣谛：与俗谛相对，一般指佛教所认为的不可思议、不可言说的佛法真理，又称真谛、第一义谛。谛，真实不虚之理。佛教的苦集灭道四谛，也被称为“四圣谛”。《中阿含经》卷七中说：“若有无量善法，彼一切法皆四圣谛所摄，来入四圣谛中。谓四圣谛于一切法最为第一。”(《大正藏》第 1 册，第 464 页中。)

在佛教中，不仅对“圣谛”的具体内容界定不一，而且关于“圣谛”与“俗谛”的关系也有不同的看法。惠能《坛经》虽然传承佛教以俗谛为阶梯，由俗入真，去证得真谛的传统，但是认为“圣谛”本身并不应该被抽象地理解或作为迷惑执著的对象，其依然依托于众生平常的身心活动，甚至在《坛经·付嘱第十》中将圣凡作为诸多相对相生的“对法”之一来理解，认为应该超越凡圣的偏执，贯彻了般若中观思想的“若不依俗谛，不得第一义”（《中论·观四谛品》，《大正藏》第 30 册，第 33 页上），而最终超越名相，达到“一切法无所有相……世谛第一义谛无异也”（《摩诃般若波罗蜜经·道树品》，《大正藏》第 2 册，第 378 页下）的境界。　[6] 圣谛尚不为，何阶级之有：圣谛都不修，还有什么修行的阶次可落呢？　[7] 令思首众：让行思做了寺众的首座。　[8] 无令断绝：不要让佛教正法断绝失传。　[9] 青原山：在今江西吉安，山有靖居寺，是行思禅师住持弘法的地方。　[10] 谥（shì）弘济禅师：这五个字在原文中是作为正文的补充说明而出现的，但有的《坛经》版本则将其作为正文，是说行思去世后，受到朝廷授予的谥号“弘济”。谥：古人去世后被授予的名号。弘济，又作“洪济”，为唐僖（xī）宗所授。

惠能门下常喜欢以“说似一物即不中”、“如人饮水，冷暖自知”来形容禅及禅悟的内容或境界不可言说。

怀让禅师[1]，金州杜氏子也。初谒嵩山安国师[2]，安发之曹溪参扣。让至礼拜。师曰：甚处来[3]？

曰：嵩山。

师曰：什么物，恁么来[4]。

曰：说似一物即不中[5]。

师曰：还可修证否[6]。

曰：修证即不无[7]，污染即不得。

师曰：只此不污染，诸佛之所护念[8]。汝既如是，吾亦如是。西天般若多罗谶[9]，汝足下出一马驹，踏杀天下人，应在汝心[10]，不须速说【一本无西天以下二十七字】。

让豁然契会，遂执侍左右一十五载，日臻玄奥[11]，后往南岳，大阐禅宗【敕谥大慧禅师】[12]。

［注释］

[1] 怀让：惠能的弟子之一，这里主要记述怀让请问惠能关于如何修行的机缘故事，这在早期《坛经》中是没有的。据《祖堂集》《宋高僧传》等记载，怀让曾在荆州玉泉寺出家，该寺在今湖北当阳县境内，神秀禅师从弘忍处得法后曾在那里修行。怀让后来和一位禅师前往嵩山向安禅师求教，之后又往曹溪能禅师处参学，最后离开惠能前往南岳衡山观音台（今福严寺）弘法。同青原行思禅师类似，南岳怀让禅师的影响一开始也不如惠能其他弟子著名，在记述惠能弟子的禅宗早期文献《坛经》（早期版本）以及《曹溪大师别传》中都没有提及他，但是怀让禅师随着门下弟子逐渐增多，特别是出现弟子马祖道一，南岳怀让一系禅宗（或称“南岳系”）的影响逐渐兴盛起来。据《宋高僧传》卷九记载，当时马祖道一在江西，石头希迁在湖南，凡是参禅者都要前往他们那里去：“江西主大寂（马祖谥号为“大寂禅师”），湖南主石头，往来憧憧，不见二大士为无知矣。”在唐末至五代之间，南

岳系又分化出临济、沩（wéi）仰等派别，与青原系的云门、法眼和曹洞，合称五家禅。入宋以后，临济宗又分出黄龙、杨岐（qí）二派，与五家禅并称为后世广为流传的“五家七宗”。金州：唐代所置，今陕西安康。［2］谒（yè）：礼敬拜见。嵩山安国师：嵩山在今河南境内，安国师即弘忍弟子之一道安禅师，因年龄大，据说比弘忍还要年长 20 岁，故又称老安。据《大唐嵩山会善寺故大德道安禅师碑并序》，道安出生于隋开皇四年（584），去世于景龙二年（708），世寿 125 岁。安禅师在世时，如弘忍弟子神秀等一般，受到武则天等帝王显贵的敬重，也被尊为“国师”，所以这里称之为安国师。安发之曹溪参扣：安禅师启发怀让前往曹溪惠能禅师那里去参学扣问。［3］甚（shèn）：什么，属于口语。［4］恁（nèn）么：那么、那样，属于口语。［5］说似一物即不中：将其说成像任何一物，都不对。不中：不对、不可、不准确、有过失，属于口语。［6］还可修证否：还可以修行和证悟吗？修证：修行和证悟。佛教常将修行过程分为信、解、行、证四个阶段或四个要素，不过这里比较强调即信即解即行即证。［7］修证即不无，污染即不得：修证依然是有的，但杂念污染则没有。［8］诸佛之所护念：这是诸佛所共同保护、守护的。［9］“西天般若多罗谶”以下三句：印度祖师般若多罗曾预言，怀让的弟子中间将会有一位姓马的人成为禅宗的重要人物。般若多罗：指印度的般若多罗禅师，被中国禅宗奉为第二十七祖。谶：谶语，同“悬记”，意为预言。马驹：喻指马祖道一。据《宋高僧传》《祖堂集》等记载，马祖道一（709—788），俗姓马，名道一，祖籍在今四川，早年也是在四川习禅并出家，后来到南岳投至怀让的门下，最终成为怀让的重要弟子，主要在江西一带弘法传禅，造成很大的影响。其禅法以“平常心是道”著称，认为众生任运自然的生活与佛无异，将惠能即心即佛的思想向即人是佛的方向发展。值得注意的是，马祖道一和石头希迁是同时代的人，他们虽然在他们的时代以及后来非常著名，但他们是惠能之后的第二代，中间隔着法海、神会、怀让、青原等禅师，而禅宗自身又特别注重师承传授，所以惠能弟子及其再传弟子在记述祖师传记时便常常以“悬记”或“谶语”的方式予以暗示。对于石头希迁与马祖道一的推重便体现在《祖堂集》中，其说石头希迁在十来岁的时候便受到惠能赞许，后来还受到惠能的指点前去行思那里学习；至于马祖道一，则说他早在“西天二十七祖”般若多罗时便有预言了，比石头希迁还要早。 [10] 应在汝心，不须速说：“应”字在其他文献中或作“并”或作“病”，这里的意思是说关于悬记预言的事情你自己知道便可以了，不要急着说出来。一本无西天以下二十七字，现存《坛经》版本中确实存在没有这二十七字的版本，如明代末年的德清校勘的《坛经》便是如此。 [11] 日臻（zhēn）玄奥（ào）：日渐达至玄妙深奥之境。 [12] 敕谥大慧禅师：这六个字在原文中是作为正文的补充说明出现的，有的《坛经》版本则将其作为正文，是说怀让去世后受到朝廷授予的谥号是“大慧”。此六字或为“让后得马祖应西天之谶”，以作为补充说明。

永嘉玄觉禅师[1]，温州戴氏子。少习经论，精天台止观法门[2]，因看《维摩经》发明心地[3]，偶师弟子玄策相访[4]，与其剧谈[5]，出言暗合诸祖[6]。策云：仁者得法师谁[7]？

曰：我听方等经论[8]，各有师承，后于《维摩经》，悟佛心宗[9]，未有证明者[10]。

禅宗因主张用禅定概括佛教的全部修习而得名，又由于自称“传佛心印”，以觉悟所谓众生心性的本原佛性为主旨，故又称“佛心宗”，或“心宗”。

策云：威音王已前即得[11]，威音王已后，无师自悟，尽是天然外道。

曰：愿仁者为我证据[12]。

策云：我言轻[13]，曹溪有六祖大师，四方云集，并是受法者。若去，则与偕行。

觉遂同策来参，绕师三匝[14]，振锡而立[15]。

师曰：夫沙门者，具三千威仪[16]，八万细行，大德自何方而来，生大我慢。

觉曰：生死事大[17]，无常迅速。

师曰：何不体取无生[18]，了无速乎。

曰：体即无生[19]，了本无速。

师曰：如是如是[20]。

玄觉方具威仪礼拜[21]，须臾告辞[22]。

师曰：返太速乎？

曰：本自非动[23]，岂有速耶？

师曰：谁知非动？

曰：仁者自生分别[24]。

套用了惠能语：不是风动，不是幡动，仁者心动。

师曰：汝甚得无生之意[25]。

曰：无生岂有意耶[26]？

师曰：无意谁当分别[27]？

曰：分别亦非意[28]。

师曰：善哉，少留一宿[29]。

时谓一宿觉。后著《证道歌》，盛行于世【谥曰无相大师[30]，时称为真觉焉】。

［注释］

[1] 永嘉玄觉：永嘉即永嘉县，隋代所置，属于温州，今浙江永嘉。玄觉为惠能的弟子之一，这里主要记述玄觉请问惠能关于生死疑惑的机缘故事，这在早期《坛经》中是没有的。　[2] 精天台止观法门：精通天台宗的止观法门。天台即天台宗，因其传法的主要场所在今浙江天台山而得名，又因其特别注重《法华经》而又称法华宗，其创始人为智𫖮，被称为智者大师。天台宗正式提出止观并重、定慧双修，并把它作为最高的修行原则。止：即禅定，使精神专注。观：即智慧，在止的基础上观想特定的对象而获得佛教的智慧或功德。智者大师关于止观的修习法门是天台宗的核心内容之一，玄觉早年在浙江永嘉出家修行的禅法即依之为内容。　[3] 发明心地：逐渐懂得向自我心地寻求觉悟的道理。　[4] 偶师弟子玄策相访：偶遇惠能禅师的弟子玄策前来拜访。玄策，惠能的弟子之一，《曹溪大师别传》称为“大荣”，《祖堂集》称他为“智荣”、“神策”，《宋高僧传》称他为“东阳策”，《唐湖州佛川寺故大师塔铭并序》称其为“方岩策”，他是婺（wù）州（今浙江金华）人，东阳、方岩均在婺州境内。玄策曾长期在惠能身边，后来游方各地传播弘扬惠能禅，相传是他将玄觉与智隍两位禅师引导到惠能门下参禅学习的。玄策除了对惠能禅宗的传播具有重要作用之外，因为他在江浙地区传禅，而

江浙地区又盛行天台宗止观双运的禅修，所以他对于天台宗的发展也具有一定影响，除了《坛经》记载他使得“精天台止观法门”的玄觉有进一步的提高之外，《天台九祖传》也记载他曾是天台九祖湛然早年的禅修师父（《大正藏》第51册，第103页上）。 [5]剧谈：尽情地畅谈。 [6]出言暗合诸祖：玄觉的言论与诸祖所说隐隐相合。 [7]仁者：指玄觉。师谁：师从于谁或师父是谁。 [8]方等经论：一般泛指大乘佛教经典。 [9]悟佛心宗：如前面的“发明心地”，这里特指通过学习佛教经典而达到对心性的觉悟，因此，“心宗”常常作为禅宗的又一名称，而与推重佛教经典的“教宗”形成对照。 [10]未有证明者：还没有得到印证。 [11]威音王：佛教传说威音王之前没有佛，第一位佛即威音王佛。禅宗依此故事，称“威音王已前”说无师自悟是可以的，而“威音王已后”则须师徒之间以心传心，因此禅宗特别重视师承印证，这里称若“无师自悟，尽是天然外道”。 [12]证据：做印证。 [13]我言轻：我人微言轻，在谦虚中蕴含着对惠能禅师的尊重。 [14]绕师三匝（zā）：围着惠能禅师绕行三周以表示尊敬。绕即旋绕，又称行道，表示尊重归敬。三匝，匝指绕一周，三匝即三周，是佛教表示尊敬的一种方式。 [15]振锡而立：将手中的锡杖振动了一下便站立在旁边。锡，即锡杖，一般由锡头、铜套和拄杖三部分构成，具有驱除障碍、协助脚力等用途。 [16]具三千威仪，八万细行：佛教术语，概指佛教礼仪之多。三千指过去、现在、未来各一千；一千含行、住、坐、卧各二百五十条威仪，故合起来共一千威仪。威仪：威德仪则。八万细行：指八万四千个要注意的细微之处。细行，戒律之外对行为的各种细微的仪则规定。按照佛教行为规范，玄觉初次见到惠能的举动有失礼貌，所以惠能称他“生大我慢”。 [17]生死事大，无常迅速：生死是人生最大的事情，生命终结或许就在刹那间。

然而短暂的生命又有即心成佛的可能性，因为希望早日获得觉悟，所以没有注意行为举止的小节。 [18] 何不体取无生，了无速乎：为什么不从生死中体证无生无死、从无常中了悟无所谓迅速不迅速呢？ [19] 体即无生，了本无速：体证生死即无生无死，了悟无常即无所谓迅速不迅速，并非离生死无常之外另有无生无死、无速无不速可以去体证了悟。 [20] 如是如是：是这样是这样，表示认同。 [21] 玄觉方具威仪礼拜：玄觉这才按照佛教威仪礼拜惠能。 [22] 须臾（yú）：极短的时间，一会儿。 [23] 本自非动，岂有速耶：本来就没有动与不动，哪有什么速与不速。 [24] 仁者自生分别：是您自心生起的分别。 [25] 汝甚得无生之意：你已深悟无生无死之意。 [26] 无生岂有意耶：无生无死还有什么有意无意吗。 [27] 无意谁当分别：若无意，谁来分别呢？ [28] 分别亦非意：分别也非有意无意。 [29] 少留一宿：小住一晚。 [30] 谥曰无相大师，时称为真觉焉：这十二个字在原文中是作为正文的补充说明而出现的，有的《坛经》版本则将其作为正文，是说玄觉去世后受到朝廷授予的谥号是“无相”，当时人还称呼他为“真觉”。

禅者智隍[1]，初参五祖，自谓已得正受，庵居长坐，积二十年。师弟子玄策，游方至河朔[2]，闻隍之名，造庵[3]。问云：汝在此作什么。

隍曰：入定[4]。

策云[5]：汝云入定，为有心入耶？无心入耶？若无心入者，一切无情草木瓦石，应合得定；

若有心入者，一切有情含识之流，亦应得定。

隍曰：我正入定时，不见有有无之心。

策云：不见有有无之心，即是常定，何有出入？若有出入，即非大定。

隍无对[6]。良久，问曰：师嗣谁耶[7]。

策云：我师曹溪六祖。

隍云：六祖以何为禅定？

策云：我师所说，妙湛圆寂[8]，体用如如；五阴本空，六尘非有；不出不入，不定不乱；禅性无住，离住禅寂；禅性无生，离生禅想；心如虚空，亦无虚空之量。

隍闻是说，径来谒师。师问云：仁者何来？

隍具述前缘[9]。

师云：诚如所言，汝但心如虚空[10]，不著空见，应用无碍，动静无心，凡圣情忘，能所俱泯，性相如如，无不定时也【一本无汝但以下三十五字[11]，止云“师悯其远来、遂垂开决”】。

隍于是大悟，二十年所得心[12]，都无影响。其夜，河北士庶闻空中有声云“隍禅师今日得道”。隍后礼辞，复归河北，开化四众。

禅定在于自心不起妄念执著，而不在于坐卧的形式，如果于行住坐卧之中能念念无著，那就等于时时入定。如此就可把禅定与日常生活结合在一起，禅与生活便可融而为一。

《永嘉证道歌》云：“行亦禅，坐亦禅，语默动静体安然。”

二十年打坐未获开悟，经惠能开示，当下大悟。

［注释］

[1] 智隍：如同惠顺一样，先是弘忍弟子，后来受到惠能影响而成为惠能弟子之一，这里记载的智隍在修禅方面与惠能的机缘故事，在早期《坛经》中是没有的，在《曹溪大师别传》《祖堂集》等文献中虽有记载，但具体细节又有不同，而且总体倾向也存在差异。宋代禅史文献《景德传灯录》《传法正宗记》称其为“河北智隍”，说他在惠能那里觉悟后传禅弘法于黄河以北的地区。正受：是禅定的又一名称，定心而离邪乱为定，无念无想而纳法在心为受，是想心都息，缘虑并亡，与三昧相应的禅定。庵居长坐：庵一般指远离闹市的清净庙庵，庵居长坐是说禅者智隍的修禅方式是比较传统的深居庵宅，长时坐禅。在《坛经》中，弘忍禅师特别要求弟子们思考“生死事大”的问题，惠能则提出“行住坐卧但行真心”的禅行，因此这里将智隍禅修的特点描述为“长坐”，实际上带有批评的意味。 [2] 河朔：河即黄河，朔即北方，古代常依此代指黄河以北的地区。 [3] 造庵：造访庵宅。 [4] 入定：与“出定”相对，是佛教修禅的传统用语，体现着传统禅修的形式特征，即将禅修与一般的日常修行相区别，常常需要先静坐收心，然后渐渐使得心境平静精神专一乃至达到各种“入定”的境界，而“出定”则是脱离这种境界，返回到平常的境界。与传统禅修相比，惠能禅宗比较强调人们也可以在日常生活中直接达到禅的境界，甚至认为过分强调禅有“出入”之分是有失偏颇的。 [5]“策云”至“即非大定”：有心，与“无心”相对，这里主要是想从“心”的角度对智隍所理解的禅定方式加以反思。然而，如果基于“有心”和“无心”的绝对相对而不相成的一面，即所谓“断见”，那么便会得到玄策所提出的推理，所谓无心则草木得定、情识人不得定，有心则情识人均已得定，如此均无法说明智隍的“入定”。不见有有无之心：在禅定中并没有观见到“有无之心”。这种“百

无所思”的境界，不仅有失定而常照的一面，而且过分强调身心不动，因此也常常受到惠能禅宗的批评，玄策说这种禅定是“常定”，落入“常见”。若有出入，即非大定：有出有入，出入两分，这种执著于出入的形式以及特有的内容界定，便不是真正觉悟的禅定。大定，如《坛经》中所说的“大般若”、“大涅槃”等一般，指真正觉悟的境界。 [6] 无对：无言以对，没有继续应答。 [7] 师嗣（sì）谁耶：师承的是谁啊？嗣：继承、接续。 [8]“妙湛圆寂”至“亦无虚空之量”：《曹溪大师别传》记载玄策说：“大师教荣（即玄策），不定不乱、不坐不禅是如来禅。”并接着说隍禅师言下便悟，而且说出了对于禅的感悟，所谓“五蕴非有，六尘体空，非寂非照，离有离空，中间不住，无作无功，应用自在，佛性圆通”。在《宗镜录》中，则出现了如《坛经》这里一样的内容，思想脉络上则采取先立后破的途径，可以大致分出三个层次。其中，“妙湛圆寂，体用如如”是总的观点，是说禅的境界是一种身心自在圆融通流的觉悟境界；“五阴本空，六尘非有”，这主要是从世间一般人的角度，指出对于五蕴和合而成的“人我”以及外境六尘和合的“我所”的过分执著，在禅的境界中是被破除的，五阴即色、受、想、行、识等五蕴，六尘即色、声、香、味、触、法等人们认识的对象；“不出不入”等内容则主要是从一般修禅者的角度，指出在“出入”、“定乱”等所蕴含的绝对对立以及“住禅寂”、“生禅想”、“心如虚空”等所蕴含的绝对目标，在禅的境界中也是一种偏执。值得注意的是，“禅性无住”四句，提出了“禅性”的说法，意思是真正的禅定，主要针对“禅者”智隍强调的“长”坐和“入”定，重点指出“禅”的“无住”，不可执“住”于寂静不动，而“禅”的“无生”则表明真正的禅者于一切时、一切处都行于真心，超越生死苦海，不落妄想颠倒之世俗人生。 [9] 前缘：之前遇见玄策的情况。 [10]“汝但心如虚空”至“无不定时也”：你只要自心清净如虚空，又不执著于空见，应缘发用通达无碍，在“动静”、“凡圣”、“能所”中消除偏执，从而达到性相一如，就没有不是禅定的时候了。 [11]三十五字：即“汝但心如虚空、不著空见、应用无碍、动静无心、凡圣情忘、能所俱泯、性相如如，无不定时也”，现存明末憨山德清校勘的《坛经》版本仍保留着无此段文字的形式。 [12]所得心：与“无所得心”相对，即心有所得的那些成见，它们常常成为禅者停滞不前的障碍。

一僧问师云[1]：黄梅意旨[2]，甚么人得？

师云：会佛法人得[3]。

僧云：和尚还得否[4]？

师云：我不会佛法[5]。

根据般若无所得的思想，“无所得，得无所得者，谓之得菩提也”。（净觉《楞伽师资记》）

［注释］

[1]一僧：不详何许人，但因机缘问答的内容常被后世参究而闻名。 [2]黄梅意旨，甚么人得：黄梅五祖弘忍大师的佛法意旨，是什么人得到了？这句话如同“如何是达摩祖师西来意”，成为宋代以后禅宗师徒间参禅问道经常提起的话题，在一问一答中能观见禅师思想的交锋和转升，因此也常常体现出即破即立、即立即破的特点。同时，从“佛法大意”、“达摩意”到“黄梅意”的话题演变，不仅可以看到禅宗以心传心、不著文字的特点，而且也可以观察到禅宗不断突破成见、契理契机的精神。另外，明末憨山德清校勘本《坛经》将惠能与弟子神会的机缘故事提前至智隍之后、此僧之前，以此作为对神会传播南宗所

起作用的认可和提升。[3] 会佛法人得：是“真正领会佛法的人”得到了。[4] 和尚还得否：请问和尚您得到还是没有得到？禅宗机缘故事特别强调在一问一答间能体现自心的觉悟，而这一句则倾向于表现此僧人不仅不从自己身心去领会，反而向他人追问，并有将得与不得作实体化理解的意味。[5] 我不会佛法：存在“吾我”的偏执便没有领会真正的佛法。按照一般的看法，当僧人问及作为六祖的惠能是否得到五祖弘忍的意旨，惠能很可能会回答“得”，但是在禅宗看来这正好会落入“得、不得”所营造的“有所得心”的陷阱。因此，“我不会佛法”一句便具有破除“有所得心”的意义；如果将“会佛法人得”与此同观，更见“会不会”如同“得不得”一般，亦不应平心起执见，发人以深思。另外，“我不会佛法”，有版本作“我不得。僧云：和尚为什么不得？师云：我不会佛法。”从而明确以“不会佛法”来解释“不得”。

师一日欲濯所授之衣[1]，而无美泉，因至寺后五里许，见山林郁茂，瑞气盘旋，师振锡卓地，泉应手而出，积以为池，乃跪膝浣衣石上。忽有一僧来礼拜[2]，云：方辩是西蜀人，昨于南天竺国，见达磨大师嘱方辩“速往唐土，吾传大迦叶正法眼藏及僧伽梨，见传六代于韶州曹溪，汝去瞻礼”。方辩远来，愿见我师传来衣钵[3]。

师乃出示，次问：上人攻何事业[4]？

曰：善塑[5]。

师正色曰[6]：汝试塑看[7]。

辩罔措[8]。过数日，塑就真相[9]，可高七寸，曲尽其妙。师笑曰：汝只解塑性[10]，不解佛性。

师舒手摩方辩顶[11]，曰：永为人天福田。

【师仍以衣酬之[12]。辩取衣，分为三：一披塑像，一自留，一用椶裹瘗地中。誓曰：后得此衣，乃吾出世，住持于此，重建殿宇。宋嘉祐八年，有僧惟先修殿掘地得衣如新，像在高泉寺，祈祷辄应。】

［注释］

[1]“师一日欲濯所授之衣”至“乃跪膝浣衣石上”：濯（zhuó）：洗。郁茂：形容草木繁盛。瑞气盘旋：指祥瑞之气缭绕宜人。泉应手而出，积以为池：此泉后人称为卓锡泉。浣（huàn）：洗。[2]“忽有一僧来礼拜”至“汝去瞻礼”：方辩，惠能的弟子之一，这里记载的方辩与惠能的机缘故事，有些内容颇具神话色彩，在早期《坛经》中是没有的。西蜀：具体位置不详，蜀古称蜀国，秦时置蜀郡，在中国西南，处广东省西，今四川成都地区。“昨于南天竺国，见达磨大师嘱方辩”：过去的某个时候，曾在南天竺国见到达磨大师嘱咐方辩。从上下文看，这里的“昨”可以泛指过去，或理解为“昨梦”似乎更合乎常情，因为他本人在唐代蜀地，达磨大师是梁武帝时期的祖师，嘱咐的内容中又提到了“唐土”。大迦叶（jiā shè）：释迦牟尼佛的著名弟子之一，被禅宗尊为西天第一代祖师。正法眼藏及僧伽梨，正法眼藏，出自

《涅槃经》“所有无上正法悉以付嘱摩诃迦叶”之说，本义是包含佛教教义与实践的三藏经典，禅宗则多借以指称祖祖相传的心法；僧伽梨为梵文 Saṁghāti 的音译，本义指僧人所穿的三衣之一，用九条布乃至十五条布缝制而成，也称“九条”或“九品大衣”，经常在出入王宫村落乞食或说法时穿用。这里特指在禅宗祖师之间代代相传的信衣，象征心法所在，所以《坛经》中又称“法衣”。六代：即中土六代祖师。 [3] 衣钵：主要指传法信衣，这里“钵”字或因为后期《坛经》在叙述五祖弘忍传法惠能时增入了“钵”的缘故。 [4] 上人攻何事业：您平时擅长的事业是什么。“忽有一僧来礼拜，云：方辩是西蜀人，昨于南天竺国，见达磨大师嘱方辩‘速往唐土，吾传大迦叶正法眼藏及僧伽梨，见传六代于韶州曹溪，汝去瞻礼’。方辩远来，愿见我师传来衣钵。师乃出示，次问”，明末憨山德清校勘本《坛经》简作“有蜀僧方辩谒师，师曰”，《景德传灯录》和《五灯会元》亦如此简要。 [5] 善塑：《景德传灯录》和《五灯会元》均作“善捏塑”，是说擅长捏塑形象。 [6] 正色：严肃认真的样子。 [7] 汝试塑看：你试着捏塑给我看看。 [8] 辩罔措：方辩听到惠能让他捏塑而又没有指定具体捏塑的对象，感觉到茫然无措。《景德传灯录》和《五灯会元》则说“方辩不领旨”，认为方辩没有领会对答所要传心的要旨，从而退而求其次，以捏塑惠能形像拿给惠能看。 [9]“塑就真相”以下三句：《宋高僧传》在惠能传记中提及这位蜀僧方辩时，提到他“塑小样真，肖同畴昔”，说方辩所塑的惠能像虽然小，但是惟妙惟肖，非常逼真。寸是古代常用的比较小的长度计量单位。 [10] 汝只解塑性，不解佛性：大意是说你只是善于通过捏塑这门手艺对于外在事物的特点进行把握，还未达到对自心佛性的领悟。只解塑性，或作“善塑性”。 [11]“师舒手摩方辩顶”以下三句：或作“即为摩顶授记：永与人天为福田”，是说惠能大师期望方辩以后能够自觉觉他、利益众生。一般而言，佛教中常以手摩顶授记的方式表征佛对于人们的认可和期待，这里也反映了方辩作为惠能弟子地位的确立。 [12]“师仍以衣酬之”至“祈祷辄应”：为补充说明，此七十字或将首字“师”去掉而入正文，或无此七十字。棕（zōng），棕榈（lǘ），常绿乔木，茎直，无枝，叶大；棕榈叶的纤维结实牢固，结集制物可以防止物品腐烂。裹（guǒ）瘗（yì）：缠绕掩埋。宋嘉祐八年：嘉祐是宋仁宗（1022—1063）赵祯的最后一个年号，从1056年至1063年，八年即1063年。惟先，事迹不详。高泉寺，不详。辄（zhé）应：总是会实现。

有僧举卧轮禅师偈曰[1]：

卧轮有伎俩，能断百思想，
对境心不起，菩提日日长。

师闻之曰：此偈未明心地，若依而行之，是加系缚[2]。因示一偈曰：

惠能没伎俩，不断百思想，
对境心数起，菩提作么长[3]。

《坛经讯释》：能断百思想者，卧轮之断灭也。不断百思想者，六祖之寂灭也。

［注释］

[1] 卧轮禅师：事迹不详。据《宗镜录》记载：“卧轮禅师云：详其心性，湛若虚空，本来不生，是亦不灭，何须收捺；但觉心起，即须向内反照心原，无有根本，即无生处；无生处故，心即寂静，无相无为。”收捺（nà）：即有意地控制。这里所记的卧轮禅师虽然不能确定即是《坛经》所举，但二者思想倾向上有相

似之处，即比较注重心的“寂静”方面，而且《坛经》中所举卧轮禅师在这方面更甚，从而与惠能禅宗比较注重心的“起用”方面形成对照。伎俩（jì liǎng）：技巧本领。能断百思想：如《坛经》中所反对的“无记空”、“百无所思”的境界，心性本净，不待断而断，所以这里透露了卧轮禅师心存“断见”。与“能断百思想”相续，“对境心不起”则以心如木石般恒常不动，按捺心体起用为善，所以这里透露了卧轮禅师又心存“常见”。菩提日日长：如果按照上面所说的修行，便能使得觉悟的智慧持续地长存或增长，这里主要反映的是卧轮禅师对于觉悟境界的理解。佛教认为，如果修行存在问题而又声称达到觉悟的境界，不得谓得，是为“增上慢”。 [2] 是加系缚：犹如增加束缚。 [3] 菩提作么长：与“菩提日日长”相对，体现惠能禅宗并不将觉悟境界作为偏执的对象。

[点评]

从这一篇开始，《坛经》记载的主要是惠能与其弟子之间的机缘故事，这些弟子一般在惠能禅宗发展的历史中具有非常重要的意义，而且他们与惠能之间的问答内容也常常被视为相关主题的经典案例。比较而言，《坛经·机缘第七》这一篇主要记载的是一些比较传统的“南宗弟子”，他们区别于来自“神秀北宗”或“北方朝廷”的弟子。较为晚出的通行本《坛经》编辑者做这样的安排，合乎佛教大乘自觉觉他、自利利他的精神，也反映着惠能禅宗的影响有着自内而外的进度。

单就这一篇而言，由于涉及的弟子中既有曾经编辑《坛经》的韶州法海，又有对《涅槃经》《法华经》《楞伽经》等佛教经典要义有所领会的无尽藏、智道、法达、智通等，还有对后世禅宗派系的产生以及壮大影响深远的南岳怀让、青原行思以及江浙玄策、玄觉甚至河北智隍、西蜀方辩等人的记载，从而不仅勾勒出了惠能南宗起源于韶州、传播于四方的图景，而且加深了人们对于惠能南宗圆融精神的理解。

在这一篇中，惠能南宗的圆融精神主要体现在以禅摄教和南宗禅派和谐两个方面。

就以禅摄教而言，它既有别于以《楞伽经》印证的传统做法，也区别于过于强调“教外别传”从而忽视经教的所作所为，在之前援引《金刚经》《涅槃经》《维摩经》《菩萨戒经》之外，又特别按照惠能禅宗的思想和理论对《涅槃经》《法华经》《楞伽经》等在中国佛教特别是禅宗发展历史中影响巨大的经典进行了一定的诠释，体现了惠能禅宗在禅教关系上“不立文字”的主张中蕴含着“不离文字”的智慧。

就南宗禅派和谐而言，《坛经》既主张南宗禅派之间确实存在一些禅风上的差异，后期《坛经》甚至多数都明言“马驹踏杀天下人”以表征南岳系马祖派影响卓著，同时又更加强调这些差异都是有缘由的，不应过于执著宗风上的特点，而应以自心觉悟为宗旨本怀。《坛经》这种禅派和谐的思想虽然可说导源于惠能对于南北二宗见性的理解，但是将这种思想运用于南宗自身分化后的融合则更多地体现在后期《坛经》之中，因此元代僧人德异说：“一门深入，五派同源，历遍炉锤，规模广大，原其五家纲要，尽出《坛经》。”（《六祖大师法宝坛经序》，见郭朋《坛经校释》附录，中华书局 1983 年版。）

顿渐第八[1]

惠能云："此宗本无诤，诤即失道意。"（《坛经·付嘱第十》）

时祖师居曹溪宝林，神秀大师在荆南玉泉寺[2]，于时两宗盛化，人皆称南能北秀，故有南北二宗顿渐之分[3]，而学者莫知宗趣。师谓众曰：法本一宗，人有南北；法即一种，见有迟疾。何名顿渐？法无顿渐，人有利钝，故名顿渐。

然秀之徒众，往往讥南宗祖师不识一字[4]，有何所长？秀曰：他得无师之智[5]，深悟上乘[6]，吾不如也。且吾师五祖亲传衣法，岂徒然哉。吾恨不能远去亲近[7]，虚受国恩[8]。汝等诸人毋滞于此，可往曹溪参决。

[注释]

[1] 顿渐第八：或作“南顿北渐第七”、“顿渐品第八”，早期版本尚未将之与上一篇相分，故而称为“南北二宗见性门”。这里主要记载的是惠能与志诚、行昌、神会的机缘故事，他们的一个共同特点是早年都为北宗弟子，因此本篇反映了南北二宗对立统一的复杂关系和走向融合的历史倾向。另外，惠能禅学虽然认为智慧本有，但也特别强调觉悟有快慢，所以从师徒机缘契会的角度来看，这里特别以“顿渐”作篇名并不只是为了突出顿优越于渐，同时也蕴含着“禅开顿渐二门”对于北宗的融摄，从而也流露出惠能禅宗以人的觉悟为根本而不断自我更新的精神气质。惠能禅宗能够不执著于宗门之见，而是根据学人的不同特点采取不同的方法以启发人们实现自心觉悟，这不仅使得禅宗自身能够做到兼容并蓄已有的成果精华，而且也非常符合在“因材施教”教育传统影响下的大众的要求。 [2] 荆（jīng）南玉泉寺：或作“南荆府当阳县玉泉寺”、“荆南府玉泉寺”，唐代属于荆州，即今湖北当阳玉泉寺。玉泉寺：又名谷山寺，俗称佛爷寺，相传东汉建安年间，僧人普净结庐于此。南朝后梁时，梁宣帝敕玉泉为“覆船山寺”。隋开皇十二年（592 年），智者大师奉诏建寺，隋文帝赐额“玉泉寺”。唐初，玉泉寺与浙江国清寺、山东灵岩寺、江苏栖霞寺并称“天下四绝”。神秀禅师从弘忍禅师学法后曾一度在玉泉寺住持修行，所以玉泉寺后来成为禅宗北宗的重要道场之一。由于玉泉寺先后为天台宗、禅宗的道场，因此人们常常能够发现禅宗行仪在多方面受到天台宗的影响。 [3] 故有南北二宗顿渐之分，而学者莫知宗趣：因此社会上流传着禅有南北、顿渐之分，而习禅者常常执著于这些分别，从而不能领会其中蕴含的根本宗旨和共同道理。一般认为，先有南能北秀的事实，后有南能北秀的提法。从现存文献资料来看，北宗形成得比较早，南宗

多以批评北宗为特点，所以形成得比较晚；在这个过程中，惠能弟子神会曾一度前往北宗活动的中心地带，宣称北宗“师承是傍，法门是渐”，倡导南宗“师承是正，法门是顿”，从而为突出南宗的特点、扩大南宗的影响起到了重要的作用；同时，由于神会夸大了南北二宗的差异，所以南北徒众易于形成对立紧张的局面，甚至出现了“顿渐门下，相见如仇雠；南北宗中，相敌如楚汉”（宗密：《禅源诸诠集都序》）的情形，从而不利于南北二宗的和谐统一。《坛经》在《定慧第四》《顿渐第八》诸篇中多次强调惠能提出的“法本一宗”、“法无顿渐”等观点，不仅是平息一度盛行的顿渐之争的历史经验，而且是化解南宗内部的派系之争的现实指导。　[4] 讥：讥笑、挖苦。不识一字：主要是指惠能自己不能阅读、书写文字。　[5] 无师之智：无师独悟之智，即无师智，又称自然智，指本自觉悟的智慧。　[6] 上乘：即最上乘、大乘、佛乘，指觉悟的境界。　[7] 亲近：指当面与惠能交流请教。　[8] 虚受国恩：是表现神秀禅师自谦自责的话，意思是说自己未如惠能一样觉悟，却又深受国家提供的优厚待遇，身心感到非常惭愧。另外，多种史料记载，神秀禅师曾向唐朝内廷推荐诏请惠能前往住持讲法，这些记载反映了人们对于南北二宗祖师品行的认可和尊重，而将南北二宗的分化争端多归之于不明事理的门徒。不过，自“然秀之徒众”至“可往曹溪参决”一段，或作“秀师常见人说惠能法疾，直指见路”，或作“秀闻能说法径疾，直指见性”，虽说同样起到令使志诚前往曹溪的过渡作用，但言辞缺乏祖师间的深度认可，所以后来被废弃不用。国恩：即国土国王恩，与父母恩、众生恩、三宝恩共同构成佛教常说的“四恩”，体现着佛教知恩报恩的思想。

一日，命门人志诚曰[1]：汝聪明多智，可为吾到曹溪听法；若有所闻，尽心记取，还为吾说[2]。

志诚禀命，至曹溪[3]，随众参请，不言来处。时祖师告众曰：今有盗法之人潜在此会[4]。

志诚即出礼拜，具陈其事[5]。师曰：汝从玉泉来，应是细作[6]。

对曰：不是。

师曰：何得不是。

对曰：未说即是[7]，说了不是。

师曰：汝师若为示众[8]。

对曰：常指诲大众“住心观静，长坐不卧”[9]。

师曰：住心观静，是病非禅，长坐拘身，于理何益。听吾偈曰：

生来坐不卧[10]，死去卧不坐，
一具臭骨头，何为立功课。

惠能主张“于念念中，自见本性清净”，如此修行，才得见性成佛。

志诚再拜，曰：弟子在秀大师处，学道九年，不得契悟，今闻和尚一说，便契本心[11]。弟子生死事大，和尚大慈，更为教示。

师云：吾闻汝师教示学人戒定慧法，未审汝师说戒定慧行相如何[12]？与吾说看。

诚曰：秀大师说“诸恶莫作名为戒，诸善

据《祖堂集》记载，白居易曾问某禅师云："一日十二时中，如何修行便得与道相应？"禅师云："诸恶莫作，诸善奉行。"白居易感到这一回答太平淡，说："三岁孩儿也解道得。"禅师曰："三岁孩儿也解道得，百岁老人略行不得。"口说知之而不能行之，如同不知。

奉行名为慧，自净其意名为定"[13]。彼说如此，未审和尚以何法诲人[14]？

师曰：吾若言有法与人，即为诳汝，但且随方解缚，假名三昧。如汝师所说戒定慧，实不可思议。吾所见戒定慧，又别。

志诚曰：戒定慧只合一种，如何更别？

师曰：汝师戒定慧接大乘人[15]，吾戒定慧接最上乘人[16]；悟解不同，见有迟疾。汝听吾说，与彼同否？吾所说法，不离自性，离体说法[17]，名为相说，自性常迷；须知一切万法，皆从自性起用，是真戒定慧法。听吾偈曰：

心地无非自性戒，
心地无痴自性慧，
心地无乱自性定，
不增不减自金刚[18]，
身去身来本三昧。

诚闻偈，悔谢。乃呈一偈曰：

五蕴幻身[19]，幻何究竟。
回趣真如[20]，法还不净。

师然之。复语诚曰：汝师戒定慧，劝小根智

人，吾戒定慧，劝大根智人。若悟自性，亦不立菩提涅槃[21]，亦不立解脱知见，无一法可得[22]，方能建立万法。若解此意，亦名佛身，亦名菩提涅槃，亦名解脱知见。见性之人，立亦得，不立亦得，去来自由，无滞无碍，应用随作，应语随答，普见化身，不离自性，即得自在神通[23]，游戏三昧，是名见性。

志诚再启师曰：如何是不立义？

师曰：自性无非无痴无乱，念念般若观照，常离法相[24]，自由自在，纵横尽得，有何可立？自性自悟[25]，顿悟顿修，亦无渐次，所以不立一切法；诸法寂灭[26]，有何次第？

志诚礼拜，愿为执侍，朝夕不懈【诚吉州太和人也】。

禅宗的解脱理想融入了老庄精神。“于六尘中不离不染，来去自由，即是般若三昧，自在解脱。”（敦煌本《坛经》第31节）

［注释］

[1] 志诚：吉州太和人，即今江西泰和人。他智慧敏锐，初为神秀弟子，后来转为惠能弟子，正是凭借他与惠能的问答，后人了解到神秀北宗徒众的禅修概况。　[2] 还为吾说：或作“却来与吾说，看惠能见解与吾谁疾迟，汝第一早来，勿令吾怪”，或作“却来与说，吾看彼所见，谁迟谁疾，火急早来，勿令吾怪”，联系上文被替换的段落，则更容易理解后文何以称呼志诚为“细

作”。 [3] 至曹溪：即至曹溪山，早期《坛经》版本还提到所用的时间，作“半月中间”、“二十五日”或“五十余日”等，以表示志诚求道至切。或是由于后期版本已经指出惠能从黄梅至大庾岭尚需“两月中间”，所以在这里便把所用的具体时间给略去了。 [4] 会：即集会。 [5] 具陈其事：详细地陈述神秀叮嘱志诚前来听法的事情。与这里的志诚被先发现、后交代的情节不同，早期版本的《坛经》记载志诚是因为自己听法有所感悟而主动交代实情并向惠能请教的。 [6] 细作：间谍、奸细，意指志诚是来偷听盗取惠能说法的人。 [7] 未说即是，说了不是：如果依然潜藏起来便是间谍细作，而已经主动公开说明并决心改过从善便不再是间谍细作了，是否细作的关键在于自身的所作所为。早期版本紧跟着进一步说“六祖言：烦恼即是菩提，亦复如是”，或作“师曰：烦恼菩提，亦复如是”，强调对于佛教的核心观念也应当系之于自己的身心去理解。 [8] 汝师若为示众：你的老师神秀是如何教导徒众的？ [9] 住心观静，长坐不卧：住心观静或作“住心观净”，主要是指心性上的修行，长坐不卧主要是指身体上的修行，这是比较传统的禅修方式。惠能南宗认为，道须流通，念心不住，住心是缚；心性本净，看净是病，但行真心，不拘于坐卧，所以认为志诚所传的修行方式有失偏颇。 [10]“生来坐不卧”以下四句：活着的时候执著于长坐不卧这种修行方式，而生命终结的时候却是俨然长卧不坐的样子，变化无常的色身虽然是自心的寓所并体现着自心的变化，但人们的觉悟关键在于自心而不是色身，因此不应该过于偏执于色身修行的形式上，不应该将长坐不卧作为修行的核心内容。“一具臭骨头，何为立功课”或作“元是臭骨头，何为立功过”。臭骨头：代指肉身。 [11] 便契本心：或作“便启本心”，或作“忽然悟解，便契本心”。结合下文志诚继续向惠能请益释疑的内容来看，这里的“契本心”，应是契合本心、有所了悟，主要是说不再偏执于向心外求解学禅，似尚未达到通达正行的证悟境界；与此同时，也能发现惠能南宗所谓的觉悟与一般的契悟或悟解还是具有一定的层次之别。 [12] 说戒定慧行相：解说戒定慧的修习形式和内容。行相：行即修行，相为相状，意谓如何修行，即修行的形式和内容。 [13] 诸恶莫作名为戒，诸善奉行名为慧，自净其意名为定：其中“诸恶莫作，诸善奉行，自净其意”出自《增一阿含》等经，常被视为是佛教的总纲。禅宗将这种富含大乘利益众生的说法与佛教总纲的另一成语“戒定慧”三学相匹配，体现了中国佛教勇于会通创新的精神气质。 [14] 未审和尚以何法诲人：或作“不知和尚所见如何”、“未审和尚所见如何，愿为解说”，因而也就没有后文关于“有法与人”的细说。 [15] 汝师戒定慧接大乘人：你师父所传授的戒定慧是接引大乘人的。因为其中关于“诸善奉行名为慧”具有自利利他、利益众生的大乘意涵，所以这里将其说为是接引大乘人的。 [16] 最上乘人：大乘相对于小乘，仍存差别之见，最上乘则以超越二见、通达无碍为特点，能够接受这种教义的人称为最上乘人。比较而言，禅宗常将大乘人的觉悟称为渐顿，而将最上乘人的觉悟称为圆顿。 [17]“离体说法”以下三句：如果离开自性本体而言说诸法的内涵，那么这些言说不过只是表相之说，不但没有真实的意义，反而是自性常迷的表现。相说：指脱离自性的名言。 [18] 不增不减自金刚，身来身去本三昧：这里说的是，自性本来具足，不增不减，犹如金刚不坏；虽然身体有来有去，但行住坐卧，来去自由，无不本自禅定。金刚三昧又称金刚定，为能通达一切诸法之三昧，因其坚固能断破一切烦恼，犹如金刚坚固能摧破他物而得名。 [19] 五蕴幻身，幻何究竟：如同“一具臭骨头，何为立功课”，强调的是不应脱离自心而偏执于肉身的修行，反省的是“长坐不卧”。 [20] 回趣真如，法还不净：

如同“不增不减自金刚，身去身来本三昧”，强调的是即便以修自本心为原则，也不应强立“净”等名相致使真心受到拘束，反省的是“住心观净（静）”。 [21] 不立：主要是基于自性本空的义理而具有不偏执法相的意思。 [22] 无一法可得，方能建立万法：认识到万法性空，皆是虚妄，无一法可得，自心真性才得显露，尽在自性的万法才得以建立。 [23] 即得自在神通，游戏三昧：即通达无碍的觉悟境界。 [24] 常离法相：如同“善分别诸法相，于第一义而不动”，是说般若智慧能观照诸法实相而不执著万法之相，因为实相无相。 [25]“自性自悟”以下四句：或作“自性顿修，立有渐次，所以不立”，是说自性般若起智慧观照，即是见性成佛道，所以自心自悟，性相如如，顿悟顿修，顿修顿悟，没有渐次，不设法相；与自性顿悟顿修的境界相悖，试图设立某一法相作为偏执的对象，自心便会落入层层的虚妄分别之中。 [26] 诸法寂灭，有何次第：或作“佛言寂灭有何次”，诸法本性空寂，本无次第可言。“寂灭有何次”出自《楞伽经·入道品第九》。

僧志彻[1]，江西人，本姓张，名行昌，少任侠[2]。自南北分化，二宗主虽亡彼我[3]，而徒侣竞起爱憎。时北宗门人[4]，自立秀师为第六祖，而忌祖师传衣为天下闻，乃嘱行昌来刺师。师心通[5]，预知其事，即置金十两于座间。时夜暮，行昌入祖室，将欲加害，师舒颈就之，行昌挥刃者三，悉无所损。师曰：正剑不邪，邪剑不正，只负汝金，不负汝命。

行昌惊仆[6]，久而方苏，求哀悔过，即愿出家。师遂与金，言：汝且去，恐徒众翻害于汝[7]，汝可他日易形而来[8]，吾当摄受。

行昌禀旨宵遁[9]，后投僧出家，具戒精进[10]。一日，忆师之言，远来礼觐[11]。师曰：吾久念汝，汝来何晚？

曰：昨蒙和尚舍罪[12]，今虽出家苦行，终难报德，其惟传法度生乎？弟子常览《涅槃经》，未晓常、无常义，乞和尚慈悲，略为解说。

师曰：无常者，即佛性也；有常者，即一切善恶诸法分别心也。

曰：和尚所说，大违经文。

师曰：吾传佛心印[13]，安敢违于佛经。

曰：经说佛性是常，和尚却言无常；善恶之法乃至菩提心，皆是无常，和尚却言是常；此即相违，令学人转加疑惑。

师曰：《涅槃经》，吾昔听尼无尽藏读诵一遍，便为讲说，无一字一义不合经文，乃至为汝，终无二说。

曰：学人识量浅昧，愿和尚委曲开示。

这里蕴涵着佛的心法与佛的言教是一致的观点，如后来宗密所说："经是佛语，禅是佛意，诸佛心口，必不相违。"（《禅源诸诠集都序》）

师曰：汝知否？佛性若常，更说什么善恶诸法，乃至穷劫，无有一人发菩提心者，故吾说无常，正是佛说真常之道也。又，一切诸法若无常者，即物物皆有自性，容受生死，而真常性有不遍之处，故吾说常者，正是佛说真无常义。佛比为凡夫外道执于邪常[14]，诸二乘人于常计无常[15]，共成八倒，故于涅槃了义教中[16]，破彼偏见，而显说真常真乐真我真净[17]。汝今依言背义[18]，以断灭无常及确定死常，而错解佛之圆妙最后微言，纵览千遍，有何所益。

东晋僧肇言：如来去"常"，故说"无常"，非谓是"无常"。（僧肇注《维摩经·弟子品》）

行昌忽然大悟，说偈曰：

因守无常心，佛说有常性，
不知方便者[19]，犹春池拾砾[20]。
我今不施功，佛性而现前，
非师相授与，我亦无所得。

师曰：汝今彻也[21]，宜名志彻。

彻礼谢而退。

［注释］

[1] 志彻：相传他曾是北宗门徒所雇佣的刺杀惠能的游侠，后来转而成为惠能的弟子。《坛经》这里记载惠能与志彻的机缘故

事在早期《坛经》版本中是没有的。志彻与惠能的机缘故事，一方面在事实上反映了南北二宗曾经存在着关系异常紧张的时期，另一方面则在义理上进一步突出了惠能南宗以禅摄教、以心转经的一贯主张。 [2] 少任侠：志彻年轻的时候行侠仗义，曾经做过侠客。 [3] 二宗主虽亡彼我，而徒侣竞起爱憎：虽然南宗的祖师惠能和北宗的祖师神秀能够做到以法为宗、心无彼此，但是他们的门徒却竞相自立、爱此憎彼。 [4]“时北宗门人”以下四句：北宗的一些弟子在树碑立传的时候，常常将神秀禅师视为禅宗的第六代祖师，当有人指出作为祖师印证的信衣不在神秀禅师那里，而是在惠能禅师那里的时候，那些北宗弟子便不愿意让更多的人知道信衣传承的事情。其中，立神秀为禅宗第六祖的，以神秀弟子普寂为代表；指出祖师传衣的，则以惠能弟子神会为代表；北宗门人不愿意更多人知道传衣的事情，除了这里相传的“刺杀”之外，还有诋毁神会、窃取信衣以及磨坏惠能碑文中所记的相关内容等，其中有些事件的真假虽然因为资料的匮乏而无法证实，但是这些记载确实也反映了南北二宗之间曾经一度存在非常紧张的时期。 [5] 心通：这里的心通，又称他心通，即可以预知他人心中所念之事，与天眼通、天耳通、神足通、宿命通共同构成佛教常说的“五通”，一般认为这些不同寻常能力的获得及其大小与修行的程度有关。其中，宿命通主要是指对于佛教所谓的三世因果报应的认识，既有不可改易的果报，也有自力可改的因缘，并非是一般的宿命论。所以，在惠能得知志彻将要行刺他时，惠能的所作所为以及“只负汝金，不负汝命”的言辞，甚至志彻“挥刃者三，悉无所损”的情形，才更易于得到理解。这些相关记载，不乏弟子们对惠能的神化，但这也从一个侧面反映了禅门弟子对惠能的崇拜。 [6] 惊仆：受惊吓而跌倒昏迷。 [7] 翻害：反过来加害。 [8] 易形：换装打扮。 [9] 宵遁（xiāo dùn）：乘着夜色逃离隐遁起来。 [10] 具戒精进：出家受戒，精进修行，不曾懈怠。 [11] 礼觐（jìn）：礼拜觐见。觐，本指诸侯秋季朝见天子，后来指地位低下者拜见地位高贵者，这里意在表达志彻对惠能的尊重。 [12] 舍罪：宽恕罪行。 [13] 吾传佛心印，安敢违于佛经：我所传的是历代祖师以心传心的佛的心法，怎么敢违背佛经呢？ [14] 比为：皆是因为。比：皆也。凡夫外道执于邪常：凡夫外道执著于不正确的“常”的观念，将生死轮回中的无常、无乐、无我、无净视为常、乐、我、净，此为四种颠倒。 [15] 诸二乘人于常计无常：声闻和缘觉二乘人，又计著“常”为“无常”，将涅槃境界的常、乐、我、净视为无常、无乐、无我、无净，此又为四种颠倒。 [16] 涅槃了义教：指《涅槃经》中明确说出的终极教义。 [17] 真常真乐真我真净：为破凡夫外道邪常四倒而说无常、无乐、无我、无净，为破二乘人无常四倒而说常、乐、我、净。因此，不可以将常、无常作两分对立的理解并加以执著，而应作整体的、圆融的理解。 [18] 依言背义：只是依据表面的文字而违背了经文的根本要义。 [19] 方便：方为方法，便为便用，多指适用于引导人们觉悟的各种灵活的方法手段，又名善巧、善权。 [20] 春池拾砾：出自《涅槃经》，譬喻那些不能认识到方便善巧的人，犹如在池水中将摸到的小石头视为宝珠一般。 [21] 汝今彻也：你现在彻底开悟了。

据神会说，他三十年所学功夫唯在“见”字。此“见”是指众生具有的般若知见，亦即佛之知见、觉之知见。后来宗密进一步总结为“知之一字，众妙之门”。

有一童子，名神会[1]，襄阳高氏子，年十三，自玉泉来参礼。师曰：知识远来艰辛，还将得本来否[2]？若有本则合识主[3]，试说看。

会曰：以无住为本[4]，见即是主。

师曰：这沙弥[5]，争合取次语[6]。

会乃问曰：和尚坐禅[7]，还见不见？

师以拄杖打三下，云：吾打汝，痛不痛？

对曰：亦痛亦不痛。

师曰：吾亦见亦不见。

神会问：如何是亦见亦不见？

师云：吾之所见，常见自心过愆[8]，不见他人是非好恶，是以亦见亦不见。汝言亦痛亦不痛如何？汝若不痛，同其木石；若痛，则同凡夫，即起恚恨[9]。汝向前，见不见是二边[10]，痛不痛是生灭，汝自性且不见，敢尔弄人[11]。神会礼拜悔谢。师又曰：汝若心迷不见，问善知识觅路；汝若心悟，即自见性，依法修行。汝自迷不见自心，却来问吾见与不见。吾见自知[12]，岂代汝迷？汝若自见，亦不代吾迷。何不自知自见，乃问吾见与不见。

神会再礼百余拜，求谢过愆，服勤给侍，不离左右。

一日，师告众曰：吾有一物[13]，无头无尾，无名无字，无背无面，诸人还识否？

神会出曰：是诸佛之本源，神会之佛性。

师曰：向汝道无名无字，汝便唤作本源佛性，汝向去有把茆盖头[14]，也只成个知解宗徒。

祖师灭后，会入京洛，大弘曹溪顿教，著《显宗记》[15]，盛行于世【是为荷泽禅师】。

［注释］

[1]神会：起初曾是神秀的弟子，后来转而成为惠能的弟子，对惠能南宗在北方的传播起到非常重要的作用，因先后在邓州南阳、洛阳菏泽寺等地传法，从而有“南阳和尚”、“菏泽禅师”的称呼，以他为祖师所形成的南宗禅系称为“菏泽系”，曾一度与“南岳系”、“青原系”齐名。早期《坛经》版本中称其为南阳县人，南阳唐时属邓州，即今河南南阳，或是因为神会早期弘法著名于南阳，而且人称其为“南阳和尚”的缘故。后期史传以及《坛经》多称神会为襄阳人，襄阳唐时属襄州，即今湖北襄阳。襄阳和南阳均属于山南东道，向南距离神秀住持的荆州玉泉寺不远，向北则是北宗活动比较频繁的两京地带，神会接受惠能直了见性的顿教禅法而在南阳、洛阳等地传禅说法，难免会和北宗产生交流和碰撞，最终促使京畿地区逐渐接受了神会的说法，而惠能禅学的影响也得以进一步扩大。据神会弟子慧空为他所写的《大唐东都菏泽寺殁故第七祖国师大德于龙门寺龙岗腹建身塔铭并序》，神会出生于唐嗣圣元年（684），去世于唐乾元元年（758），享年七十五岁，僧腊五十四。《坛经》这里说，神会十三岁时从荆州玉泉寺来曹溪参礼惠能，可见此时他尚是未受具足戒的沙弥。《宋高僧传》记载，神会自幼聪明多智，先学儒家五经，后读道家庄

老，在知道佛教之后，讽诵群经，依律行事，而又不执著于文字讲说。应该说，神会广博的学识对于日后接受和弘扬惠能南宗起到了非常重要的作用。公元 745 年，神会应当时兵部侍郎宋鼎之请而入洛阳弘法；安史之乱时，神会将度僧所收香水钱为唐王朝筹集军饷，后来唐肃宗特下诏书，邀请神会进入宫内供养，并敕令为之造禅宇菏泽寺；神会去世后，公元 796 年，唐德宗时组织僧众楷定禅宗宗旨，将神会立为第七祖，从而使惠能六祖的地位也最终得以确立。这些资料说明，神会禅师不仅影响一时，而且在当时受到了非常高的赞誉。然而，虽然在不同的《坛经》版本中都有所记载，但是神会在禅宗史上的地位却因为韶州法海系、南岳怀让系、青原行思系等禅派的发展壮大而日显削弱。例如，早期《坛经》版本并没有记载怀让、行思，虽然比较推重神会，但是并不认为神会得到了惠能传承的信衣，而是将神会视为与法海等一样的弘法弟子之一；后期《坛经》版本则增入了许多对后世禅宗影响更大的惠能弟子，并且通过修订神会与惠能的机缘故事，不仅使得神会的禅学理论被矮化，而且使得神会的地位被挤占。明末憨山德清校勘《坛经》的时候，深感神会在北方弘传惠能禅宗的贡献，曾将其机缘故事从《顿渐第八》提前至《机缘第七》之中；近代以来，由于早期禅宗史料在敦煌地区被发现，著名学者胡适通过考察早期《坛经》与神会语录的关系，甚至提出神会才是《坛经》的真正作者、南宗的真正建立者，虽然这种观点没有得到人们的认同，但促使了人们对于神会地位的注重和再思考。 [2] 还将得本来否：有没有带着能够觉悟的本心呢？本：觉悟之本心。 [3] 若有本则合识主：如果是带着本心来的，便应该能够认识主人公。与其他弟子相比，惠能禅师对着一位少年说出这样层层跟进的话语，反映了神会非同寻常的形象。主：即自性。识主：识心见性。 [4] 以无住为本，见即是主：自心念念无住即是本。“见即是主”：宗密禅师亦记为“见即是性”，见与被见，识与被识，泯然不二。在《坛经》的“识心见性”中，其实并没有识与被识、见与被见之区分，它是一种整体的圆融，是自心自性的自我观照、自我显现。据说这也是神会最有心得之所在。在记载神会语录的重要文献《菩提达摩南宗定是非论》中，即云“神会三十余年所学功夫唯在见字”（神会：《神会和尚禅话录》，杨曾文编校，中华书局 1996 年版，第 26 页），“见”是对惠能主张的开悟即为佛知见、迷惑即为众生知见的凝练，宗密则进一步将神会所得概括为“知之一字，众妙之门”（《大正藏》第 39 册，第 532 页上）。 [5] 沙弥：指七岁以上、未满二十岁，已受十戒而尚未受具足戒的出家男子，即俗称的“小和尚”。 [6] 争合取次语：《中华传心地禅门师资承袭图》作“争敢取次语”，《祖堂集》作“争取次语”，是说神会的回答如此迅捷，好像只是草率地背诵文字而并无真实的修证。取次：草率，轻率。值得一提的是，自“师曰：知识远来艰辛”至“争合取次语”一段语录文字，在早期《坛经》版本以及《曹溪大师别传》中并没有，在《中华传心地禅门师资承袭图》和《祖堂集》中虽有记载，但是跟着还有一段话补充说明神会另有“语深情至”或“深悟情至”的一面，而将惠能问语及杖打视为对神会的考验。 [7] 和尚坐禅，还见不见：这是神会所问的问题，经过一番复杂的问答之后，惠能给出的最终答复是“何不自知自见，乃问吾见与不见”，从中可见，《坛经》在这里是将神会语境中的“见”视为没有真实意义或并未开悟的“众生知见”。从一般的认识理论的角度加以区分的话，般若知见犹如具有无限性的认识能力，而一般知见只是认识能力对有限事物的认识结果，因而具有相对性和有限性。据此而观，惠能的回答应该先是从一般知见的角度来引导神会弃恶从善地修行，言语之间似乎是在批评神会在南北二宗间过于激化了矛盾；

同时，其还批评见不见如同痛不痛一样也蕴含着佛教一般所反对的二边偏见，这或许成为神会重新思考乃至最终形成“般若知见”的深层原因。接着的文脉便转入了“见性”之见，强调需要自心觉悟、自知自见以及自修自行的重要性，应该说既是对神会的批评，也是对他的激励。 [8] 过愆（qiān）：过失、过错。 [9] 恚（huì）恨：瞋恨、怨恨。 [10] 二边：与下句“生灭”均指没有觉悟而有所偏执的状态。 [11] 敢尔弄人：或作“敢来弄人”，是说不应前来捉弄别人。 [12] 吾见自知，岂代汝继：我自己是否见性，我自己知道，但这怎么能替代你的迷惑？所以，你自己的迷惑根本上还需要你自己开悟见性而破除。总之，虽然惠能苦口婆心开导神会觉悟自性，但最终并不能替代神会自己去自识本心，自见本性。 [13] 吾有一物：通观《坛经》的记述，当惠能参礼五祖弘忍的时候说“佛性无南北”，后来因同门神秀的偈颂而作“佛性常清净”或“本来无一物”，而现在在教授诸多弟子的时候又特别举出“吾有一物”作为参禅悟道的话头，对这里的“物”字，显然不宜强作一贯的解读，反倒可见禅宗活用文字以期引发觉悟自性的独特风格。就此处而言，惠能所说之物，应该是方便言教，指向那不可言说、无名无相、无可执著而又需体悟心证的那个终极存在，其实也可以理解为是开悟时随缘自在的境界及人的本真生活。 [14] 汝向去有把茆盖头，也只成个知解宗徒：把茆盖头，用一把茅草盖在头上以遮风雨，意为神会日后会有个茅草庵栖身，或喻神会将来会成为寺院主持。茆：同“茅”。知解宗徒：是说神会是个比较注重“知解”的南宗弟子。《历代法宝记》就是将“立知见，立言说”（《大正藏》第 51 册，第 185 页中）视为神会的特点之一。由于禅宗强调“以心传心”而与其他注重经教讲疏的佛教宗派相区别，所以一般常认为“所立”的知解只是具有迷惑性质的“众生知见”，然而在神会著名的《显宗记》中，其云“知即知心空寂，见即见性无生”（《大正藏》第51册，第459页上），认为知见是知本心空寂，见自性无生，由此可见，将神会称为“知解宗徒”，具有一定的贬损意味。 [15]《显宗记》：神会所作，全文载于《景德传灯录》，其主要内容在于阐发惠能禅宗的顿悟法门，并融会无生涅槃和空寂般若两大佛教核心思想，其中有云：“般若无见能见涅槃，涅槃无生能生般若，涅槃般若名异体同。”同时，在文末还有对禅宗祖师相传特点是衣法并传的强调。

师见诸宗难问[1]，咸起恶心，多集座下，愍而谓曰[2]：学道之人，一切善念恶念[3]，应当尽除，无名可名[4]，名于自性，无二之性，是名实性，于实性上建立一切教门，言下便须自见。

心量广大，无诸偏私，相互补充，和而不同。

诸人闻说，总皆作礼，请事为师[5]。

［注释］

[1]师见诸宗难问，咸起恶心：当时佛教各个宗派经常相互指责，尤其是禅宗不同派系相互发难，甚至有的还起了罪恶之心。 [2]愍（mǐn）：同“悯”，怜悯的意思，是佛教慈悲精神的体现。 [3]一切善念恶念，应当尽除：不仅应当一般地防非止恶，而且应当不以行善而居功自傲，从而呈现一种清净的状态。 [4]“无名可名”以下六句：人心自性本来清净，以无相为体，故而用于描述有形有相的名言经教无法完全描述真实的人心自性；同时，正是由于清净自性没有偏执，所以才能建立起一切教门，而且不被教门所束缚而能入门见性。 [5]自“师见诸宗难问”至“请事为师”这段文字，早期《坛经》版本只作“大师往漕溪

山韶广二州行化四十余年，若论门人僧之与俗三五千人说不尽”，后来将之扩充为“大师出世行化四十余年，诸宗难问，僧俗约千余人，皆起恶心，欲相难问。师言：一切尽除，无名可名名于自性，无二之性是名实性，于实性上建立一切教门，言下便须自见。诸人闻说，总皆顶礼，请事为师，愿为弟子。如此之徒，说不可尽”，并且独立为专门章节的内容，取名为“九诸宗问难门”，处在大梵寺讲法除疑之后、弟子机缘之前，在反映惠能弟子众多的同时，主要突出了惠能南宗对于各种派系分歧的融摄会通作用。后期《坛经》版本将此进一步修订而调整至具有融会南北二宗意味的章节之后，是和惠能南宗在发展壮大的过程中先与北宗碰撞融合、进而与其他禅宗派系以及佛教派系乃至教外儒道二家发生紧密关系的历史相一致的。

［点评］

在中国禅宗发展的历程中，惠能南宗与神秀北宗的交涉是非常重大的事件，所以受到各种文献资料的广泛记载。然而，随着唐代时局的动荡以及毁佛运动的影响，神秀北宗逐渐衰落，相关的文献逐渐消亡，而惠能南宗则在日益繁盛的同时又强调融摄神秀北宗，从而在客观上保存了有关北宗的许多资料，这些不仅成为人们认识和评价神秀北宗特点和得失的重要依据，而且也是今人了解中国禅宗崇尚顿悟而又不囿于顿教这一传统的基本资料。通过这些资料，人们能够看到南北二宗有着相互冲突对立的一面，也能看到二者存在着深刻融合贯通的另一面，从而有助于更加全面地了解中国禅宗的整体面貌及其演变发展。

《坛经》在这一篇所强调的南北二宗融合关系，除了重申“法本一宗，人有南北”、“法无顿渐，人有利钝”等融会北宗的理论依据之外，还主要表现在人员交流和核心思想融摄两个方面。在人员交流方面，这里集中反映在曾经归属北宗的志诚、行昌以及神会纷纷不远千里前往岭南曹溪向惠能禅师讨教学习的故事之中。应该说，正是人员方面的相遇和交流才促使南北二宗能够在思想上有更具有针对性和深入性的对话和融通，从中也能看到中国佛教乃至中国宗教所具有的圆融特质的形成机制。在思想融摄方面，可以通过志诚、志彻、神会与惠能的机缘故事看到，其中所论及的坐禅要义、三学依据乃至诸说方便等主题，虽然不时地批评北宗门人偏执形式、执著名相以及不懂善巧等缺点，但是也同时赞叹北宗说法不可思议、具有大乘意味、能够引导其他不同根机的学人获得觉悟，从而曲折地论证了北宗的一些思想和修行也是佛法的重要组成部分。

在这一篇中，惠能禅宗提出的最引人注意的创新性观点不仅在于将曾经特别重视和强调的“顿”视为与“渐”同置于“正法”之下而具有平等地位，而且将达到正法觉悟的途径归于“方便”，强化了禅宗以心转经的解经传统，与注重以字释经的传统解释形成鲜明对照，甚至对被视为了义经的《涅槃经》的要义提出了非同寻常的理解，即一般认为《涅槃经》的要义在于提出“佛性是常”的命题，而惠能禅宗则认为这一命题乃是为了启发一些人能从愚痴颠倒中摆脱出来达到觉悟而提出的“方便”，如果不懂得其中的因缘所以而偏执于“佛性是常”这一文字命题，反而会落入愚痴颠倒之中，这便需要用“佛性是无常”的方便加以对治和引导，从而实现《涅槃经》所承载的帮助人觉悟的真实要义。从佛法本义来看，这也是对中观般若思想的灵活运用。

众所周知，佛教传至惠能之世，佛教经典乃至注疏解释可谓汗牛充栋、浩如烟海，虽然经由南北朝以来的判教择选而突出重要经论，但依然非常人所能遍及。通观《坛经》关于阅读理解经典的相关记述，既可见其在透脱文字羁绊方面的努力，又将这种努力着落于内在自觉能力的发掘。惠能禅宗这种消化经典为我所用的经验，对于身处信息大爆炸环境中的人们在面对扑面而来的各种资料时如何能够保持自主的辨别力和创造力而不是随波逐流，依然具有一定的参考价值。

宣诏第九[1]

神龙元年上元日[2]，则天、中宗诏云[3]：朕请安、秀二师宫中供养[4]，万机之暇，每究一乘[5]。二师推让云：南方有能禅师，密授忍大师衣法[6]，传佛心印[7]，可请彼问。今遣内侍薛简[8]，驰诏迎请，愿师慈念，速赴上京。师上表辞疾[9]，愿终林麓[10]。

继续保持山林佛教的特色，受王室政治的影响就比较小，这对南宗日后的繁兴，影响很大。

[注释]

[1] 宣诏第九：或作“心要传奏第八”、“唐朝征诏第八”、“护法品第九”，主要反映的是惠能禅宗对于唐朝内廷的影响以及唐朝内廷对于惠能禅宗的尊重。因为按照“坛经”的早期界定，其主要是指惠能大梵寺传法授戒的内容，所以有关惠能禅宗与唐朝内廷的关系，在早期流行的一些《坛经》版本中并没有收录。随

着惠能禅宗影响的扩大，有关惠能及其弟子事迹的记载不断涌现，所以《坛经》在流传的过程中除了日益超越南方地域的限制外，其自身内容也不断吸取相关资料得以调整和扩展。《坛经》中载入的惠能禅宗与唐朝内廷交涉的资料，体现了惠能禅宗不仅在民间影响很大，而且受到了最高统治者的认可和尊重，从而更大程度地反映了禅宗已从单传密付的草创阶段发展到了广泛传播的繁盛时期。 [2] 神龙元年：即公元 705 年。上元日：即农历正月十五日。 [3] 则天，中宗诏云：由于唐太宗去世后，武则天曾一度称帝，在唐中宗李显于 705 年元月称帝时，依然上尊号"则天大圣皇帝"，所以这里记作"则天、中宗诏云"，是说邀请惠能前往宫廷弘法是武则天和唐中宗共同的旨意。在《曹溪大师别传》中，虽然没有提到唐中宗，但是又将武则天称为"高宗大帝"，两相对照可见编辑者对于武则天称帝的一段历史既不能回避又加以淡化的用心，这种做法犹如孔子以大一统思想删定《春秋》。 [4] 安、秀二师：即老安和神秀两位禅师，他们都曾受武则天的邀请在宫廷弘法传禅，备受推重。老安即《坛经·机缘第七》中所称的"安国师"。 [5] 一乘：即最上乘、佛乘或佛教觉悟之道。 [6] 密授：或作"密受"，指秘密或亲密地接受。 [7] 传佛心印：印以不变、相同为特点，佛教常借以形容真正的道理或宗旨，传佛心印犹如传佛心宗，是说传承佛的心法要义。传佛心印与传佛心灯一样，均是对禅宗强调"以心传心"的形象表达。 [8] 内侍薛简：《曹溪大师别传》作"中使薛简"，《宋高僧传》作"中官薛简"，内侍、中使、中官等说明薛简为唐朝内廷中具有一定职务的人员。薛简的具体事迹不详。 [9] 上表辞疾："诏"则以上言下，"表"则以下言上。辞疾：以身体有疾病而相推辞。上表辞疾的内容，据《曹溪大师别传》记载，主要是"惠能久处山林、年迈风疾……恕惠能居山养疾、修持道业"（《大藏新纂卍续藏经》第86册，第51页下）。 [10]林麓（lù）：麓即在山脚下的林木，后来代指山脚或山，林麓即山林的意思，与“京城”形成对照。

惠能门下怀让曾启发马祖：“磨砖既不成镜，坐禅岂能成佛？”马祖问：“如何即是？”怀让答：“汝学坐禅，为学坐佛？若学坐禅，禅非坐卧。若学坐佛，佛非定相。于无住法，不应取舍。汝若坐佛，即是杀佛，若执坐相，非达其理。”马祖闻言，豁然开悟。

薛简曰：京城禅德皆云[1]：欲得会道[2]，必须坐禅习定；若不因禅定而得解脱者，未之有也。未审师所说法如何？师曰：道由心悟[3]，岂在坐也。经云[4]：若言如来若坐若卧，是行邪道。何故？无所从来，亦无所去，无生无灭，是如来清净禅[5]，诸法空寂，是如来清净坐。究竟无证[6]，岂况坐耶？

[注释]

[1]京城禅德：京城里的禅师大德。 [2]会道：体会佛法大道，按照薛简所传的理解，必须通过坐禅习定，先对身体和思想进行一定的调控，然后才能有所觉悟；如果没有禅定作为基础，觉悟是不可能实现的。 [3]道由心悟，岂在坐也：佛法大道皆由自心觉悟，岂在于端身静坐等外在的形式呢。 [4]“经云”以下六句：经即《金刚经》，全文为：“若有人言如来若来若去，若坐若卧，是人不解我所说义。何以故？如来者，无所从来，亦无所去，故名如来。”（《大正藏》第8册，第752页中）如来：是佛的名号之一，这里意在破除人们对于佛法、修行和觉悟成佛的偏执，惠能禅宗借此批评对于修禅只重视表面形式的偏执。在《曹溪大师别传》中，“亦无所去”之后，还有“无所从来曰生，亦无所去曰灭”作为过

渡句。 [5] 如来清净禅：与“如来清净坐”共同构成惠能禅宗对于“坐禅”的又一说法，可简称为“如来禅”。如来禅是《楞伽经》中所说的“愚夫所行禅、观察义禅、攀缘如禅、如来禅”等四种禅之一（《大正藏》第 16 册，第 492 页上），被认为是证入如来之境、区别于外道和二乘菩萨所行的最上乘禅。不过后来惠能南宗门下对此又有过新的解释，出现了把“如来禅”和“祖师禅”对立起来，并抬高“祖师禅”而贬低“如来禅”的情况，从禅宗史的角度看，这是惠能南宗门下的一些人自我标榜的做法，在很大程度上是为了标榜自己嫡传达摩祖师的心法以贬斥神秀北宗等其他禅系而提出来的。 [6] 究竟无证：惠能禅宗是以般若无所得为指导，以任运为修，以无证为证，强调的是证而无证，不将某种境界作为追求的目标而加以执著，和“性本清净”的主张相一致。

简曰：弟子回京，主上必问，愿师慈悲，指示心要[1]，传奏两宫，及京城学道者，譬如一灯然百千灯[2]，冥者皆明[3]，明明无尽。

师云：道无明暗[4]，明暗是代谢之义。明明无尽[5]，亦是有尽，相待立名。故《净名经》云：法无有比[6]，无相待故。

简曰：明喻智慧，暗喻烦恼，修道之人，倘不以智慧照破烦恼，无始生死，凭何出离？

师曰：烦恼即是菩提，无二无别。若以智慧照破烦恼者[7]，此是二乘见解，羊鹿等机[8]，上智大根，悉不如是。

简曰：如何是大乘见解？

师曰：明与无明，凡夫见二，智者了达，其性无二，无二之性，即是实性。实性者，处凡愚而不减，在贤圣而不增，住烦恼而不乱，居禅定而不寂，不断不常，不来不去，不在中间，及其内外，不生不灭，性相如如[9]，常住不迁，名之曰道。

简曰：师说不生不灭，何异外道？

师曰：外道所说不生不灭者[10]，将灭止生，以生显灭，灭犹不灭，生说不生；我说不生不灭者，本自无生，今亦不灭，所以不同外道。汝若欲知心要，但一切善恶都莫思量[11]，自然得入清净心体，湛然常寂，妙用恒沙。

［**注释**］

[1] 心要：最精要的佛法大义。 [2] 然：同“燃”，点燃。 [3] 冥（míng）者皆明，明明无尽：幽暗便会变成光明，以此辗转相传，便会使得光明永续而没有穷尽。按照惠能后面所作的批评来看，薛简的说法有两个值得注意的问题。其一是薛简对于“明”的理解止于“使明”而没有“本明”或“本净”的层面，从而与惠能禅宗强调自心本有般若之智、智慧常照的观点有一定距离。其二是薛简虽然将“明”与“暗”相对照而言，但对于“明”则过于推崇，心存偏执，不仅与惠能禅宗所强调的自心本性体性清

净、照而常寂的观点有所不同，而且与其自身明暗的相待亦相违背。 [4] 道无明暗，明暗是代谢之义：觉悟之道，体性清净，并不能用明或暗来加以规定，一般所说的明暗只是对某种自然新陈代谢过程的描述。 [5]“明明无尽”以下三句：所谓的“明明无尽”，实际上还是“明明有尽”的，因为按照佛教的缘起论，“明”和“暗”是相互依存、共同存亡的名相概念。 [6] 法无有比，无相待故：语出《维摩诘经·弟子品》，意思是佛法是无可比拟的，没有什么与之相待，这里用以说明“道无明暗”，超越明暗的相互对待。 [7] 若以智慧照破烦恼者：《曹溪大师别传》作“汝见有智慧为能照”，可推知这里对于薛简关于“以智慧照破烦恼”见解的批评，主要是他将智慧和烦恼判若二分，前者为能照，后者为所照，好像二名为二体；而惠能则将二者视为异名同体，心迷为烦恼生死，心悟为智慧解脱，实无有二。 [8] 羊鹿：指羊车和鹿车，喻指声闻和缘觉二乘。机：根机、根器。 [9]“性相如如”以下三句：《曹溪大师别传》作“性相常住，恒不变易”，犹如“善分别诸法相，于第一义而不动”，指真实佛性从根本上说无生无灭，性相一如，永恒绝对。 [10] 外道所说不生不灭者：《曹溪大师别传》中的解释只有“将生止灭，灭犹不灭”八字，对照“明明无尽，亦是有尽”等的批评，可知“将生止灭”犹如“以明破暗”、“以智慧照破烦恼”一般，并没有达到“道无生灭”的“本自无生，今亦不灭”的境界。 [11] 一切善恶都莫思量：对于相对而立的善恶等名相不应作片面偏执的理解，但并不是“百无所思”的空无死寂。清净心体如“无相”，湛然常寂如“无念”，妙用恒沙如“无住”。

简蒙指教，豁然大悟[1]，礼辞归阙[2]，表奏师语。

王维在为惠能所写的碑铭中谈及其影响说："五天重迹，百越稽首。修蛇雄虺，毒螫之气销；跳殳弯弓，猜悍之风变。畋渔悉罢，蛊酖知非，多绝羶腥，效桑门之食；悉弃罟网，袭稻田之衣。永惟浮图之法，实助皇王之化。"（《能禅师碑铭》）

其年九月三日，有诏奖谕师曰：师辞老疾，为朕修道，国之福田。师若净名[3]，托疾毗耶，阐扬大乘，传诸佛心，谈不二法。薛简传师指授如来知见，朕积善余庆[4]，宿种善根[5]，值师出世，顿悟上乘，感荷师恩，顶戴无已，并奉磨衲袈裟及水晶钵[6]，敕韶州刺史[7]，修饰寺宇，赐师旧居为国恩寺。

［注释］

[1] 豁然大悟：《曹溪大师别传》记其所悟内容为："今日始知佛性本自有之，昔日将为大远。今日始知至道不遥，行之即是。今日始知涅槃不远，触目菩提。今日始知佛性不念善恶，无思、无念、无知、无作、不住。今日始知佛性常住不变，不为诸恶所迁。"（《大藏新纂卍续藏经》第 86 册，第 52 页上） [2] 阙（què）：古代宫殿、祠庙或陵墓前的高台，这里借以代指皇宫或京城。 [3] 师若净名，托疾毗耶：辞疾不往京城而住山林弘法的惠能禅师，犹如《维摩经》中托病而居住在毗耶城阐扬大乘佛法的维摩诘居士。毗（pí）耶：古代印度城名。 [4] 积善余庆：出自《周易》"积善之家，必有余庆；积不善之家，必有余殃"，是中国传统的因果报应观，认为积德行善对于家族子孙都有好处。 [5] 宿种善根：是佛教传统的因果报应观，认为积德行善有益于自心觉悟，获得解脱。 [6] 磨衲袈裟：一种珍贵的袈裟，相传朝鲜半岛地区多产之，宋代文献多有记载。水晶钵：一种以水晶为材质的钵，也是比较珍贵的。 [7]"敕韶州刺史"以下三句：《曹溪大

师别传》说“韶州百姓可修大师中兴寺佛殿及大师经坊，赐额为法泉寺”。

［点评］

自秦汉以来，中国古代社会长期处在封建君主的统治之下，宗教文化的兴衰也常系之于帝王的好恶。相传印度佛教能够广传于中土，便与汉明帝“夜梦金人”并派遣官吏前往求法有关；南北朝时期大量的佛教建筑，乃至后人有“南朝四百八十寺，多少楼台烟雨中”的诗句加以描述，其与诸如梁武帝一般崇佛的帝王将相不无关系。当然，在佛教兴盛于中国的过程中，也出现过“三武一宗”的灭佛事件。但从总体上看，在中国社会环境中，包括佛教在内的宗教文化的发展常常受制于君主政治，正如东晋著名僧人道安所说的“不依国主，则法事难立”(《大正藏》第 50 册，第 352 页上)。

正是在这样一种宗教文化受制于君主政治的背景之下，《坛经·疑问第三》中会说菩提达摩与梁武帝话不投机而渡江北上，《坛经·宣诏第九》则不仅说五祖弘忍的一些著名弟子（如“安秀二师”）曾先于惠能被武则天诏请至宫廷供养，而且突出了惠能本人虽然未受诏请而又传达心要与帝王的故事情节。其中关于帝王对于惠能禅宗所传心要的认可以及赞誉，不仅反映了中国禅宗已经发展到不再受以帝王为代表的主流社会的排斥，而且也展现了佛教与政治和社会关系的另一面，即所谓佛教具有净化人心、弃恶劝善从而有助于营造美好社会的正向作用，《坛经》这里称之曰“为朕修道，国之福田”。

付嘱第十[1]

师一日唤门人法海、志诚、法达、神会、智常、智通、志彻、志道、法珍、法如等[2]。曰：汝等不同余人[3]。吾灭度后，各为一方师[4]。吾今教汝说法，不失本宗[5]。先须举三科法门[6]，动用三十六对，出没即离两边，说一切法，莫离自性。忽有人问汝法，出语尽双，皆取对法，来去相因，究竟二法尽除，更无去处。

三科法门者[7]，阴、界、入也。阴是五阴[8]，色受想行识是也。入是十二入，外六尘色声香味触法、内六门眼耳鼻舌身意是也[9]。界是十八界，六尘六门六识是也[10]。自性能含万法，名含藏识[11]；若起思量，即是转识，生六识，出六门，见六尘，如是一十八界，皆从自性起用。自性若邪，起十八邪；自性若正，起十八正。若恶用即众生用，善用即佛用；用由何等，由自性有。

对法[12]。外境无情五对[13]：天与地对，日与月对，明与暗对，阴与阳对，水与火对，此是五对也。

法相语言十二对[14]：语与法对[15]，有与无对[16]，有色与无色对，有相与无相对，有漏与无漏对[17]，色与空对[18]，动与静对[19]，清与浊对[20]，凡与圣对，僧与俗对，老与少对，大与小对[21]，此是十二对也[22]。

自性起用十九对[23]：长与短对，邪与正对，痴与慧对，愚与智对，乱与定对，慈与毒对，戒与非对，直与曲对，实与虚对，险与平对，烦恼与菩提对，常与无常对，悲与害对，喜与瞋对，舍与悭对，进与退对，生与灭对，法身与色身对，化身与报身对，此是十九对也。

师言：此三十六对法，若解用[24]，即道贯一切经法，出入即离两边[25]。

三十六对法，主要是破除二分对立的思维方法，以“不二”的中道观来了悟佛教超越对立的真理及宇宙人生的真实本性，透过其宗教的外衣，其中表现出的辩证思维的内容还是值得肯定的。

自性动用[26]，共人言语，外于相离相[27]，内于空离空。若全著相，即长邪见，若全执空，即长无明。执空之人有谤经，直言不用文字，既云不用文字，人亦不合语言，只此语言，便是文字之相。又云直道不立文字，即此不立两字，亦是文字，见人所说，便即谤他言著文字。汝等须知，自迷犹可，又谤佛经，不要谤经，罪障无数。若著相于外[28]，而作法求真，或广立道场，说有无之过患，如是之人，累劫不得见性。但听依法修行[29]。又莫百物不思[30]，而于道性窒碍。若听说不修，令人反生邪念。但依法修行，无住相法施[31]。汝等若悟，依此说，依此用，依此行，依此作，即不失本宗。

元代宗宝禅师曾遇到有人问他："达磨不立文字，直指人心，见性成佛，卢祖六叶正传，又安用是文字哉？"他回答说："此经非文字也！达磨单传直指之指也。南岳、青原诸大老尝因是指以明其心，复以之明马祖、石头诸子之心，今之禅宗流布天下皆本是指，而今而后岂无因是指而明心见性者耶！"(《坛经·宗宝跋》)

若有人问汝义，问有将无对，问无将有对，问凡以圣对，问圣以凡对，二道相因[32]，生中道义。如一问一对[33]，余问一依此作，即不失理也。设有人问[34]：何名为暗？答云：明是因[35]，暗是缘，明没即暗，以明显暗，以暗显明，来去相因，成中道义。余问悉皆如此[36]。汝等于后传法[37]，依此转相教授，勿失宗旨。

[注释]

[1] 付嘱第十：或作“付嘱品第十”、“十一教示十僧传法门[灭度年月附]”、“法门对示第九”并“付嘱流通第十”，主要记述的是惠能教授弟子传法纲领以及惠能去世前后的一些重要事迹，如祖师传承谱系为何、信衣袈裟留镇曹溪后如何传宗、惠能临终对于弟子们的叮嘱、去世以后其真身遗体及其他法物的安置情形，等等。清代真朴禅师联系上一品的内容，在所记刻《坛经》中对这一品的内涵评述说：“护法得人，付授当器，续焰传灯，流芳终古，故以付嘱终焉。” [2] 法珍：事迹不详。法如：事迹不详。宋代禅史多记载为磁州（今河北磁县）法如，并且认为法如为神会弟子，法如传惟忠，惟忠传道圆，道圆传宗密，宗密禅师推重神会为惠能禅的正宗，而他本人也同时被称为华严宗的第五祖。等：其他早期《坛经》版本无此“等”字，而且明确说惠能教导的是“十”位弟子，而后期《坛经》则不再强调只是为这十位弟子所说。后期《坛经》的这种做法，一方面反映了后期禅宗弟子多方弘化建宗立派的事实（后文说“嗣法四十三人”），另一方面也并不违背早期《坛经》所倡导的“得遇坛经者，如见吾亲授”，因为按此说法，其他弟子也如同这十僧一般同样可以接受惠能的教导，从而能够化解为什么早期《坛经》版本中没列明怀让、行思、玄觉等弟子的疑问。另外，此句将菏泽“神会”列于第四位，而“神会”在比较早的版本中乃是垫底的最后一位，加之另有多种禅宗早期资料表明，最后一位往往是撰写资料的作者拟欲强调的重要传承者，因而“神会”列名次序的调整可谓曲折地反映了禅宗派系演化过程中神会系地位的起落变化。 [3] 汝等不同余人：你们不同于其他人。至于如何不同，有的《坛经》版本在前面增加了几句话解释说“吾灭度后，凡为人师，改易者多。汝等十人向前，汝等不同余人。”大意可能是指其他人也许会改变或脱离本宗的

宗旨甚至归宗他派。 [4] 师：或作“头”，二者繁体字形相近，均具有宗师、祖师等意义。 [5] 本宗：本宗的根本宗旨。 [6]“先须举三科法门”至“更无去处”：从整体上看，此为惠能教导弟子如何说法释疑的要旨，诸本《坛经》没有根本的不同，前半部分主要偏重理论解释，后半部分主要偏重举例说明。后文紧接着对其中的“三科法门”、“三十六对”、“自性动用”、“出语尽双”等概念及可能的主要误区进行了介绍。由于这一部分内容与其他部分相比，特别地表现了惠能禅宗对于“名相”概念的理解，尤其是集中地反映了惠能禅宗系统的心识学说，因此容易受到《坛经》编辑者和阅读者特别的关注；但是由于其中有些内容是对佛教传统说法的创造性发挥，而且对于禅宗逐渐形成的“不立文字”、“教外别传”等刻板印象具有一定的冲击力，所以在宋代便有位空谷禅师认为这部分并不是惠能的教法，而是“金天教人伪造邪言，刊板增入”。“先须”二字或无。自性：或作“性相”。对法：或作“法对”。二法：或作“三法”。 [7] 三科法门，阴界入也：科即科分、品类、等级，三科法门，即对于一切现象可以从广略不同的三种视角加以理解。因为一切现象无非是色心现象，即通常所谓的物质现象和精神现象，所以按照佛教相传，五阴是为那些迷心不迷色人所说，十二入是为那些迷色不迷心人所说，十八界是为那些色心俱迷人所说，以期各自达到觉悟的境界。阴又称“蕴”，蕴藏诸法、隐覆觉心的意思；界即界性、界类、界别等意思；入又称“处”，即相涉相入而成为心识产生的处所；三者都是佛教对世界加以分别解释的常用方式。其中，五蕴比较倾向于解释人的心理活动构成，十二入比较倾向于解释人的心理活动构成的物质基础，十八界则包含十二入及其生起的心理活动，从而更为全面地对人及其环境进行解释说明。值得注意的是，早期《坛经》版本后文的解释顺序是阴、界、入，而后期版本则以阴、入、界为序；

另外，三科法门的叙述，至结尾部分则又有关于心识深层结构及其善恶性质的阐明，从而更见惠能禅宗对于三科法门的解释不囿于名相的综合特点，这与《坛经·行由第一》所说的“蕴之与界，凡夫见二；智者了达，其性无二”，是一致的。或正是这一原因，所以后期《坛经》版本在“举三科法门”前加上了“先须”二字，意在提醒后面内容更要注意。 [8] 阴是五阴，色受想行识是也：佛教认为人们日常生活中所说的“我”，并没有一个和“我”相对应的具有不变、独立、自在、主宰性质的实体，而是五种要素和合的结果，好像众多的树木形成的“林”一般，所以佛教常用“五阴”（“五蕴”）之说破除一般人的“人我”之见。其中，“色”大致相当于物质现象，主要指人的肉身，按照佛教所说又可以分解为代表坚硬、潮湿、干燥、运动等四种属性的地、水、火、风等四大元素。受、想、行、识则主要是指人的心理活动。“受”即感受、领受，指在外界作用下产生的各种感受。“想”相当于知觉或表象，指具有形象乃至名言概念。“行”相当于意志和行动，泛指一切身心活动。“识”有“了别”的意思，识蕴即指意识或认识作用。佛教特别重视心识活动的研究，认为心识活动是人们心理活动的深层结构，这在十二入和十八界的解说中可以进一步看到。惠能禅宗这里只是对五蕴作简单的介绍，对照《坛经》其他地方认为五蕴乃是基于自性的方便说的一贯说法，以及后文“自性起用”、“思量转识”的观点，可以推测惠能禅宗对于五蕴的理解不在于讨论五蕴的具体定义和相互关系，而是强调它们的整体基础和共同特征。 [9] 外六尘色声香味触法、内六门眼耳鼻舌身意是也：外六尘又称六境，内六门（或作“中六门”）又称六根，根境相触和合便有具体的认识产生，好像尘境进入根门一般，人们的心灵世界也因此复杂丰富起来，所以六根六尘合称十二处或十二入。从认识的表面结构来看，六境为认识的外在对象，六根为认识的内在器官或能力，内因外缘相合而有认识结果，即所谓六识。其中，眼以色为境而产生眼识视觉，耳以声为境而产生耳识听觉，鼻以香为境而产生鼻识嗅觉，舌以味为境而产生舌识味觉，其他身体部位以所触为境而产生身识触觉。与其他五根以具体的境界为认识对象不同，意根则以普遍的境界为认识对象而产生意识。不过，佛教各家对于“意根”又有不同的说法，其中比较大的分歧是，有的认为所谓的“意根”依托已经存在的前五种感觉认识，自身实质上不能自立；有的则认为存在一种恒常相续的“意根”，这种意不仅可以自立，而且是其他有间断的六种认识活动的依据，为了与相对于前五根的“意根”相区别，佛教学说中常称之为“末那”而另立为第七识，其与第六识以法为境不同，是以第八阿赖耶识为恒常思量的认识对象，这是“我执”的根源。在《坛经》这里，虽然惠能禅宗也提出“含藏识”和“转识”这样类似于第八识、第七识的专有名词，但是他特别强调将“思量”视为认识的根本属性。正是因为惠能禅宗将“思量”界定为人们认识活动的内在特点，所以其在禅法修行上特别反对“百无所思”，认为这样“空心定坐”是不对的。另外，一般人之所以采取“百无所思”的禅修方式，乃是基于对思量分别是为恶为邪根源的认识，但惠能禅宗则认为，思量分别既可以为恶为邪，也可以为善为正。正如倒脏水的时候不能将澡盆里的孩子一起倒掉一样，惠能的这一说法，启示人们在破除恶念邪行时，不应将作为为善为正依据的思量分别一并丢弃。 [10] 六识：即眼识、耳识、鼻识、舌识、身识、意识。早期版本的《坛经》在解释六识时，有“法性起六识”的说法，结合后文自性思量生六识的观点来看，其大意主要是说当内根外境和会的时候，自性思量便会呈现为六识。 [11] 含藏识：又名藏识，指第八识阿赖耶识，此识含藏诸法的种子。若起思量，即是转识，生六识：或作

“思量即转识，生六识”、“若起思量即是转识，转识生六识”，是说所谓“转识”之名，其实质内涵乃是“思量”，也正是由于共同的“思量”才产生了不同的六识。转识，指前七识。关于八识的说法出自印度大乘瑜伽行派学说，中国法相唯识宗继承之。依据八识（六识及第七末那识、第八阿赖耶识）各自生起的关系，法相唯识宗将它们分为两类，一类是藏识，一类是转识。藏识为阿赖耶识，转识为前七识。转识以藏识为根本依持，所以一切现象的最终根源即是藏识。惠能以“自性能含万法”来解释含藏识，以自性起“思量”来解释转识，用意在说明一切现象都是唯心所造，因而解脱的根本在于自心自性。若恶用即众生用，善用即佛用：或作“恶用即是众生，善用即是佛”。如同《坛经·忏悔第六》中所说的“思量恶事化为地狱，思量善事化为天堂”，是说自性思量变化所呈现的现象很多，如果心存恶念便是迷惑的众生，如果生起善行便是觉悟的佛。　[12] 对法：或作“对”，主要是指三十六对法，比较集中地体现了惠能禅宗对于佛教重要名相的融摄。首先，“对法”在佛教中具有非常重要地位，梵语 Abhidharma，音译阿毗达磨，意译为对法，其中“对”具有对观、对向之义，“法”为四谛、涅槃之法，所以对法乃是对观四谛之理、对向于涅槃之果，蕴含缜密的逻辑思想，具有高度的论说性质，突出表现在佛教经律论三藏之论藏之中，特别展现为对于各种佛教重要名相的系统分析和详细说明。因此，反映惠能禅宗重要思想的《坛经》中有关于对法的专门论述具有深厚的佛教传统。其次，“对法”在中国传统文化中也有悠久的历史和独立的特点。在中国传统文化中，“对”不仅具有相对的意义，更有相生的意义，这些内涵通过《周易》《老子》等经典有着广泛的影响，诸如“一阴一阳之谓道”、“有无相生”、“祸兮福所倚，福兮祸所伏”等等，不仅成为人们认识世界的方法和内容，而且化为人们日常生活的态度和实践。第三，惠能禅宗“对法”学说具有融合中印“对法”思想的特点。如果说源自印度佛教的“对法”传统注重于对名相及其性质作静态的组织，那么身处中国文化中的“对法”传统则倾向于对名相及其性质作动态的把握；前者易于将对观对向的四谛涅槃淹没在琐碎的概念分析之中，后者则因为过多强调相生转化的事实而疏于对具体情境的细致界定，二者各有优劣。惠能禅宗提出的“对法”论述既汇聚了大量佛教重要名相概念，又运用中国文化相生转化的“对法”思想对之加以归纳和整理，这种独具特色的“对法”新说不仅易于掌握佛教名相的内在关系，而且突出了佛教的根本宗旨。在中国佛教经由著书立说得以巨大繁盛之时，佛教“对法”亦有过度膨胀的危机，因此惠能禅宗简易精要的“对法”新说也具有纠偏的现实意义。最后，惠能禅宗的“对法”新说虽然在《坛经》版本中有细微的调整，甚至受到部分读者的怀疑，但由于其不单与前面的三科法门具有高度的一致性，如三科法门在强调外境、中门、内识三分的结构而“对法”则有外境、语言及内心等三分的层次，三科法门重视内在心理活动的分析而“对法”中内心活动亦占绝大多数，三科法门最终将十八界分为邪正性对的十八界也和“对法”的两两相对类似；除此之外，“对法”还是后面的具体教法示例的源泉，惠能甚至指出“此三十六对法，解用通一切经”（法海集记本《坛经》），所以对于禅宗日常教学参究具有更为重要的影响。因此，了解惠能禅宗的“对法”新说，对于理解禅宗各种机缘语录也具有重要的意义。 [13]“外境无情五对”以下七句：作为人们赖以生存以及认识对象的外界环境，它们与具有生命情感的人相比，具有没有情识的特点，主要分为五类彼此相对相生的现象。佛教对于世界的划分有多种形式，常见的则如以五蕴为视角，世间即可分为五蕴世间、众生世间、国土世间，或简称为有情世间和国土世间，又由于心理活动乃是根境和合的产物，故而一般最终会以地、水、火、风等四种最基本元素或性质（所谓“四大”）加以说明。比较而言，惠能禅宗对于外境的解释，虽然择取其作为无情事物的特点，但是在具体展开说明时则以更为接近中国传统文化对于世界的理解方式，所谓天地、日月、明暗、阴阳乃至水火，其中前四对经常出现在《周易》之中，而“水火”则是传统儒家重要代表人物荀子借以说明世界分层的一对范畴，在《荀子·王制篇》中云：“水火有气而无生，草木有生而无知，禽兽有知而无义，人有气有生有知亦且有义。”应该说，惠能“对法”新说对于外在世界的看法既有别于佛教传统以“四大”为主的多元论，也区别于中国传统以“道”或“气”为主的一元论，他将佛教主张的“不二”、“无住”思想与中国文化提出的“相生”、“变易”思想相融合，强调了一种以二元对立统一方式理解世界的方式，这与我们关于世界是普遍存在矛盾运动的辩证过程的认识是相一致的。 [14] 法相语言十二对：或作“语与言对、法与相对有十二对”。从十二对法的主要内容来看，其主要是说，用于说明诸法相状的语言之间也存在对立统一的关系，这些语言名词虽然看似彼此相反，但自身并无实体，而是同一之法的不同相状。 [15] 语与法对：早期《坛经》版本没有，为后来版本据意而增，突出语言与法相整体上相对相成的关系。惠能禅宗特别将语言与法相的关系作为“对法”的重要内容之一，与中国自魏晋以来形成的比较重视“言意之辨”的文化氛围相应，其重视语言又不执著于语言的精神取向在后期《坛经》中得到进一步的发挥。如果说外境无情五对是对于世界现象作整体的、概要的把握，那么法相语言十二对则将这种辩证的把握进一步加以贯彻和拓展，从而有益于人们深化对于现象与现象之间以及现象内部之间所存在的普遍的矛盾关系的认识，于此同时也能有益于对于现象自身特征的认识。 [16] 有与无对：

或作“有为无为对”，二者均常见于《老子》。 [17] 漏（lòu）：“烦恼”的另一种表达，有漏即尚存烦恼而轮回世间，无漏即脱离烦恼而出世间。 [18] 色与空对：特别地见之于《心经》。 [19] 动与静对：或作“动与净对”，见之于《坛经·坐禅第五》以及其他禅宗文献。 [20] 清与浊对：见之于《老子》，后人常以水之清浊论心性的净染，为唐代佛教内外人士所常谈。 [21] 大与小对：或作“大大与少少对、长与短对、高与下对”。 [22] 此是十二对也：早期《坛经》版本虽说有十二对，但实有十三对，后期的版本则加以增减并修订为十二对；这些对法大多数为佛教内外所共有，特别多见于道家经典文献，由此可以想见惠能所处时代的宗教信仰在表达形式方面的融合情境，同时也能看到惠能融摄其他文化以人们喜闻乐见的方式传法弘教的特色。 [23]“自性起用十九对”至“此是十九对也”：如果说外境五对突出的是矛盾辩证的观点，法相十二对突出的是全面联系的观点，那么自性起用十九对则更进一步，表现了惠能禅宗将对外在环境的理解和作为表达理解方式的语言的超越而进入对于内在心念活动状态及其境界的认识，从而展现了由境而相、由相而性的层层递进的认识逻辑路线。其中，“长与短对”本属于法相语言对的范围，乃是《坛经》后期版本作的调整；“慈与毒对”和“悲与害对”，早期版本只作“慈与害对”；在增加二对的同时，早期版本中的“体与用对”、“性与相对”、“有情与无亲对”等则被删除，以保持十九对的总数。其中，体用范畴在《坛经》中具有非常重要的表现，也是中国传统文化自魏晋以来日益重要的哲学范畴之一。 [24] 若解用，即道贯一切经法：或作“解用通一切经”、“若解用即通贯一切经”。是说如果能够熟练运用这三十六对法进行传法弘教，便可谓领会贯通了在佛教经典中的要义，因而可以说“三十六对法”乃是惠能禅宗特有的“方便通经”之法。 [25] 出入即离两边：

离两边即是破除执著两边而守中道。从前后语境来看，既可以理解为对于经典的理解能够抓住核心、取其要义，也可以扩大地理解为禅师教导弟子时能够做到因材施教、助善转迷，还可以指禅师自己在日常行住坐卧、语默动静之间能够但行真心、清净无染。 [26] 自性动用：或作“如何自性起用三十六对”，或是因为《坛经》的编者认识到其所择取的名相虽然大致可从外境无情、法相语言和自性起用上作归类，但是各自下面的具体举例之间却实在缺乏一定的层次和逻辑，而且有重复甚至杂乱的地方，所以即将此句中的“三十六对法”的称呼加以省略而径直谈论其所产生的依据“自性动用”。 [27]“外于相离相”至“便即谤他言著文字”：此处四层分句在前后脉络上形成顶真结构，环环相扣。外于相离相，内于空离空，对于外在境相不执著于境相实有，因为它们常常处在永恒的运动变化之中；对于内在心念也不执迷于心念的空寂，因为它们虽然本性清净，但也同样在不断地发起作用。若全著相，即长邪见，若全执空，即长无明：或作“著空即惟长无名，著相惟邪见”而与前句形成顶真结构，或作“若执全空唯长无明”并用“又却”二字连接下文，最后则将“又却”改为“执空之人有”进一步形成顶真句式。谤经：早期版本作“谤法”。既云不用文字，人亦不合语言，只此语言，便是文字之相；又云直道不立文字，即此不立两字，亦是文字，见人所说，便即谤他言著文字，这里对“不用文字”和“不立文字”的辩证分析略显不连贯是因为对原有的语序进行了调整，其他版本的《坛经》或作“师曰说法之人口云不用文字，世人道者尽不合言‘正语之时即是文字’，文字上说空、本性不空即是文字无邪心，即自大道不立文字，只这不立两字即是文字，见人所说便即谤他言著文字”，从中可见如何从“不用”到“不立”的轮转，在更早的版本中，相应的段落只作“既云不用文字，人不合言语，言语即是文字；

自性上说空，正语言本性不空；迷自惑，语言除故”，语意似乎更简单容易把握。大意均是说不能执著于作为自心自性体现的语言文字，文字上执著乃是作茧自缚，自心觉悟才是关键正道。 [28] 若著相于外，而作法求真：或作“若著相于外而求真戒”，真戒即自性无相戒。 [29] 但听依法修行：或作“不劝依法修行”连于上句表示批判，或作“不劝依法修行，但只听说修行”进一步批判修行不落于实处、只徒“听说”而已。但现在的上下文，似仍是强调要依正法修行。 [30] 又莫百物不思，而于道性窒碍：意在强调不可以什么都不思维，如果这样就是障道因缘，因为道须流通，念念当如如真实。道性窒碍，与《坛经·定慧第四》“道须通流”相反。 [31] 无住相法施：或作“常行无相法施”，《金刚经》中说：“菩萨于法应无所住行于布施，所谓不住色布施、不住声香味触法布施。”自“汝等须知”至“不失本宗”，在早期版本的《坛经》中是没有的，但是从前后文来看，惠能禅宗以破除执著的无相法施为经典依据，对于惠能独具一格的“对法”予以论证的同时，实际上也批判了一些将惠能禅宗思想精神（包括“对法”在内）进行教条主义宣说的做法。 [32] 二道相因，生中道义：或作“问一边将一边对，二法相因生中道义”、“二法相因生中道义”，此为早期版本所无，但所有版本前文均有相似表达乃为“来去相因，究竟二法尽除，更无去处”，故知此句大意是说运用对法相对相生的特点可以破除人心的执著，引导人们获得觉悟。这里的“中道”同样不能如将“二道”（或“二边”、“二法”）做静态的、偏执的理解，或许正是这一原因，所以有的《坛经》版本特别将“二法尽除”改为“三法尽除”。 [33] 如一问一对：或作“教汝一问”。 [34] 设有：或作“吾今教汝一答”。 [35]“明是因”以下七句：关于明暗的回答内容，或作“明；明是因，暗即缘；有明明没即暗；但无明暗；以明显暗，以暗现明，来去相因，成中道义。余问悉皆如此”。这是说，如果有人问“暗”，答的时候首先答“明”，然后将二者同时放入普遍联系的因缘网络之中，可以说“明是因，暗是缘”，当具体存在着的光明一旦隐没，便是黑暗的来临；世间实际上并无永恒不变的“明”或“暗”；正是光明的照耀才显示出黑暗的存在，正是黑暗的存在才显示出光明的可贵，二者可以互为因缘，从中能够悟得真实的道理。在早期《坛经》版本中，紧随“迷自惑，语言除故”之后，有曰：“暗不自暗，以明故暗；暗不自暗，以明变暗；以暗现明，来去相因。”直接从缘起“无自性”的角度，从“暗不自暗”中推导出需要对立的“明”予以说明和转化，似乎语意更为清晰。 [36]余问悉皆如此：或作“三十六对，亦复如是”。 [37]“汝等于后传法”以下三句：或作“大师言十弟子：已后传法，递相教授一卷《檀经》，不失本宗；不禀授《檀经》，非我宗旨。如今得了，递代流行，得遇《檀经》者，如见吾亲授。十僧得教授已，写为《檀经》，递代流行，得者必当见性”、“师教十僧已。报言：于后传法，递相教授《坛经》即不失宗旨。汝今得了，递代流行，后人得遇《坛经》，如亲见吾教示。十僧。汝等抄取，代代流行，若看《坛经》，必当见性”、“师教十僧：于后传法以《坛经》迭相传授，即不失宗旨，汝今已得法了，递代流行，后人得遇《坛经》，如亲承吾教，若看《坛经》，必当见性”，虽然内容上日益有所修订，但是其共同特点都是保持了“《坛经》传宗”的传法方式。

师于太极元年壬子，延和七月[1]【是年五月改延和，八月玄宗即位，方改元先天，次年遂改开元，他本作先天者，非。】命门人往新州国恩寺建塔[2]，仍令促工。次年夏末落成[3]，七月一日[4]，集徒众，曰：吾至八月，欲离世间，汝等有疑，早须相问，为汝破疑，令汝迷尽[5]。吾若去后，无人教汝。

法海等闻，悉皆涕泣[6]。惟有神会，神情不动，亦无涕泣。师云：神会小师[7]，却得善不善等，毁誉不动，哀乐不生，余者不得[8]，数年山中，竟修何道？汝今悲泣，为忧阿谁[9]？若忧吾不知去处，吾自知去处；吾若不知去处，终不预报于汝。汝等悲泣，盖为不知吾去处；若知吾去处，即不合悲泣。法性本无生灭去来[10]。

人生有生死，法性无去来。惠能面对生死无常的超然态度，与儒道的“相和而歌”、“鼓盆而歌”，共同体现了中国文化中的一种豁达的生死观。

汝等尽坐，吾与汝说一偈，名曰《真假动静偈》，汝等诵取此偈[11]，与吾意同，依此修行，不失宗旨。众僧作礼[12]，请师说偈。偈曰：

一切无有真，不以见于真，
若见于真者，是见尽非真。
若能自有真，离假即心真[13]，
自心不离假，无真何处真。
有情即解动[14]，无情即不动，
若修不动行[15]，同无情不动。

若觅真不动[16]，动上有不动，
不动是不动[17]，无情无佛种。
能善分别相，第一义不动，
但作如此见，即是真如用。
报诸学道人，努力须用意，
莫于大乘门，却执生死智[18]。
若言下相应[19]，即共论佛义[20]，
若实不相应，合掌令欢喜[21]。
此宗本无诤，诤即失道意，
执逆诤法门，自性入生死。

时徒众闻说偈已，普皆作礼，并体师意，各各摄心，依法修行，更不敢诤，乃知大师不久住世[22]。法海上座再拜，问曰：和尚入灭之后，衣法当付何人[23]？

师曰：吾于大梵寺说法[24]，以至于今，抄录流行，目曰《法宝坛经》。汝等守护[25]，递相传授，度诸群生，但依此说，是名正法。今为汝等说法[26]，不付其衣，盖为汝等信根淳熟，决定无疑，堪任大事。然据先祖达磨大师付授偈意[27]，衣不合传。偈曰：

吾本来兹土[28]，传法救迷情，

一华开五叶，结果自然成。

一般认为，这是暗示了惠能去世以后，南宗门下将会出现五家分派的局面。一说“五叶”是指自达摩至弘忍的“五代”。

马大师问曰：如何用意合禅定无相三昧？师曰：汝若学心地法门，犹如下种，我说法要，譬如天泽，汝缘合故，当见于道。马大师又问曰：和尚云见道，道非色故，云何能睹？师曰：心地法眼，能见于道。无相三昧，亦复然矣。(《宗镜录》)

师复曰：诸善知识，汝等各各净心，听吾说法[29]。若欲成就种智[30]，须达一相三昧[31]，一行三昧。若于一切处而不住相，于彼相中不生憎爱，亦无取舍，不念利益成坏等事，安闲恬静，虚融澹泊，此名一相三昧。若于一切处，行住坐卧，纯一直心，不动道场，真成净土，此名一行三昧。若人具二三昧，如地有种，含藏长养，成熟其实，一相一行，亦复如是。我今说法，犹如时雨，普润大地，汝等佛性，譬诸种子，遇兹霑洽[32]，悉得发生，承吾旨者，决获菩提，依吾行者，定证妙果[33]。听吾偈曰：

心地含诸种，普雨悉皆萌，

顿悟华情已，菩提果自成。

师说偈已[34]，曰：其法无二，其心亦然，其道清净，亦无诸相。汝等慎勿观静，及空其心，此心本净，无可取舍，各自努力，随缘好去。尔时徒众，作礼而退。

[注释]

[1] 太极元年壬子，延和七月：《宋高僧传》作“延和元年七月”。太极元年即712年，壬子为天干地支纪年法，其中天干为甲、乙、丙、丁、戊（wù）、己、庚、辛、壬（rén）、癸（guǐ），地支为子、丑、寅、卯（mǎo）、辰、巳（sì）、午、未、申、酉（yǒu）、戌（xū）、亥，以“甲子”为首依次配合成六十年为一个周期，俗称“六十年一甲子”。太极与下文“延和”、“先天”均是唐睿宗在同一年所行的年号，其中“先天”乃是唐睿宗李旦传位于太子李隆基而自称为太上皇时所改的年号，表面上是唐玄宗的年号，实际上乃是唐睿宗掌握皇权；至先天二年七月发生太平公主与李隆基争夺权力的“先天政变”后，唐玄宗李隆基正式确立皇位，并于十二月改为“开元”年号，因此原文的注释中说“次年遂改开元，他本作先天者，非”，本意应当是指：因为“先天元年”是从八月开始的，不应写作“先天元年七月”（有这样写法的《坛经》只有敦煌出土的版本）。然而由于注释者没有核查“开元”年号的起始时间是在先天二年末，从而导致误认没有先天二年，乃至将后文惠能的去世时间改为了“开元元年”；同时，有的注释则明确说“次年即改为开元，先天即无二年，他本作先天二年者，非”，所以这种注释便是错误的了。实际上，唐宋之间包括早期《坛经》在内的很多重要佛教文献也多采用“先天二年”之说。 [2] 建塔：在佛教中的“塔”又称“塔婆”、“兜婆”、“窣（sū）堵波”等，巴利语 Thūpa，梵语 Stūpa，指由土石高积而成的建筑物，内部一般会用称为“龛（kān）”的房室或阁子置有佛教法物（如佛骨舍利、佛教经典等），象征佛教正法、觉者高风之所在，因此成为人们瞻仰信奉的神圣对象，《坛经》即称放置惠能真身舍利的地方为“神龛”。中国禅宗僧人为祖师建塔立碑，犹如中国传统文化中后人为祖先树碑建坟一般，具有非

常重要的意义。惠能在这里使人到新州故里建塔，一方面是希望佛教正法能够永住，另一方面也是预示自己不久将去世。在这一背景下，惠能展开了对于死亡应秉持的态度、正法如何相传等问题的教导。由于惠能不同弟子的影响力因时因地而有区别，而建塔事件又意义非凡，所以一些资料记载不一甚至相冲突，这些不同资料实际上反映了惠能禅宗整体繁盛的同时也存在一定的地域分化。例如据神会的《南阳和尚问答杂征义》，惠能在景云二年（711）便令弟子玄楷、智本到新州故宅建塔，先天元年九月前往新州，直至二年八月三日去世；《历代法宝记》承其说，但说新州之塔至先天元年（712）九月之前已成；而《曹溪大师别传》则又有更多的补充，其一是惠能在景云二年曾先令门人于韶州曹溪造塔，只是一直到先天二年七月尚有部分没有完工；其二是说惠能提出前往新州故里发生在“先天”之前的“延和”期间；其三则说惠能在新州去世时，当地首领欲留惠能真身于国恩寺起塔供养，后来曹溪僧人崇一等人通过刺史的帮助才在同年十一月十三日将惠能真身迎入曹溪所建塔中；在后期的《坛经》版本中，则进一步记载说“广韶新三郡官僚洎门人缁（zī）白各营塔婆争迎真身”（明洪武六年版《坛经》），这里又增加了广州僧众力量的影响力，而广州法性寺正是惠能出家为僧的重要地方。缁白，即通过僧俗所穿衣服的不同而代指僧俗大众。塔婆，即塔。 [3] 次年夏末：次年即 712 年；夏末应该为六月末，因为农历夏天为四、五、六三月。落成：即建好塔的意思。 [4] 七月一日：早期版本作“七月八日”。 [5] 令汝迷尽：或作“当令迷者尽，使汝安乐”、“当令迷尽，使汝安乐”，“安乐”在佛教中比较著名的定义有二，一是出自《法华经·安乐行品》的四安乐行，所谓身安乐、口安乐、意安乐、誓愿安乐，前三为自修自受，后者乃自利利他；其二则出自净土经典，所谓“安乐国”，代表极乐世界西方净土。

早期《坛经》版本存有“安乐”，反映了惠能禅宗与净土思想的融合关系，与其自心净土、自性弥陀的基本主张是一致的。或是由于强调自性自力的禅宗与强调他力拯救的净土宗分派严重，所以后期《坛经》版本便将此更多代指净土宗信仰表征的“安乐”删除了。 [6] 悉皆涕泣：或作“涕泪悲泣”。 [7] 神会小师：或作“神会小僧”，神会 684 年生，此时 30 岁，出家受戒时间尚短，故称为小。 [8] 余者不得，数年山中：或作“余者空得数年山中”。 [9]“为忧阿谁”以下三句：或作“更有阿谁忧吾不知去处在？”阿谁即何人：为口语表达。 [10] 法性本无生灭去来：或作“性听无生灭、无去无来”、“法性体无生灭去来”，“听”、“体”二字繁体形似，是说诸法本性清净，不生不灭，不应执著于生灭去来的现象。惠能依此看破生死，神会据此不动神情，他们这种以中国佛教方式所呈现的对于死亡的认识与态度，与中国儒道文化形成的“视死如归”乃至“鼓盆而歌”等一起，共筑着中国传统文化对于生死的一种豁达的人文智慧。 [11]“汝等诵取此偈”以下三句：或作“见此偈意，汝吾同于此修行”、“见此偈意，与吾同依此修行”。此句大意是说这首偈颂蕴含着禅宗要义，诵读此偈与我心意相同，从而依据此要义修行。 [12] 众僧作礼，请师说偈：或作“僧众礼拜，请大师留偈，敬心受持”，文雅及整齐方面则欠佳。 [13] 离假即心真：或作“离假即非真”。按照“对法”的原则，欲知真义，真不自真，离假故真，心无真假，即是正真。在批评将真心视为孤立自存的实体的同时，自然而然地深入到下文对于真心本性不住的动静方面的说明。 [14] 有情即解动，无情即不动：或作“有性即解动，无性即不动”、“有性即解动，无情即不动”，据惠能禅宗对于世界的看法，可以从有情众生与无情外境来划分，而有情众生的特征在于本性具有菩提之知，故而有情、有性可以通用。也正是因为有情众生与无情外境的区别在于具有菩提智慧，所以有情众生可以理解会通“动”及至“不动”乃是自身存在的方式，无情外境则无法做到这一点，故而无情虽动而不解动，同于不动。因此，“有情即解动，无情即不动”，并不是从存在的现象而言，而是从存在者的内在情识而言，具有人文主义的内涵，《坛经·行由第一》中的“不是风动，不是幡动，仁者心动”与此是一致的。 [15] 若修不动行，同无情不动：如果执迷于修行“不动”，如心观静（净）、身静坐等，便犹如不动的无情而迷失了自己，阻隔了有情运动不息的存在方式。 [16] 若觅真不动，动上有不动：将“动”与“不动”纳入“对法”中理解，是说如果是真正的修行，真正的“不动行”，应该在行住坐卧、语默动静中实现。觅，或作“见”。 [17] 不动是不动，无情无佛种：如果偏执于一端，不以“动”理解“不动”，只是以“不动”理解“不动”，不动就是不动，那么便犹如“无情”一样，没有了智慧的种子，还怎么觉悟成佛呢？值得注意的是，自南北朝以来，中国佛教日益普遍接受了《涅槃经》所倡导的“一切众生皆有佛性”，在此氛围中，惠能禅宗进一步强调人们应该回向自心获得根本的觉悟之道，因此在《坛经》的行文中，常常令人感到惠能并不十分重视外境的探讨，甚至他将五蕴众生分为有情众生和外境无情，有将“有情众生”和“无情众生”对立看待的倾向，所以在惠能禅宗中形成了“有情有佛性”与“无情无佛种”针锋相对的观点，随着禅宗的繁兴，本来“众生是否有佛性”的问题于是一转而成“无情是否有佛性”的问题。实际上，在早期《坛经》版本中，惠能“对法”中亦有“有情与无情对”属于“自性起用对”，而且按照“对法”的原则，“有情有佛性”与“无情无佛种”实际上又称为新的“二法”，当初的用意实际上都在于启悟人心。 [18] 却执生死智：对生死偏执的愚痴。生死智，落于生死之见识。 [19] 若言下相应：或作“前头人相应”，是说学道者如果能领会其中的要义。 [20] 佛义：或作“佛语”。 [21] 欢喜：或作“劝善”。 [22] 乃知大师不久住世：感到惠能禅师不久将去世。 [23] 衣法当付何人：按照《坛经·行由第一》中五祖弘忍的说法，从上以来历代祖师传法，皆以达摩信衣为信证，代代相承，同时又说“衣为争端，止汝勿传”，由此便会产生惠能去世以后如何传法的疑问。但令人有点疑惑的是，参与大梵寺听传般若法、受持无相戒的法海应该明白地知道以后只是以心传心，同时常常了解到惠能通过多种方式力图启发人心觉悟，他又是惠能寄予厚望的僧人之一，并接受“三科三十六对法门”的教导，他为何还要在惠能将要去世时再次提出“衣法当付何人”的问题呢？在不同的《坛经》版本中，惠能对这一问题的回答有所不同，比较早的版本因为将“《坛经》传宗”的《坛经》主要界定为大梵寺传法授戒，同时也包括如何传授的“三科三十六对法”，所以当法海问及这一问题时，惠能即说“法即付了，汝不须问”，因而“衣法当付何人”的问题就变成了为什么“衣不合传”以及“何人”为重要代表的两大问题。值得注意的是，和以往从“衣为争端”的事实加以说明不同，这里是依据祖师“传衣付法颂”这种艺术化的方式加以解释，在客观上淡化了“传衣”的重要性，容易化解为衣而争的禅派间的紧张关系。至于“何人”为传法代表，早期版本多主张对惠能禅宗传播于北方政治文化中心做出重要贡献的神会禅师，后期版本则愈发对之进行了不同的调整，反映了惠能禅宗在不同时期不同地域的传播和兴盛情形。 [24]“吾于大梵寺说法”以下四句：或作“吾于大梵寺说法，直至今日，抄录流行，名《法宝坛经》（或“《法宝记》”、“《法宝坛经记》”），《景德传灯录》等亦云“韶州刺史韦据请于大梵寺转妙法轮并受无相心地戒，门人纪录目为《坛经》盛行于世”，都认为《坛经》乃是指惠能大梵寺说法受戒的记录，但是作为比较早的"集记本"《坛经》在经首即云"惠能大师于大梵寺讲堂中升高座说摩诃般若波罗蜜法、受无相戒……刺史遂令门人僧法海集记，流行后代与学道者承此宗旨、递相传授、有所于约、以为禀承，说此《坛经》"，而在"三科三十六对法"讲完时还提到"十僧得教授已，写为《檀经》"，即"法海集记"的内容已经不止大梵寺说法了。后来的《坛经》版本在这里特别对经名予以界定，虽然可以作为《坛经》主要内容的说明，但是并不完整，因为《坛经》内容是在随着集记和不断整理的过程中不断有所改变的，而且如果不考虑对照其他文献，将后期版本的界定理解为从大梵寺说法以至于今的其他重要说法被结集在一起便可谓是《坛经》。曾经校勘过《坛经》的宋代契嵩即认为"刺史韦据命居其州之大梵寺说法，其时玄儒之士趋而问道者甚众，犹孔氏之在洙泗也，其徒即集其说，目曰《坛经》"，并说"称经者，自后人尊其法而非六祖之意也"，契嵩禅师的解释比较合乎《坛经》形成乃至变化的事实。 [25]"汝等守护"以下五句：早期版本只作"法即付了，汝不须问"。是名正法，或作"是真正法"，是说《坛经》是真正的法宝，正法通过《坛经》传承。 [26]"今为汝等说法"以下五句：早期版本的《坛经》相应的内容乃是关于神会禅师在惠能去世后二十年左右在河南以及两京厘定佛法是非、树立南宗宗旨的事迹，相当于是对"何人"是重要的传法者的回答，反映了神会禅师的影响一时很大。信根淳熟：即对正法坚信不疑。 [27] 付授偈：或作"传衣付法颂"、"传衣偈"，是指付法传衣时的偈颂。 [28]"吾本来兹土"以下四句：或作"吾大来唐国，传教救名情，一花开五叶，结果自然成"、"吾本来东土，说法救迷情，一花开五叶，结果自然成"，从"传法"二字可见其修订性质。其中，"一华开五叶"常被后人用于类比中国禅宗在唐宋之间形成的五大派别，即沩仰、临济、曹洞、法眼、云门，这是将其作为“结果自然成”的形象展开来看的。在这里，“一华开五叶，结果自然成”或许也可以理解为是一种先后关系，即“一华开五叶”是指从达摩至惠能的五传衣法，表示禅宗早期阶段禅宗要义尚未得到人们的普遍信仰，所以还需要信衣作为引导；“结果自然成”是指惠能以后止衣不传、只是传心的情形，这时禅宗要义业已得到人们广泛的认同，本来作为引人信仰正法的袈裟便没有再继续相传的必要了，所谓“衣不合传”。在早期《坛经》版本中，也录写了自第二祖慧可至第六祖惠能的“传衣付法偈”，可以作为“一华开五叶”的印证，但或是由于其偈颂语意很难与“衣不合传”相关联，故而后来的《坛经》编辑者只留下了惠能的一首偈颂，而且统一称为“付授偈”，而不再称为“传衣付法颂”或“传衣偈”。值得一提的是，早期版本所记的惠能“传衣付法颂”之后，还有二颂，即“心地邪花放，五叶逐根随，共造无明叶，见被叶风吹”和“心地正花放，五叶逐根随，共修般若惠，当来佛菩提”，这与前文惠能叙述“三科法门”时所说的“自性若邪起十八邪，自性若正起十八正；若恶用即众生用，善用即佛用”，如出一辙。　[29] 说法：或在其下尚有“汝等诸人自心是佛更莫狐疑，外无一物而能建立，皆是本心生万种法，故经云：心生种种法生，心灭种种法灭”四十三字，经典文字出自《大乘起信论》。　[30] 种智：又名“一切种智”，与一切智、道种智共称为三智，佛教说一切智为声闻、缘觉二乘所有，以认识共相为特点；道种智为菩萨所具有，以认识差别相为特点；一切种智则兼备二者为最圆满的觉悟智慧。　[31]“须达一相三昧”至“此名一行三昧”：一行三昧源自《文殊说般若经》，一相三昧源自《华手经》，在《大乘起信论》中，梁代真谛所译一行三昧，唐代实叉难陀所译一相三昧，其内涵均为“知一切诸佛法身与众生身平等无二”，这种解释对于中国禅宗影响很大。明末四大高僧之一藕益智旭（1599—1655）曾解释说："心佛众生，三无差别，故名一相三昧。梁本名一行三昧。约所证名一相，约能证名一行，当知一行即一相也。"从《坛经》这里的解释来看，一行三昧如《坛经·定慧第四》中所说，一相三昧与之相比则确实有更强调不执迷于外相的特点，二者犹如无住真心的两面，所谓"于相而无相"、"于念而不念"，又如"外于相离相，内于空离空"。 [32] 霑（zhān）洽：指雨水充足，普遍滋润。 [33] 以上一段正是惠能偈颂的解释。 [34] "师说偈已"至"作礼而退"：此段相应的内容或作"六祖说偈已了，放众生散，门人出外思惟，即知大师不久住世"、"师说偈已，令门人散，众相谓曰：大师多不久住世间"，由于前文均已谈及，故而后来被删除。

大师七月八日 [1]，忽谓门人曰：吾欲归新州，汝等速理舟楫 [2]。大众哀留甚坚 [3]。师曰：诸佛出现，犹示涅槃。有来必去 [4]，理亦常然。吾此形骸，归必有所。

众曰：师从此去，早晚可回 [5]？

师曰：叶落归根 [6]，来时无口。

又问曰：正法眼藏 [7]，传付何人？

师曰：有道者得 [8]，无心者通。

又问：后莫有难否 [9]？

师曰：吾灭后五六年 [10]，当有一人来取吾首。听吾记曰：

头上养亲[11]，口里须餐，

遇满之难，杨柳为官。

又云：吾去七十年[12]，有二菩萨，从东方来，一出家，一在家，同时兴化，建立吾宗，缔缉伽蓝，昌隆法嗣。

宗教预言，是宗教信仰的一部分，虽有神秘色彩，但从一个侧面反映了宗教传播的历史情景。

[注释]

[1] 七月八日：即先天二年（713）七月八日，《祖堂集》《景德传灯录》等均说以下一些语录发生在七月一日，而这些语录在早期版本中并没有记录。 [2] 舟楫（jí）：即指船只。由于韶州、新州等处于珠江三角洲地带，其间河流密布，所以这里取水路用船只代行。 [3] 大众哀留甚坚：大家苦苦哀求，坚意挽留。 [4] 有来必去，理亦常然：有生便有死，这是生命过程永恒不变之理。此与“法性本无生灭去来”共同构成觉悟的两面，前者主要是从客观的、存在的方面说，后者则侧重从主观的、认识的方面看。 [5] 早晚可回：什么时候还可回曹溪来？ [6] 叶落归根，来时无口：从前后文来看，暗指惠能在新州故乡去世，惠能的真身又将被迎请至曹溪宝林寺供养。无口：不再张口，引申为去世。 [7] 正法眼藏，传付何人：《祖堂集》作“其法付谁”，《景德传灯录》作“师之法眼，何人传受”。《传法正宗记》作“师之法眼，付授何人”，大意是说正法传付给谁呢？ [8] 有道者得，无心者通：有正道者得获，无邪心者通达。 [9] 后莫有难否：以后会有什么劫难吗？后期《坛经》等文献记此一问，而且根据回答来看，“难”主要是指身体受损之难，而不是弘法传教之难，或弘法传教已不再是首要之难。 [10] 吾灭后五六年，当

有一人来取吾首：此是宗教预言，从一个侧面反映了禅宗信徒神化惠能及对惠能的崇拜。《宋高僧传》记此“取首事件”发生在开元十一年（723），《景德传灯录》《传法正宗记》记其发生于开元十年八月三日惠能祭日。据《神会和尚禅话录》《历代法宝记》《曹溪大师别传》以及《坛经》等早期禅宗文献记载，禅宗五祖弘忍之后南北二宗门徒围绕传法袈裟争端非常激烈，甚至有刀棒相向。在后期《坛经・顿渐第八》中还保存着惠能生前即遭祖籍江西的游侠张行昌砍头的传说；在《菩提达摩南宗定是非论》的神会语录中则称有荆州刺客张行昌在开元二年（714）乔装僧人欲取惠能真身头部，惠能遗体当时被他砍了三下，还说开元七年（719）有北宗弟子武平一磨破了韦据为惠能所写的碑文；在《曹溪大师别传》中虽然保留了武平一磨碑文的事情，而且也说“吾传此衣，三遍有刺客来取吾命”，但又说在开元二十七年（739）有位刺客欲取惠能真身亦未遂，惠能遗体当时被移到庭院中且被砍数下，并且记载曹溪僧人迎请惠能真身入龛塔之前曾经将“头颈以铁鍱（yè）封裹，全身胶漆”（《大藏新纂卍续藏经》第 86 册，第 52 页下）；在《宋高僧传》中则传说惠能早有“吾灭后有善心男子必取吾元，汝曹勿怪”的预言，所以后人才会“加铁环缠颈焉”（《大正藏》第 50 册，第 755 页中），而且提到在开元十一年有汝州（今河南汝州）人受新罗人雇佣取惠能首级前往海东供养，这里的海东即今朝鲜半岛地区，新罗是当时形成的王朝之一；宋代以后流传朝鲜地区的很多禅宗文献（包括后期《坛经》）对此则有更为详细的记载，然而这一“取首事件”在朝鲜地区又有不同的版本流传。在中国流传的金大悲雇佣张净满盗取惠能头部的事迹，其结果是失败的。但当载有这样故事的《坛经》流传至朝鲜地区时，有僧人认为惠能的预言（“吾灭后五六年”）乃是指三十年后有人取首，便发愿成就此事，以化新罗，因此与新罗人金大悲等雇佣张净满成功地将惠能顶相（项）取归海东，还建立了寺塔将其供养，即今韩国全罗南道智异山双溪寺中的“六祖顶相塔”。可见，“取首事件”不单是历史事件，更是文化事件，从其在不同时期乃至不同地区流传的主要内容来看，其中先后承载了早期南北二宗的派系矛盾、信奉法衣袈裟到争迎惠能真身的信仰转变以及惠能禅宗从中国向海外流传的文化事实。同时，从惠能觉悟到惠能真身供养乃至顶相塔的海外建立，也能看到惠能禅宗在传播的过程中日益与佛教传统信仰要素相结合以适应不同地域人群的需要。其中，佛教长期流传着三十二相、八十种好的佛相崇拜，身相、顶相、顶骨崇拜又很常见，中国以儒家为主流的传统文化特别注重“身体发肤，受之父母，不敢毁伤，孝之始也”（《孝经》），作为传统文化重要组成部分而受道家思想影响的道教在终极理想上也是强调肉身长生是成仙非常重要的内容，而且中国古人去世后并不采取传自印度佛教的焚烧尸体等做法而是多行全身土葬，故而从惠能真身全身入塔中可见印度佛教文化中国化的表现。深受中国传统文化影响和滋养的朝鲜地区在接受禅宗的过程中，产生出窃取惠能顶相的传说并最终建立起对于惠能顶相崇拜的“六祖顶相塔”，反映了中印文化交流融合在新时期新地域的又一发展演化。 [11]“头上养亲”以下四句：这是关于惠能灭度后将有祸的预言，即指新罗僧人金大悲雇佣张净满假扮成孝子到曹溪，欲取惠能首级回海东供养，但并未能得逞。头上养亲：即指孝子。口里须餐：即指设斋供养。遇满之难：即遭遇张净满取首级之祸。杨柳为官：为官者为杨姓和柳姓，杨即县令杨侃，柳即刺史柳无忝。具体内容详见本书附录部分（第 297 页）《令韬录》中的相关说明。 [12]“吾去七十年”至“昌隆法嗣”：这是关于惠能灭度后将有福的预言，当是南宗门人为抬高本系所加的内容。“二菩萨”具体所指，说法不一。有的认为是指南岳系的马祖道一和修缮曹溪祖庭的惠象，有的认为是马祖道一和石头希迁，还有韩国学者认为指的是海东新罗的道义和慧昭。伽蓝：即佛教寺院。此段文字《曹溪大师别传》作“我灭度七十年后，有东来菩萨，一在家菩萨，修造寺舍；二出家菩萨，重建我教门”，二者虽然在细节上有一定差别，但是整体大意相同，均是在说经过困难之后，惠能禅宗将得以兴盛。虽然其中提到七十年后，根据其所涉及的内容却不清楚东来菩萨具体是指谁，而并不如早期《坛经》版本中所出现的二十年的预言那样明确是指神会。同时，《坛经》在这里所流传的关于惠能禅宗兴盛的预言也合乎惠能禅宗自南而北、自西而东的传播扩展总趋势，“菩萨东来”也与禅宗传说的“达摩西来”形成一种历史文化的转移。

问曰：未知从上佛祖应现已来[1]，传授几代，愿垂开示。师云：古佛应世[2]，已无数量，不可计也。今以七佛为始[3]，过去庄严劫[4]，毗婆尸佛、尸弃佛、毗舍浮佛，今贤劫拘留孙佛、拘那含牟尼佛、迦叶佛、释迦文佛，是为七佛。已上七佛，今以释迦文佛首传。第一摩诃迦叶尊者，第二阿难尊者，第三商那和修尊者，第四优波毱多尊者，第五提多迦尊者，第六弥遮迦尊者，第七婆须蜜多尊者，第八佛驮难提尊者，第九伏驮蜜多尊者，第十胁尊者，十一富那夜奢尊者，十二马鸣大士，十三迦毗摩罗尊者，十四龙树大士，十五迦那提婆尊者，十六罗睺罗多尊者，十七僧伽难提尊者，十八伽耶舍多尊者，十九鸠摩罗多尊者，二十闍耶多尊者，二十一婆修盘头尊者，二十二摩拏罗尊者，二十三鹤勒那尊者，二十四师子尊者，二十五婆舍斯多尊者，二十六不如蜜多尊者，二十七般若多罗尊者，二十八菩提达磨尊者【此土是为初祖】，二十九慧可大师，三十僧璨大师，三十一道信大师，三十二弘忍大师，惠能是为三十三祖[5]。从上诸祖[6]，各有禀承，汝等向后，递代流传，毋令乖误。

人以道尊，道以人弘。

［**注释**］

[1]“未知从上佛祖应现已来”以下三句：或作“此顿教法传受从上已来至今几代”、“此法徒上至今传受几代，愿和尚说”，大意是问禅宗的祖师谱系如何，这是禅宗在注重家世祖宗谱系的中国文化中经常被问到的问题，从而成为惠能禅宗的重要内容之一。早期《坛经》记载这一问题的提出不是在七月八日，而是在“八月三日食后”，或“八月二日食后”（其之所以有这一调整或是其对《坛经》结尾均称惠能灭度时间是“八月三日”具体地补充为“八月三日夜三更时”有关），不过宋代契嵩《传法正宗记》说惠能去世是在“八月之二日”则有失察之处，唐宋间多数文献均主张惠能去世在八月三日，并将八月三日定为惠能祭日。后期《坛经》将惠能关于祖师谱系的传说往前提，反映了这一问

题已经从很具争议的问题转变成了具有一定共识性的问题。据佛教相传，禅修特别重视高僧的指点，在佛教禅法传入中国的早期，北方著名的僧叡法师即认识到“学道无师，道终不成”（《大正藏》第 55 册，第 65 页上），南方著名的慧远法师特别看重《达磨多罗禅经》中列出的“佛灭度后尊者大迦叶，尊者阿难，尊者末田地，尊者舍那婆斯，尊者优波崛，尊者婆须蜜，尊者僧伽罗叉，尊者达摩多罗，乃至尊者不若蜜多罗”（《大正藏》第 15 册，第 301 页下）这样的祖师传承谱系，后来这一谱系成为中国禅宗西方祖师谱系的重要来源之一，特别在早期禅宗史料文献中被援引；另外，中国佛教进入创宗立派的过程中，又出现了《付法藏因缘传》这样专门记述佛教师资传承的文献，其中涉及西方祖师二十四位，其先是受到天台宗的重视，后来也成为禅宗祖师谱系的重要组成部分。禅宗主要根据《达磨多罗禅经》《付法藏因缘传》以及流传甚广的“七佛说”等资料文献逐渐梳理出了西天二十八祖的说法，同时加上禅宗早期日益成立的东土六祖之说，构成了从上以来直至惠能辗转相传的说法。 [2]“古佛应世”以下三句：以往的佛已有非常之多。这体现了大乘佛教的佛陀观。按照早期佛教的理解，只有佛教创教者释迦牟尼觉悟成道后，才被称为佛。至于其他人，则被认为修行的最高果位只能成为罗汉。这种世界只有一佛的观念随着大乘佛教的发展而日益发生变化，逐渐形成了一种非常开放宏达的佛陀观，不仅认为十方世界各自有佛与此方世界之佛同时存在，而且认为过去、现在、未来也都有佛异时而出现。惠能禅宗的佛陀观继承了大乘佛教的说法，同时又特别注重祖师的传授和自心的觉悟，从而又不同于注重以传承经律论等佛教经典为特征的其他佛教派别。 [3] 七佛：即七位佛，这不仅是大乘佛教佛陀观的体现，也适应了中国社会对祖先崇拜信仰的风俗，所以得到普遍的传播。 [4] 过去庄严劫：按照佛教对于世界生住异坏的理解，世界可以从三大时间段加以描述，即所谓三大劫，分别为过去庄严劫、现在贤劫和未来星宿劫，其中过去三佛与现在四佛合称七佛，成为在佛教中比较流行的信仰对象。然而，有佛教经典或说不可计数的佛或隐或显，或说每一劫都有千佛出世，而中国佛教流行七佛之说乃是因为中国社会敬拜祖宗常亦立七位之数的缘故。 [5] 惠能是为三十三祖：早期版本或以七佛连续记数，故称惠能为第四十。早期《坛经》与后期《坛经》关于具体的祖师序列虽然有比较大的调整，但这种数字排位上的变化，在一定程度上反映了禅宗祖师谱系的建立和完善的过程。后期《坛经》所载的祖师谱系与《景德传灯录》《传法正宗记》相同，而后两书在宋代形成后不久便很快被选入佛教《大藏经》流通传播，从而推动了禅宗祖师谱系的稳定和传播。 [6]“从上诸祖”以下五句：或作“大师言：今日已后递相传受，须有依约，莫失宗旨”、“师曰：吾今付法于汝。汝等于后递相传授，须有禀承衣约，莫失宗旨”、“师曰：众人今当受法。汝等于后递相传付，须有禀承依约，莫失宗旨”，从中可见细微变化的同时，能够发现惠能说话的对象从“汝（法海）”逐渐变为“汝等”的过程，反映出此种祖师谱系在新的时期已达到了一定的共识，并非如当初少数人所传并且互相有所乖违。

大师先天二年癸丑岁[1]，八月初三日【是年十二月改元开元】，于国恩寺斋罢，谓诸徒众曰：汝等各依位坐，吾与汝别。法海白言：和尚留何教法[2]，令后代迷人得见佛性？师言：汝等谛听[3]。后代迷人，若识众生[4]，即是佛性；若不识众生，万劫觅佛难逢[5]。吾今教汝识自心众生[6]，见自心佛性。欲求见佛[7]，但识众生，只为众生迷佛，非是佛迷众生。自性若悟[8]，众生是佛；自性若迷，佛是众生。自性平等，众生是佛；自性邪险，佛是众生。汝等心若险曲，即佛在众生中；一念平直，即是众生成佛。我心自有佛，自佛是真佛，自若无佛心，何处求真佛。

慧海禅师云："当知众生自度，佛不能度；努力努力自修，莫倚他佛力。"（《顿悟入道要门》）

汝等自心是佛[9]，更莫狐疑，外无一物而能建立，皆是本心生万种法。故经云：心生种种法生，心灭种种法灭。吾今留一偈，与汝等别，名《自性真佛偈》[10]，后代之人识此偈意，自见本心[11]，自成佛道。偈曰：

真如自性是真佛[12]，邪见三毒是魔王[13]，
邪迷之时魔在舍，正见之时佛在堂。
性中邪见三毒生，即是魔王来住舍，
正见自除三毒心[14]，魔变成佛真无假。
法身报身及化身[15]，三身本来是一身，
若向性中能自见，即是成佛菩提因。
本从化身生净性，净性常在化身中，
性使化身行正道，当来圆满真无穷。

婬性本是净性因[16]，除婬即是净性身，
性中各自离五欲，见性刹那即是真。
今生若遇顿教门[17]，忽悟自性见世尊，
若欲修行觅作佛，不知何处拟求真。
若能心中自见真[18]，有真即是成佛因，
不见自性外觅佛[19]，起心总是大痴人[20]。
顿教法门今已留[21]，救度世人须自修，
报汝当来学道者[22]，不作此见大悠悠[23]。

师说偈已[24]，告曰[25]：汝等好住[26]。吾灭度后[27]，莫作世情悲泣雨泪，受人吊问，身著孝服，非吾弟子，亦非正法。但识自本心[28]，见自本性，无动无静，无生无灭，无去无来，无是无非，无住无往[29]。恐汝等心迷[30]，不会吾意，今再嘱汝，令汝见性。吾灭度后，依此修行，如吾在日；若违吾教[31]，纵吾在世，亦无有益。复说偈曰：

兀兀不修善[32]，腾腾不造恶，
寂寂断见闻，荡荡心无著。

度苦厄的关键在于度“心”，虽身在世俗之中，但心应不拘泥于繁文缛节，不执著于是非生死。

师说偈已[33]，端坐至三更[34]，忽谓门人曰：吾行矣！奄然迁化。于时异香满室[35]，白虹属

地，林木变白，禽兽哀鸣。

［注释］

[1]“大师先天二年癸丑岁”以下六句：此为早期《坛经》所不载。“大师”二字之前，或有“众闻信受，作礼而退”八字以类同佛陀所说的经典形式。 [2] 和尚留何教法，令后代迷人得见佛性：或作“大师今去留付何法，今后代人如何见佛”、“大师今去留付何法令后代人如何见佛”、“和尚留何教法令后代迷人得见自性”。大意是说请惠能禅师最后传授从迷转悟、得见佛性的方法。 [3] 汝等谛听：或作“汝听”。谛听：即认真听取要旨。 [4] 若识众生：或作“但识众生”。 [5] 万劫觅佛难逢：或作“觅佛万劫不得见也”、“觅佛万劫难逢”。 [6] 吾今教汝识自心众生，见自心佛性：或作“吾今教汝识众生见佛，更留《见真佛解脱颂》，迷即不见佛，悟者即见。法海愿闻，代代流传，世世不绝。六祖言：汝听吾汝与说”；又或作“吾今教汝识自心众生见自心佛性，汝志心听吾与汝说”，相互对照并结合前后文来看，可知早期版本采取的是总分的叙述方法，然后再先说法、后说颂，并强调佛教要义“心佛众生，三无差别”的禅宗诠释，所谓“心迷即众生，心悟即是佛”，认为迷而转悟的关键在于识破心中众生，而非心外求佛。随着总分言说方式逐渐转为先说后颂的分层方式，后期《坛经》又增加了一颂作为临终嘱咐。 [7]“欲求见佛”以下四句：或作“后代世人若欲觅佛，但识佛、心、众生，即能识佛，即缘有众，离众生无佛、心”、“后代世人若欲觅佛，但识众生，即能识佛，即缘有众生，离众生无佛、心”、“后代之人欲求见佛，但识众生。师曰：只为众生迷佛，非是佛迷众生”，可见大意是说“众生”与“佛”乃是“一对”，佛不自佛，众生故佛，众生成佛，心迷是众生，心悟即是佛，不能将佛作为

静态的、玄妙的、设定的境界去追求，而应该具体到个人心性身心的切实修养上去把握。 [8]“自性若悟”至“何处求真佛”：早期版本称“见真佛解脱颂”，其内容为“迷即佛众生，悟即众生佛，愚痴佛众生，智惠众生佛；心剑佛众生，平等众生佛，一生心若剑，佛在众生中；一念悟若平，即众生自佛；我心自有佛，自佛是真佛，自若无佛心，向何处求佛”，后来则改为说法和偈颂结合的文体“自性若悟，众生是佛，自性若迷，佛是众生；自性平直，众生是佛，自性邪俭，佛是众生。师言：法海。汝等心若险曲，即佛在众生中，一念平直用心，即是众生成佛；我心自有佛，自若无佛心，何处求真佛”。 [9]“汝等自心是佛”以下七句：或作“大师言：汝等门人好住”，或有版本在论述“一相一行三昧”之前亦有此句，如同《祖堂集》《宗镜录》《景德传灯录》及《传法正宗记》等。 [10]《自性真佛偈》：或作“《自性真佛解脱颂》”、“《自性见真佛解脱颂》”。 [11]自见本心，自成佛道：或作“意即见自心自性真佛”、“自正本心成佛”、“自正本心、自成佛道”，由此可见“自正本心”和“自见本心”被认为是一致的，其虽说可谓源自“自性若正起十八正”，但也不能忽视《坛经》的编辑者存在受到儒家重要概念“正心”影响的可能性。在儒家经典著作《大学》中，“正心”被视为修身养性的八大重要内容之一。 [12]真如自性是真佛：或作“真如净性是真佛”、“真如性净是真佛”，此处之“净”为“本清净”而非“使清净”，或因容易引起“起心看净”的误读，故而后人改为本自清净之“自性”。 [13]“邪见三毒是魔王”以下五句：邪见三毒是魔王，或作“邪见三毒是真摩”，摩或作“魔”，这里将“佛”与“魔”相对，又从自性清净和自性起邪的角度予以说明，使得外在神秘性的概念化作内心的表现，这与《坛经·疑问第三》中所说的“慈悲即是观音，喜舍名为势至，能净即释迦，平直即弥陀”以及《坛经·忏悔第六》中所说的“思量恶事化为地狱，思量善事化为天堂，毒害化为龙蛇，慈悲化为菩萨，智慧化为上界，愚痴化为下方”是一致的，是惠能禅学在启发民智、建立正信方面的又一表现。邪迷或作“邪见”，在堂或作“则过”、“即过”，性中或作“性众”，均不影响文意。 [14] 正见自除三毒心：或作“正见忽则三毒生”、“正见忽除三毒心”，因为心有正邪，非正即邪，故而“正见忽则三毒生”及“魔变成佛”主要论及的是二者的对立；也正是因为心者可正可邪而心正为佛、心邪为魔，故而“正见自除三毒心”如同“魔变成佛”主要论及的是二者的转化。 [15]“法身报身及化身”至“当来圆满真无穷”：法身报身及化身，或作“化身报身及净身”，本来或作“元来”，若向性中能自见，或作“若向身中觅自见”，当来圆满真无穷，或作“当来性智便无穷”，据《坛经·忏悔第六》《坛经·机缘第七》关于自性三身以及圆满性智（“念圆明自见本性”）的说明，可知这些变动并不影响文意。 [16] 婬性本是净性因，除婬即是净性身：或作“婬性本身清净因，除婬即无净性身”、“婬性本身净性因，除婬即无净性身”、“婬性本是净性因，除婬即无净性身”。婬，同“淫”，即沉迷、放纵、贪欲之意，常被视为烦恼之源。应该说，在整部《坛经》的编辑修订中，此二句的修订在一般人看来最有疑惑，因为经过一番变更，“除婬即无净性身”成了“除婬即是净性身”，表面正相反对。要了解各自成立的缘由，应对佛教以及禅宗对于欲望的一般看法有一定的认识。一般而言，佛教早期基于欲望是生命轮回本源的认识，故而对欲望常持拒斥断除的态度，而大乘佛教则进一步强调认识本身处于蒙昧痴愚状态（所谓“无明”，《坛经》多称为“迷”）才是欲望的根本，所以《坛经》特别强调自我心性的开悟，同时也认为“迷”和“悟”均是依据是人们当下的现实之心，并不是依据那种超越人心之外或之上的抽象的“净心”。在《坛经》的早期版本中，其强调要理解“净”不能孤立地、静止地理解，而应该结合平凡欲望乃至“婬”去理解，这实际上与《坛经》一贯主张的“不二法门”，以及“烦恼即菩提”、“暗即明”、“众生即佛”等观点，是相一致的，其最终用意也是在于破除人们的偏执，启发心性的觉悟。在《坛经》的后期版本中，则不仅继承了二者之间的关联，而且以更合乎世间礼法的命题加以进一步引申，从而突出了惠能禅思想在弃恶劝善方面的作用。 [17]“今生若遇顿教门”以下四句：或作“今生若悟顿教门，悟即眼前见性尊，若欲修行云觅佛，不知何处欲求真”、“今生若悟顿法门，忽见自性现世尊，汝等修行觅作佛，自性自见正中真”等，其中后二句或批评向外觅佛，或直指觉悟正心是佛，语意不悖。 [18]若能心中自见真：身心不二，或作“若能身中自有真”，接下句形成顶针句式。 [19]不见自性：或作“自不求真”，均与“外觅佛”形成对照呼应。 [20]起心：或作“去觅”，《坛经·般若第二》中“菩提本自性，起心即是妄”、《坛经·坐禅第五》中“性自清净，起心著净”均将“起心”与“自净”相对。不过，“起心”虽然在邪正善恶上根据语境有所不同，但也是合乎“自性起用”这一原则的。 [21]顿教法门今已留：或作“顿教法者是西流”，印度佛教在古代主要通过中亚地区流传至中国，在方向上呈现出从西向东的进路，所以中国古代常称印度地区为“西竺”，前往印度为“西行”，禅宗二祖惠可禅师之前的祖师为“西天二十八祖”，达摩传禅中华为“达摩西来”，“顿教法者是西流”即是说惠能禅宗所强调的顿教法门是佛教自西而东自然流传的结果。 [22]报汝当来：或作“今保世间”。 [23]不作此见：或作“不作此是”。 [24]已：即结束。或作“已了”、“了”。 [25]告曰：或作“遂告门人曰”、“报言”。 [26]汝等好住：或作“汝等好住，今共汝别”、“今共汝别”。 [27]“吾灭度后”以下六句：或作“莫作世情悲泣而受人吊问钱帛、著孝衣，即非圣法，非我弟子”。其中“吊问钱帛”、“著孝衣”等均为世间民俗送葬礼仪的重要组成部分，为传统社会所尊习，尤为儒家学说所推重，甚至被视为先代圣人所制之法。《坛经》在版本演化的过程中，先是认为这些做法“非圣法”，并称行此法的人“非吾弟子”；后则先称这些人“非吾弟子”，再评论其做法为“非正法”，这种安排在一定程度上淡化了儒佛二教的矛盾，有益于儒佛二家突破圣人崇拜，进而在探究深层正法依据方面形成一定的共识。 [28]“但识自本心”以下三句：或作“如吾在日一种，一时端坐，但无动无净（或作静）”、“但如吾在日，一时尽坐，无动无静”，由此可见，在惠能最后对于弟子的教导中，亦非常注重禅宗坐禅的要义。 [29]无住无往：或作“无住，坦然寂净，即是大道”、“无住无往，无名无字”。 [30]“恐汝等心迷”以下四句：早期版本无。 [31]若违吾教：或作“汝违教法”、“汝等违法”。 [32]“兀（wù）兀不修善”以下四句：犹如被视为佛教通义的“诸恶莫作，众善奉行，自净其意，是诸佛教”，这里以“兀兀”、“腾腾”、“寂寂”、“荡荡”等叠词强调着心行无住的正觉状态。 [33]师说偈已：或作“大师云此语已”、“大师言讫”。 [34]“端坐至三更”以下三句：或作“夜至三更”。 [35]“于时异香满室”以下四句：或作“大师春秋七十有六。大师灭度诸日，寺内异香氲氲，经数日不散，山崩地动，林木变白，日月无光，风云失色”、“大师春秋七十六。师迁化日，寺内异香气氛氲，经于七日，感得山崩地动，林木变白，日月无光，天地失色，群鹿鸣悲，至夜不绝”，其他相关文献（特别是《曹溪大师别传》）亦有类似的记述，表达的是佛教信众对逝去的高僧大德的悲哀留恋之情。白虹（hóng）：即天空中白色的长条云雾，犹如丧葬礼仪中的孝服，丧葬常以白色为主。禽兽：是对早期版本“群鹿”

之兽以及其他文献（如《曹溪大师别传》）所说“众鸟”之禽的概括。后期《坛经》将其中“山崩地动”、“群鹿鸣悲”等过于夸张的内容加以删除，表现了中国禅宗不以神通误导民众而常以道解惑的传统特色；虽然其留下的内容依然带有一定的神秘色彩，却也犹如唐代杜甫的诗句“感时花溅泪，恨别鸟惊心”一般，与中国传统文化所提出的“天人相感”乃至提倡的“天人合一”是一致的。

十一月[1]，广、韶、新三郡官僚，洎门人僧俗，争迎真身，莫决所之，乃焚香祷曰：香烟指处，师所归焉，时香烟直贯曹溪。十一月十三日，迁神龛并所传衣钵而回。次年七月出龛[2]，弟子方辩以香泥上之。门人忆念取首之记，仍以铁叶漆布固护师颈入塔。忽于塔内白光出现，直上冲天，三日始散。韶州奏闻，奉敕立碑，纪师道行。

师春秋七十有六年[3]，二十四传衣，三十九祝发，说法利生，三十七载，嗣法四十三人，悟道超凡者，莫知其数。

达磨所传信衣【西域屈眴布也】[4]，中宗赐磨衲宝钵，及方辩塑师真相，并道具，永镇宝林道场，留传《坛经》以显宗旨，兴隆三宝，普利群生者。

六祖大师法宝坛经【终】

［注释］

[1]“十一月”至“迁神龛并所传衣钵而回”：主要讲述惠能真身迁至曹溪安葬，或作“八月三日，灭度。至十一月，迎和尚神座于漕溪山葬”、“先天二年八月三日夜三更时，于新州国恩寺圆寂，余在功德塔记具述（或又增‘及具王维碑铭’六字），至十一月，韶、广二州门人迎师神座向曹溪山”、“广韶新三郡官僚洎门人缁白各营塔婆争迎真身莫决所之，乃焚香祷曰：香烟指处，师所归焉；时香烟直贯曹溪；十一月十三日，迁神龛并所传衣钵而回，弟子方辩加香泥于真身”。灭度、圆寂即惠能去世，神座、神龛，指安放惠能真身的神位，塔婆即塔，王维碑铭即王维为惠能所写的碑铭，洎（jì）为及，缁白代指僧俗，香烟即焚香所成的烟气，加香泥于真身应该是古代保持肉身的重要方法之一。　[2]“次年七月出龛”至“纪师道行”：主要讲述惠能真身的保护和异相以及韶州为其所立碑铭，或作“在龙龛之内，白光出现，直上冲天，三日始散；韶州刺史韦处（或作‘据’）立碑，至今供养”、“忽于龛内白光出现，直上冲天，三日始散；韶州奏闻，奉敕立碑供养（或又增‘至元和十一年诏追谥曰大鉴禅师事具刘禹锡碑’二十字）”。元和十一年即816年，刘禹锡碑即刘禹锡为惠能所写的碑铭。次年七月出龛，或作“次年七月二十五日出龛”。取首之记：即惠能所说的“吾灭后五六年，当有一人来取吾首”这一悬记。仍以铁叶：或作“遂先以铁叶”。纪师道行：即记述惠能禅师的主要事迹。　[3]“师春秋七十有六年”至“莫知其数”：简要总结了惠能生命中的几个重要事件以及传承人很多，此为早期《坛经》版本所无。祝发：即落发，表征惠能出家为僧。后期《坛经》的编辑者称惠能“说法利生

三十七年”即是从惠能落发为僧开始算的，这种算法不仅使得所编辑出的内容有自我矛盾之处（如其中曾提到在隐居期间为人“随宜说法”），而且在一定程度上限制了《坛经》对于惠能早期事迹的融入。因此，如果要更多地了解惠能，还需接触《坛经》以外的相关文献，同时也要留意辨析被后期《坛经》置入“三十七年”中的事件是否合乎事实，即便这些说法也常常给人以启迪。　[4]“达磨所传信衣”至“普利群生者”：本来主要讲述的是“《坛经》传宗”的情形，或作“此《坛经》法海上座集，上座无常，付同学道漈，道漈无常，付门人悟真，悟真在岭南漕溪山法兴寺，见今传受此法。如付此法，须德上根知心，信佛法，立大悲，持此经以为衣承，于今不绝。和尚本是韶州曲江县人也。如来入涅槃，法教流东土，共传无住，即我心无住。此真菩萨说，真示实行喻，唯教大智人，示旨衣凡度。誓修行，修行遭难不退，遇苦能忍。福德深厚，方授此法；如根性不堪，材量不得，需求此法，违立不德者，不得妄付《坛经》。告诸同道者今诸蜜意”，其中提到法海所记的《坛经》已传至岭南曹溪山法性寺悟真，并且将其视为“衣承”，而且还提到《坛经》传承不应违背所立的重要规制，即“不德者不得妄付《坛经》”。后来有《坛经》版本则简单地记为“洎乎法海上座无常，以此《坛经》付嘱志道，志道付彼岸，彼岸付悟真，悟真付圆会，递代相（或增‘传付’二字）嘱，一切万法，不离自性中见（或作‘现’）也”，这种不同，有可能是《坛经》传承人有所不同所致。后期《坛经》则更简化为“流传此经以显宗旨”八字，并在《坛经》末尾的注释中提到“达磨所传信衣【西域屈眴布制】、中宗赐磨衲宝钵、方辩塑真相并道具等，主塔侍者尸之，留镇宝林”等内容，再后来则有编辑者将这些内容加以整理而编入《坛经》成为现在的样子。屈眴（xuàn）：指一种由木棉心织成的细布。

主塔侍者：指负责守护龛塔的人，尸之即是说保护着那些法物。

［点评］

禅源自印度，禅宗则形成于中国。唐宋以后，禅宗日益成为中国佛教的代表，不仅作为中国传统文化的有机组成部分在中国境内广泛传播，而且进一步流传至海外，特别是朝鲜和日本，从而使得禅宗成为独具特色的东方文化之一。近代以来，随着世界交通的开辟和新一轮东西方文化的频繁交流，禅宗又作为东方文化的代表传入西方社会，参与到全球文化建设的大潮之中。

在禅文化辗转流变的过程中，虽然惠能禅宗的出现具有重要意义，但也不能忽视惠能禅宗的传播所具有的重要价值，这便是作为惠能禅宗经典著作的《坛经》在“付嘱”部分特别关注的主题。其中，“祖师谱系”的记载形象地表明了禅宗的中印佛教源流，“衣不合传”、“《坛经》传宗”乃至“临终悬记”则反映了中国禅宗早期阶段性传承方式的更迭以及后期发展的分化与繁盛，“三科三十六对法”则展现了中国禅宗在具体传禅论道时所常用的教学参究风格，“自性真佛偈”乃至去世时的“四句偈”，则再次传达了贯穿整部经典的“众生平等”、“佛由心生”的主张。《坛经·付嘱第十》所记述的这些禅文化的传播方式看似不甚统一，但却是非常合乎惠能禅宗非常强调的“无住”精神，而正是通过这些具有累积性的层层更新，人们又得以领会惠能禅宗在古今不同时刻焕发着的创造力。

附 录

一、嘉兴藏本《六祖大师法宝坛经》之序跋

六祖大师法宝坛经序

古筠比丘德异撰

妙道虚玄，不可思议；忘言得旨，端可悟明；故世尊分座于多子塔前，拈华于灵山会上。似火与火，以心印心，西传四七，至菩提达磨，东来此土，直指人心，见性成佛。有可大师者，首于言下悟入，末上三拜得髓，受衣绍祖，开阐正宗，三传而至黄梅。会中高僧七百，惟负舂居士，一偈传衣，为六代祖。南遁十余年，一旦以非风幡动之机，触开印宗正眼。居士由是祝发登坛，应跋陀罗悬记，开东山法门。韦使君命海禅者录其语，目之曰《法宝坛经》。

大师始于五羊，终至曹溪，说法三十七年。沾甘露味，

入圣超凡者，莫记其数。悟佛心宗，行解相应，为大知识者，名载《传灯》。惟南岳、青原执侍最久，尽得无巴鼻，故出马祖、石头，机智圆明，玄风大震。乃有临济、沩仰、曹洞、云门、法眼诸公巍然而出，道德超群，门庭险峻，启迪英灵衲子，奋志冲关。一门深入，五派同源，历遍炉锤，规模广大。原其五家纲要，尽出《坛经》。

夫《坛经》者，言简义丰，理明事备，具足诸佛无量法门。一一法门，具足无量妙义；一一妙义，发挥诸佛无量妙理。即弥勒楼阁中，即普贤毛孔中。善入者即同善财，于一念间圆满功德，与普贤等，与诸佛等。

惜乎《坛经》为后人节略太多，不见六祖大全之旨。德异幼年，尝见古本，自后遍求三十余载。近得通上人寻到全文，遂刊于吴中休休禅庵，与诸胜士同一受用。惟愿开卷举目，直入大圆觉海，续佛祖慧命无穷。斯余志愿满矣。

至元二十七年庚寅岁仲春日叙

六祖大师法宝坛经赞

宋明教大师契嵩撰

赞者，告也，发经而溥告也。《坛经》者，至人之所以宣其心也。【至人，谓六祖，篇内同。】何心邪？佛所传之妙心也。大哉心乎！资始变化而清净常若。凡然圣然幽然显然，无所处而不自得之。圣言乎明，凡言乎昧。昧也者变也，明也者复也，变复虽殊而妙心一也。始释迦文佛以是而传之大龟氏，大龟氏相传之三十三世者，传诸大鉴【六祖谥号大鉴禅师】，大鉴传之而益传也。

说之者，抑亦多端，固有名同而实异者也，固有义多而心一者也。曰血肉心者，曰缘虑心者，曰集起心者，曰坚实心者，若心所之心益多也，是所谓名同而实异者也。曰真如心者，曰生灭心者，曰烦恼心者，曰菩提心者，诸修多罗其类此者，殆不可胜数，是所谓义多而心一者也。

义有觉义，有不觉义，心有真心，有妄心，皆所以别其正心也。方《坛经》之所谓心者，亦义之觉义，心之实心也。

昔者圣人之将隐也，乃命乎龟氏教外以传法之要意；其人滞迹而忘返，固欲后世者提本而正末也；故《涅槃》曰：我有无上正法，悉已付嘱摩诃迦叶矣。

天之道存乎易，地之道存乎简，圣人之道存乎要。要也者，至妙之谓也。圣人之道以要，则为法界门之枢机，为无量义之所会，为大乘之椎轮。《法华》岂不曰“当知是妙法，诸佛之秘要”，《华严》岂不曰“以少方便疾成菩提”，要乎其于圣人之道利而大矣哉，是故《坛经》之宗，尊其心要也。

心乎若明若冥若空若灵若寂若惺，有物乎？无物乎？谓之一物，固弥于万物；谓之万物，固统于一物；一物犹万物也，万物犹一物也；此谓可思议也。及其不可思也，不可议也，天下谓之玄解，谓之神会，谓之绝待，谓之默体，谓之冥通。一皆离之遣之，遣之又遣，亦乌能至之。微其果然独得，与夫至人之相似者，孰能谅乎？推而广之则无往不可也，探而裁之则无所不当也，施于证性则所见至亲，施于修心则所诣至正，施于崇德辩惑则真忘易显，施于出世则佛道速成，施于救世则尘劳易歇，此《坛经》之宗所以旁行天下而不厌。彼谓即心即佛，浅者何其不知量也。以折锥探地而浅地，以屋漏窥天而小天，岂天地之然邪？然百家者，虽苟胜之，弗如也。而至人通而贯之，合乎群经，断可见矣。至人变而通之，非预名字不可测也，故其显说之，有伦有义；密说之，无首无尾。天机利者得其深，天机钝者得其浅，可拟乎？可议乎？不得已况之，则圆顿教也，最上乘也，如来之清净禅也，菩萨藏之正宗也。论者谓之玄学，不亦详乎？天下谓之宗门，不亦宜乎？

《坛经》曰定慧为本者，趣道之始也。定也者静也，慧也者明也；明以观之，静以安之；安其心可以体心也，观其道可以语道也。一行三昧者，法界一相之谓也，谓万善虽殊皆正于一行者也。无相为体者，尊大戒也；无念为宗者，尊大定也；无住为本者，尊大慧也。夫戒定慧者，三乘之达道也；夫妙心者，戒定慧之大资也；以一妙心而统乎三法，故曰大也。无相戒者，戒其必正觉也。四弘愿者，愿度度苦也，愿断断集也，愿学学道也，愿成成寂灭也。灭无所灭，故无所不断也；道无所道，故无所不度也。无相忏者，忏非所忏也。三归戒者，归其一也；一也者，三宝之所以出也。说摩诃般若者，谓其心之至中也。般若也者，圣人之方便也，圣人之大智也，固能寂之明之权之实之。天下以其寂，可以泯众恶也；天下以其明，可以集众善也；天下以其权，可以大有为也；天下以其实，可以大无为也。至矣哉，般若也！圣人之道非夫般若不明也不成也；天下之务非夫般若不宜也不当也。至人之为以般若振，不亦远乎！我法为上上根人说者，宜之也；轻物重用则不胜，大方小授则过也。从来默传分付者，密说之谓也；密也者，非不言而暗证也，真而密之也。不解此法而辄谤毁，谓百劫千生断佛种性者，防天下亡其心也。

伟乎《坛经》之作也，其本正，其迹効，其因真，其果不谬。前圣也，后圣也，如此起之，如此示之，如此复之；浩然沛乎，若大川之注也，若虚空之通也，若日月之明也，若形影之无碍也，若鸿渐之有序也。妙而得之之谓本，推而用之之谓迹，以其非始者始之之谓因，以其非成者成之之谓果。果不异乎因，谓之正果也；因不异乎果，谓之正因也。迹必顾乎本，谓之大用也；本必顾乎迹，谓之大乘也。乘也者，圣人之喻道也。用也者，圣人之起教也。夫圣人之道，莫至乎心；圣人之教，莫至乎修；调神入道，莫至乎一相止观；轨善成德，莫至乎一行三昧；资一切戒，莫至乎无相；正一切定，莫至乎无念；通一切智，莫至乎无住；生善灭恶，莫至乎无相戒；笃道推德，莫至乎四弘愿；善观过，莫至乎无相忏；正所趣，莫至乎三归戒；正大体，裁大用，莫至乎大般若；发大信，务大道，莫至乎大志；天下之穷理尽性，莫至乎默传；欲心无过，莫善乎不谤。

定慧为始，道之基也；一行三昧，德之端也；无念之宗，解脱之谓也；无住之本，般若之谓也；无相之体，法身之谓也；无相戒，戒之最也；四弘愿，愿之极也；无相忏，忏之至也；三归戒，真所归也；摩诃智慧，圣凡之大范也；为上上根人说，直说也；默传，传之至也；戒谤，戒之当也。

夫妙心者，非修所成也，非证所明也；本成也，本明也。以迷明者复明，所以证也；以背成者复成，所以修也；以非修而修之，故曰正修也；以非明而明之，故曰正证也。至人暗然不见其威仪而成德为行蔼如也，至人颓然若无所持而道显于天下也。盖以正修而修之也，以正证而证之也。于此乃曰罔修罔证，罔因罔果，穿凿丛脞竞为其说，缪乎至人之意焉。噫！放戒定慧而必趋乎混茫之空则吾末如之何也，甚乎含识溺心而浮识，识与业相乘循诸响而未始息也。

象之形之，人与物偕生，纷然乎天地之间，可胜数邪？得其形于人者，固万万之一耳；人而能觉，几其鲜矣！圣人怀此，虽以多义发之而天下犹有所不明者也；圣人救此，虽以多方治之而天下犹有所不醒者也。贤者以智乱；不肖者以愚壅；平平之人以无记惛。及其感物而发，喜之怒之，哀之乐之，益蔽者万端，暧然若夜行而不知所至。其承于圣人之言则计之博之，若蒙雾而望远，谓有也，谓无也，谓非有也，谓非无也，谓亦有也，谓亦无也。以不见而却蔽，固终身而不得其审焉。

海所以在水也，鱼龙死生在海而不见乎水；道所以在心也，其人终日说道而不见乎心。悲夫！心固微妙幽远，难明难凑，其如此也矣。

圣人既隐，天下百世虽以书传而莫得其明验，故《坛经》之宗举乃直示其心而天下方知即正乎性命也，若排云雾而顿见太清，若登泰山而所视廓如也。王氏以方乎世书曰“齐一变至于鲁，鲁一变至于道”，斯言近之矣。

《涅槃》曰始从鹿野苑、终至跋提河、中间五十年、未曾说一字者，示法非文字也，防以文字而求其所谓也。曰依法不依人者，以法真而人假也；曰依义不依语者，以义实而语假也；曰依智而不依识者，以智至而识妄也；曰依了义经不依不了义经者，以了义经尽理也；而菩萨所谓即是宣说大涅槃者，谓自说与经同也。圣人所谓四人出世（即四依也），护持正法，应当证知者。应当证知故至人推本以正其末也，自说与经同故至人说经如经也，依义依了义经故至人显说而合义也合经也，依法依智故至人密说变之通之而不苟滞也，示法非文字故至人之宗尚乎默传也。圣人如春陶陶而发之也，至人如秋濯濯而成之也。圣人命之而至人效之也，至人固圣人之门之奇德殊勋者也。

夫至人者始起于微，自谓不识世俗文字；及其成至也，方一席之说而显道救世；与乎大圣人之云为者若合符契也。固其玄德上智生而知之，将自表其法而示其不识乎？

殁殆四百年，法流四海而不息，帝王者、圣贤者，更三十世求其道而益敬，非至乎大圣人之所至，天且厌之久矣，乌能若此也。予固岂尽其道，幸蚊虻饮海亦预其味，敢稽首布之，以遗后学者也。

六祖大师缘起外纪

门人法海等集

大师名惠能，父卢氏，讳行瑫，唐武德三年九月，左官新州。母李氏，先梦庭前白华竞发，白鹤双飞，异香满室，觉而有娠，遂洁诚斋戒，怀妊六年师乃生焉，唐贞观十二年戊戌岁二月八日子时也。时毫光腾空，香气芬馥。黎明，有二僧造谒，谓师之父曰：夜来生儿，专为安名，可上惠下能也。父曰：何名惠能？僧曰：惠者以法惠济众生，能者能作佛事。言毕而出，不知所之。师不饮母乳，遇夜神人灌以甘露。三岁父丧，葬于宅畔。母守志鞠养。既长，鬻薪供母。年二十有四，闻经有省，往黄梅参礼。五祖器之，付衣法令嗣祖位，时龙朔元年辛酉岁也。

南归隐遁。

至仪凤元年丙子正月八日，会印宗法师，诘论玄奥，印宗悟契师旨。是月十五日，普会四众为师薙发。二月八日，集诸名德授具足戒。西京智光律师为授戒师，苏州慧静律师为羯磨，荆州通应律师为教授，中天耆多罗律师为说戒，西国蜜多三藏为证戒。其戒坛乃宋朝求那跋陀罗三藏创建，立碑曰：后当有肉身菩萨于此授戒。又梁天监元年，智药三藏自西竺国航海而来，将彼土菩提树一株植此坛畔，亦预志曰：后一百七十年，有肉身菩萨于此树下开演上乘，度无量众，真传佛心印之法主也。师至是祝发受戒及与四众开示单传之旨，一如昔谶【梁天监元年壬午岁，至唐仪凤元年丙子，得一百七十五年】。

次年春，师辞众归宝林，印宗与缁白送者千余人直至曹溪，时荆州通应律师与学者数百人依师而住。师至曹溪宝林，睹堂宇湫隘，不足容众，欲广之，遂谒里人陈亚仙曰：老僧欲就檀越求坐具地，得不？仙曰：和尚坐具几许阔？祖出坐具示之，亚仙唯然。祖以坐具一展，尽罩曹溪四境，四天王现身坐镇四方，今寺境有天王岭，因兹而名。仙曰：也知和尚法力广大，但吾高祖坟墓并在此地，他日造塔，幸望存留，余愿尽舍，永为宝坊。然此地乃生龙白象来脉，只可平天，不可平地。寺后营建，一依其言。师游境内山水胜处，辄憩止，遂成兰若一十三所。今曰华果院，隶籍寺门。

其宝林道场亦先是西国智药三藏自南海经曹溪口，掬水而饮，香美，异之，谓其徒曰：此水与西天之水无别，溪源上必有胜地，堪为兰若。随流至源上，四顾山水回环，峰峦奇秀，叹曰：宛如西天宝林山也。乃谓曹侯村居民曰：可于此山建一梵刹，一百七十年后，当有无上法宝于此演化，得道者如林，宜号宝林。时韶州牧侯敬中，以其言具表闻奏，上可其请，赐宝林为额，遂成梵宫，落成于梁天监三年。

寺殿前有潭一所，龙常出没其间，触挠林木。一日现形甚巨，波浪汹涌，云雾阴翳，徒众皆惧，师叱之曰：你只能现大身，不能现小身，若为神龙，当能变化以小现大，以大现小也。其龙忽没，俄顷复现小身，跃出潭面。师展钵试之曰：你且不敢入老僧钵盂里。龙乃游扬至前，师以钵舀之，龙不能动。师持钵堂上，与龙说法，龙遂蜕骨而去。其骨长可七寸，首尾角足皆具，留传寺门。师后以土石堙其潭，今殿前左侧有铁塔镇处是也。（龙骨于至正己卯，寺罹兵火，因失，未所知之。）

师坠腰石镌“龙朔元年卢居士志”八字，此石向存黄梅东禅。又，唐王维右丞为神会大师作《祖师记》云：师混劳侣积十六载，会印宗讲经，因为削发。又，柳宗元刺史作《祖师谥号碑》云：师受信具，遁隐南海上十六年。度其可行，乃居曹溪为人师。又，张商英丞相作《五祖记》云：五祖演化于黄梅县之东禅院，盖其便于将母。龙朔元年，以衣法付六祖已，散众，入东山结庵，有居人冯茂以山施师为道场焉。以此考之，则师至黄梅传受五祖衣法，实龙朔元年辛酉岁，至仪凤丙子得一十六年，师方至法性祝发。他本或作师咸亨中至黄梅，恐非。

历朝崇奉事迹

唐宪宗皇帝谥大师曰大鉴禅师；

宋太祖皇帝加谥大鉴真空禅师，诏新塔曰太平兴国之塔；

宋仁宗皇帝天圣十年迎师真身及衣钵入大内供养加谥大鉴真空普觉禅师；

宋神宗皇帝加谥大鉴真空普觉圆明禅师，具见晏元献公碑记。

赐谥大鉴禅师碑

柳宗元撰

扶风公廉问岭南三年，以佛氏第六祖未有称号，疏闻于上。诏谥大鉴禅师，塔曰灵照之塔。元和十年十月十三日，下尚书祠部符到都府。

公命部吏洎州司功掾，告于其祠。幢盖钟鼓，增山盈谷，万人咸会，若闻鬼神。其时学者千有余人，莫不欣踊奋厉，如师复生；则又感悼涕慕，如师始亡。因言曰：

自有生物，则好斗夺相贼杀，丧其本实，悖乖淫流，莫克返于初。孔子无大位，没以余言持世，更杨、墨、黄、老益杂，其术分裂，而吾浮图说后出，推离还源，合所谓生而静者。梁氏好作有为，师达磨讥之，空术益显。六传至大鉴。大鉴始以能劳苦服役，一听其言，言希以究，师用感动，遂受信具。遁隐南海上，人无闻知。又十六年，度其可行，乃居曹溪。为人师，会学者来，尝数千人。其道以无为为有，以空洞为是，以广大不荡为归。其教人，始以性善，终以性善，不假耘锄，本其静矣。中宗闻名，使幸臣再征，不能致，取其言以为心术。其说具在，今布天下，凡言禅皆本曹溪。大鉴去世百有六年，凡治广部而以名闻者以十数，莫能揭其号。乃今始告天子，得大谥，丰佐吾道，其可无辞？

公始立朝，以儒重，刺虔州，都护安南，由海中大蛮夷，连身毒之西，浮舶听命，咸被公德，受旂纛节戟，来莅南海，属国如林，不杀不怒，人畏无噩，允克光于有仁，昭列大鉴，莫如公宜。其徒之老，乃易石于宇下，使来谒辞。其辞曰：

达摩乾乾，传佛语心。六承其授，大鉴是临。劳勤专默，终挹于深。抱其信器，行海之阴。其道爰施，在溪之曹。厖合猥附，不夷其高。传告咸陈，惟道之褒。生而性善，在物而具。荒流奔轶，乃万其趣。匪思愈乱，匪觉滋误。由师内鉴，咸获于素。不植乎根，不耘乎苗。中一外融，有粹孔昭。在帝中宗，聘言于朝。阴翊王度，俾人逍遥。越百有六祀，号谥不纪。由扶风公，告今天子。尚书既复，大行乃诔。光于南土，其法再起。厥徒万亿，同悼齐喜。惟师化所被，洎扶风公所履，咸戴天子。天子休命，嘉公德美，溢于海夷，浮图是视。师以仁传，公以仁理，谒辞图坚，永胤不已。

大鉴禅师碑

刘禹锡撰

元和十年某月日，诏书追褒曹溪第六祖能公，谥曰大鉴。是广州牧马总以疏闻，繇是可其奏，尚道以尊名，同归善善，不隔异教。一字之褒，华夷孔怀，得其所故也。马公敬其事且谨，始以垂后，遂咨于文雄。今柳州刺史河东柳君为前碑，后三年有僧道琳，率其徒由曹溪来，且曰：愿立第二碑，学者志也。维如来灭后，中五百岁，而摩腾、竺法兰以经来华，人始闻其言，犹夫重昏之见曶爽；后五百岁，而达摩以法来华，人始传其心，犹夫昧旦之睹白日。自达摩六传至大鉴，如贯意珠，有先后而无同异。世之言真宗者，所谓顿门。初达摩与佛衣俱来，得道传付以为真印；至大鉴置而不传，岂以是为筌蹄邪？刍狗邪？将人人之莫己若而不若置之邪？吾不得而知也。

按大鉴生新州，三十出家，四十七年而没，百有六年而谥。始自蕲之东山，从第五师得授记以归。中宗使中贵人再征，不奉诏，第以言为贡，上敬行之。铭曰：

至人之生，无有种类。同人者形，出人者智。蠢蠢南裔，降生杰异。父乾母坤，独肖元气。一言顿悟，不践初地。五师相承，授以宝器。是坐曹溪，世号南宗。学徒爰来，如水之东。饮以妙药，差其喑聋。诏不能致，许为法雄。去佛日远，群言积亿。著空执有，各走其域。我立真筌，揭起南国。无修而修，无得而得。能使学者，还其天识。如黑而迷，仰目斗极。得之自然，竟不可传。口传手付，则碍于有。留衣空堂，得者天授。

佛衣铭

刘禹锡撰

吾既为僧琳撰曹溪第二碑，且思所以辩六祖置衣不传之旨，作《佛衣铭》曰：

佛言不行，佛衣乃争，忽近贵远，古今常情。尼父之生，土无一里，梦奠之后，履存千祀。惟昔有梁，如象之狂，达摩救世，来为医王。以言不痊，因物乃迁，如执符节，行乎复关。民不知官，望车而畏，俗不知佛，得衣为贵。坏色之衣，道不在兹，由之信道，所以为宝。六祖未彰，其出也微，既还狼荒，憬俗蚩蚩。不有信器，众生曷归，是开便门，非止传衣。初必有终，传岂无已，物必归尽，衣胡久恃。先终知终，用乃不穷。我道不朽，衣于何有，其用已陈，孰非刍狗。

【师入塔后，至开元十年壬戌八月三日夜半，忽闻塔中如拽铁索声。众僧惊起，见一孝子从塔中走出，寻见师颈有伤，具以贼事闻于州县。县令杨侃、刺史柳无忝得牒，切加擒捉。五日，于石角村捕得贼人，送韶州鞠问。云：姓张，名净满，汝州梁县人；于洪州开元寺受新罗僧金大悲钱二十千，令取六祖大师首归海东供养。柳守闻状，未即加刑，乃躬至曹溪，问师上足令韬曰：如何处断？韬曰：若以国法论，理须诛夷；但以佛教慈悲冤亲平等，况彼求欲供养，罪可恕矣。柳守加叹曰：始知佛门广大。遂赦之。

上元元年，肃宗遣使就请师衣钵归内供养。至永泰元年五月五日，代宗梦六祖大师请衣钵。七日，敕刺史杨缄云：朕梦感能禅师请传衣袈裟却归曹溪，今遣镇国大将军刘崇景顶戴而送；朕谓之国宝，卿可于本寺如法安置，专令僧众亲承宗旨者严加守护，勿令遗坠。

后或为人偷窃，皆不远而获。如是者数四。宪宗谥大鉴禅师，塔曰元和灵照。其余事迹，系载唐尚书王维、刺史柳宗元、刺史刘禹锡等碑，守塔沙门令韬录。】

跋

六祖大师平昔所说之法，皆大乘圆顿之旨，故目之曰经。其言近指远，词坦义明，诵者各有所获。明教嵩公常赞云：天机利者得其深，天机钝者得其浅，诚哉言也。

余初入道，有感于斯，续见三本不同，互有得失，其板亦已漫灭。因取其本校雠，讹者正之，略者详之，复增入弟子请益机缘，庶几学者得尽曹溪之旨。按察使云公从龙，深造此道。一日过山房，睹余所编，谓得《坛经》之大全，慨然命工锓梓，颛为流通，使曹溪一派不至断绝。

或曰：达磨不立文字，直指人心，见性成佛，卢祖六叶正传，又安用是文字哉？余曰：此经非文字也！达磨单传直指之指也。南岳、青原诸大老，尝因是指以明其心，复以之明马祖、石头诸子之心。今之禅宗流布天下皆本是指，而今而后岂无因是指而明心见性者耶？问者唯唯再拜谢曰：予不敏，请并书于经末，以诏来者。

至元辛卯夏南海释宗宝跋

二、法海集记本《坛经》[①]

南宗顿教最上大乘摩诃般若波罗蜜经六祖惠能大师于韶州大梵寺施法坛经一卷兼受无相戒弘法弟子法海集记

惠能大师于大梵寺讲堂中升高座，说摩诃般若波罗蜜法，受无相戒。其时座下僧尼道俗一万余人、韶州刺史韦[②]据[③]及诸官僚三十余人、儒士余人同请大师说摩诃般若波罗蜜法。

---

① 本录以英国藏斯坦因本为底本，参校本主要有旅顺博物馆藏本、敦煌博物馆藏本、国家图书馆藏残本。对底本的简要校注，主要依据参校本进行。

② “韦”，底本作“等”，敦博本作“违”，据经末及旅博本改。

③ “据”，敦博本作“处”而其经末作“据”，底本经文末尾则作“处”；其他类型《坛经》版本作“璩”。

刺史遂令门人僧法海集记，流行后代，与学道者承此宗旨，递相传授，有所依[①]约，以为禀承，说此《坛经》。

能大师言：善知识，净心念摩诃般若波罗蜜法。

大师不语，自净心神，良久，乃言：善知识，净听。

惠能慈父，本官范阳，左降迁流南，新州百姓；惠能幼小，父小早亡，老母孤遗，移来南海，艰辛贫乏，于市卖[②]柴。忽有一客买柴，遂领惠能至于官店，客将柴去，惠能得钱，却向门前，忽见一客读《金刚经》，惠能一闻，心明[③]便悟，乃问[④]客曰：从何处来持此经典。客答曰：我于蕲州黄梅县[⑤]东冯墓山礼拜五祖弘忍和尚，见令在彼门人有千余众，我于彼听见大师劝道俗但持《金刚经》一卷，即得见性、直了成佛。惠能闻说，宿叶有缘，便即辞亲往黄梅冯墓山礼拜五祖弘忍和尚。

弘忍和尚问[⑥]惠能曰：汝何方人来此山礼拜吾，汝今向吾边复求何物。

惠能答曰：弟子是领南人新州百姓。今故远来礼拜和尚，不求余物，唯求佛法作。

大师遂责惠能曰：汝是领南人，又是獦獠，若为堪作佛法。

惠能答曰：人即有南北，佛姓即无南北；獦獠身与和尚不同，佛姓有何差别。

大师欲更共议，见左右在傍边，大师更不言，遂发遣惠能令随众作务。

时有一行者遂差惠能于碓坊踏碓，八个余月。

---

① “依”，底本作“于”，据旅博本、敦博本改。

② “卖”，底本作“买”，据旅博本、敦博本改。

③ “明”，底本作“名”，据旅博本、敦博本改。

④ “问”，底本作“闻”，据旅博本、敦博本改。

⑤ “县”，底本作“悬”，据旅博本、敦博本改。

⑥ “问”，底本作“心问”，据敦博本改。

五祖忽于一日唤门人尽来，门人集记五祖曰：吾向与说，世人生死事大，汝等门人终日供养只求福田，不求出离生死苦海，汝等自姓迷，福门何可救汝。汝总且归房自看，有知惠者自取本姓般若之知[①]，各作一偈呈吾，吾看汝偈，若吾大意者，付汝衣法，禀为六代。火急急。

门人得处分，却来各至自房，递相谓言：我等不须呈心用意作偈将呈和尚。神秀上座是教授师，秀上座得法后自可依[②]止，请不用作。诸人息心，尽不敢呈偈。

时，大师堂前有三间房廊，于此廊下供养欲画《楞伽变》并画《五祖大师传授衣[③]法》流行后代为记。画人唐玲看壁了，明日下手。

上座神秀思惟：诸人不呈心偈，缘我为教授师；我若不呈心偈，五祖如何得见我心中见解深浅；我将心偈上五祖，呈意即善，求法觅祖不善，却同凡心夺其圣位；若不呈心，修不得法。良久思惟。甚甚难难，甚甚难难。

夜至三更，不令人见，遂向南廊下中间[④]壁上题作呈心偈，欲求于法。若五祖见偈言此偈语，若访觅我，我[⑤]宿叶障重，不合得法，圣意难测，我心自息。秀上座三更于南廊下中间壁上秉烛题作偈，人尽不知。偈曰：

身是菩提树，心如明镜台，
时时勤佛拭，莫使有尘埃。

神秀上座题此偈毕，归房卧，并无人见。

---

① “之知”，底本作“知之”，据旅博本、敦博本改。

② “依”，底本作“于”，据旅博本、敦博本改。

③ “衣”，敦博本作“于”。

④ “间”，底本作“问”，据旅博本、敦博本改。

⑤ “我”，旅博本、敦博本作“我见和尚即云是秀作，五祖见偈言不堪，自是我迷”。

五祖平旦遂唤[1]卢供奉来南廊下画《楞伽变》，五祖忽见此偈，请记，乃谓供奉曰：弘忍与供奉钱三十千深劳远来，不画变相也。《金刚经》云：凡所有相，皆是虚妄。不如留此偈，令迷人诵。依此修行，不堕三恶；依法修行人，有大利益。

大师遂唤门人尽来焚香偈前，人众入见，皆生敬心。

汝等尽诵此偈者方得见姓，于此修行即不堕落。

门人尽诵，皆生敬心，唤言善哉。

五祖遂唤秀上座于堂内门：是汝作偈否。若是汝作，应得我法。

秀上座言：罪过，实是神秀作，不敢求祖，愿和尚慈悲，看弟子有少智惠识大意否。

五祖曰：汝作此偈，见即来到，只到门前，尚未得入。凡夫于此偈修行即不堕落，作此见解若觅无上菩提即未可得。须入得门，见自本姓。汝且去一两日来思惟，更作一偈来呈吾。若入得门，见自本姓，当付汝衣法。

秀上座去数日，作不得。

有一童子于碓坊边过，唱诵此偈；惠能一闻，知未见姓；即识大意。能问童子：适来诵者是何言偈。童子答能曰：你不知大师言生死是大，欲传于法，令门人等各作一偈来呈看，悟大意即付衣法，禀为六代祖，有一上座名神秀，忽于南廊下书无相偈一首，五祖令诸门人尽诵，悟此偈者即见自姓，依此修行即得出离。

惠能答曰：我此踏碓八个余月，未至堂前，望上人引惠能至南廊下见此偈礼拜，亦愿诵取结来生缘，愿生佛地。

童子引能至南廊下，能即礼拜此偈。

为不识字，请一人读。惠能问已，即识大意。惠能亦作一偈，又请

---

① “唤”，底本作“换”，据旅博本、敦博本改。

得一解书人于西间壁上提著。呈自本心，不识本心，学法无益，识心见姓，即吾大意。惠能偈曰：

> 菩提本无树，明镜亦无台，
> 佛姓常清[1]净，何处有尘埃。

又偈曰：

> 心是菩提树，身为明镜台，
> 明镜本清净，何处染尘埃。

院内徒众见能作此偈，尽怪。

惠能却入碓坊。

五祖忽见惠能偈，即知识大意，恐众人知，五祖乃谓众人曰：此亦未得了。

五祖夜至[2]三更唤惠能堂内说《金刚经》。惠能一闻，言下便悟[3]。其夜受法，人尽不知。便传顿法及衣：汝为六代祖，衣将为信禀，代代相传法以心传心，当令自悟。

五祖言：惠能。自古传法，气如悬丝，若住此间，有人害汝，汝即须速去。

能得衣法，三更发去。

---

① “清”，底本作“青”，据旅博本、敦博本改。

② “至”，底本作“知”，据旅博本、敦博本改。

③ “悟”，底本作“伍”，据旅博本改。

五祖自送能于九江驿，登时便悟[①]。祖处分：汝去努力，将法向南，三年勿弘，此法难去，在后弘化，善诱迷人，若得心开，与[②]悟无别。

辞违已了，便发向南。

两月中间至大庾[③]岭。

不知向后有数百人来欲拟捉[④]惠能夺衣[⑤]法，来至半路，尽总却回；唯有一僧，姓陈，名惠顺，先是三品将军，性行粗恶，直至岭上，来趁把著。

惠能即还法衣，又不肯取：我故远来求法，不要其衣。

能于岭上便传法惠顺。

惠顺得闻，言下心开。

能使惠顺即却向北化人来。

惠能来于[⑥]此地，与诸官僚道俗亦有累劫之因。教是先圣[⑦]所传，不是惠能自知。愿闻先圣[⑧]教者各须净心，闻了愿自除[⑨]迷，如[⑩]先代悟【下是法】。

惠能大师唤言：善知识，菩提般若之知，世人本自有之，即缘心迷

① “悟”，旅博本、敦博本作“别五”，若取“别五”，则二字句读应断开。
② “与”，底本作“汝”，据旅博本、敦博本改。
③ “庾”，敦煌写本均作“庚”，据其他类型版本改。
④ “捉”，底本作“头”，据旅博本、敦博本改。
⑤ “衣”，底本作“于”，据旅博本、敦博本改。
⑥ “于”，底本作“衣”，据旅博本、敦博本改。
⑦ “圣”，底本作“性”，据旅博本、敦博本改。
⑧ “圣”，底本作“性”，据旅博本、敦博本改。
⑨ “除”，底本作“余”，据旅博本、敦博本改。
⑩ “如”，底本作“于”，据旅博本、敦博本改。

不能自悟，须求大善知识示道见性。善知识，遇悟即成智[①]。

善知识，我此法门以定惠为本。第一勿迷言惠定别。惠定体一不二。即定是惠体，即惠是定用；即惠之时定在惠，即定之时惠在定。善知识，此义即是惠等；学道之人作意，莫言先定发惠、先惠发定、定惠各别；作此见者，法有二相。口说善，心不善，惠定不等；心口俱善，内外一众种，定惠即等。自悟修行，不在口诤；若诤先后，即是人不断胜负，却生法我，不离四相。

一行三昧者，于一切时中行住座卧常真真心是。《净名经》云真心是道场、真心是净土。莫心行谄曲[②]、口说法直、口说一行三昧、不行真心，非佛弟子。但行真心，于一切法上无[③]有执著，名一行三昧。迷人著法相执一行三昧，真心座不动、除妄不起心即是一行三昧。若如是此法同无情，却是障道因缘。

道顺通流，何以却滞。心在住即通流住，即彼缚。若座不动是，维摩诘不合呵舍利弗宴座林中。

善知识，又见有人教人座、看心、看净、不动、不起，从此置功，迷人不悟，便执成颠。即有数百般[④]，如此教道者，故之大错。

善知识，定惠犹如何等。如灯光。有灯即有光，无灯即无光。灯是光之[⑤]体，光是灯之用。名[⑥]即有二，体无两般。此定惠法，亦复如是。

---

① “遇悟即成智”，旅博本作“遇人智人佛姓本亦无差别，只缘迷悟，迷即为遇，悟即成智”，敦博本作“愚人智人佛姓本亦无差别，只缘迷悟，迷即为愚，悟即成智”。

② “曲”，底本作“典”，据敦博本改。

③ “上无”二字，底本作“无上”，据旅博本、敦博本改。

④ “般”，底本作“盤”，据敦博本改。

⑤ “之”，底本作“知”，据旅博本、敦博本改。

⑥ “名”，底本缺，据旅博本、敦博本增。

善知识，法无顿渐，人有利钝，迷[1]即渐劝，悟人顿修，识自本是见本性，悟即元无差别，不悟即长劫轮回。

善知识，我自法门从上已来顿渐皆立无念为[2]宗、无相为[3]体、无住为[4]本。何名为相无相。于相而离相。无念者，于念而不念。无住者，为人本性念念不住，前念今[5]念后念，念念相续无有断绝。若一念断绝，法身即是离色身。念念时中，于一切法上无住。一念若住，念念即住，名系缚。于一切法上念念不住，即无缚也。以无住为本。

善知识，外离[6]一切相，是无相；但能离相，性体清净是，是以无相为体。

于一切境[7]上不染，名为无念；于自念上离[8]境[9]，不[10]于法上念生。莫百物不思，念尽除却，一念断即无，别处受生。学道者用心，莫不息法意，自错尚可，更劝他人迷，不自见迷，又谤经法，是以立无念为宗。

即缘迷[11]人于境[12]上有念，念上便去邪见，一切尘劳妄念从此而生，然此教门立无念为宗，世人离[13]见，不起于念，若无有念，无念亦不立。无者无何事，念者何物。无者离二相诸尘劳。真如是念之体，念是真如

---

① “迷”，底本作“明”，据旅博本、敦博本改。
② “为”，底本作“无”，据旅博本、敦博本改。
③ “为”，底本作“无”，据旅博本、敦博本改。
④ “为”，底本作“无为”，据旅博本、敦博本改。
⑤ “今”，底本作“念”，据旅博本改。
⑥ “离”，底本作“杂”，据敦博本改。
⑦ “境”，底本作“镜”，据旅博本、敦博本改。
⑧ “离”，底本作“杂”，据敦博本改。
⑨ “境”，底本作“镜”，据旅博本、敦博本改。
⑩ “不”，底本作“不不”，据旅博本、敦博本改。
⑪ “迷”，底本作“名”，据旅博本、敦博本改。
⑫ “境”，底本作“镜”，据旅博本、敦博本改。
⑬ “离”，底本作“杂”，据敦博本改。

之用。姓起念，虽即见闻觉之不染万境①而常自在。《维摩经》云外能善分别诸法相、内于第一义而不动。

善知②识。此法门中座禅，元不著心，亦不著净，亦不言动。若言看心，心元是妄，妄如幻③故，无所看也；若言看净，人姓本净，为妄念故，盖覆真如，离妄念，本姓净，不见自姓本净，起心看净，却生净妄。妄无处所，故知看者看却是妄也；净无形相，却立净相，言是功夫，作此见者，障④自本姓，却被净缚。

若不动者，见一切人过患，是性不动。

迷人自身不动，开口即说人是非，与道违背。看心看净，却是障道因缘。

今记如⑤是。

此法门中，何名座禅。此法门中，一切无碍。外于一切境界上念不去为座，见本姓不乱为禅。

何名为禅定。外离⑥相曰禅，内不乱曰定。外若有相，内姓不乱，本自净自定，只缘境触⑦，触⑧即乱，离相不乱即定。

外离相即禅，内外不乱即定，外禅内定故名禅定。《维摩经》云即时豁然、还得本心，《菩萨戒》云本源⑨自姓清净。

善知识，见自姓自净，自修、自作，自姓法身自行佛行，自作自成

---

① “境”，底本作“镜”，据旅博本、敦博本改。

② “知”，底本作“诸”，据敦博本、敦博本改。

③ “幻”，底本作“紉”，据敦博本改。

④ “障”，底本、旅博本作“章”，敦博本、国图本作“鄣”。

⑤ “如”，底本作“汝”，据旅博本、敦博本、国图本改。

⑥ “离”，底本作“杂”，据敦博本、国图本改。

⑦ “触”，敦博本、国图本作“解”。

⑧ “触”，敦博本、国图本作“解”。

⑨ “源”，底本作“須”，据旅博本改；敦博本、国图本作“原”。

佛道。

善知识，总须自听[①]，与受无相戒。一时逐惠能口道，令善知识见自三身佛：

于自色身归衣清净法身佛，于自色身归衣千百亿化身佛，于自色身归衣当来圆满报身佛。【以上三唱】

色身是舍宅，不可言归。向者三身，在自法性，世人尽有，为迷[②]不见，外觅三如来，不见自色身中三性佛。

善知识听，与[③]善知识说，令善知识于[④]自色身见自法性有三世佛，此三身佛从性上生。

何名清净身佛。善知识，世人性本自净，万法在自姓，思量一切事即行于[⑤]恶行，思量一切善事便修于善行，知如是一切法尽在自姓。自姓常清净。日月常明[⑥]，只为云覆盖，上明[⑦]下暗，不能了见日月星[⑧]辰，忽遇惠风吹散，卷尽云雾，万像参罗，一时皆现。世人性净，犹如清天。惠如日，智如月，智惠常明[⑨]，于外看境[⑩]，妄念浮云盖覆自姓，不能明故，遇善知识开真法，吹却迷[⑪]妄，内外明[⑫]彻，于自姓中万法皆见。一切法

---

① “听”，底本作“躰”，据旅博本、敦博本、国图本改。
② “迷”，底本作“名”，据旅博本、敦博本、国图本改。
③ “与”，底本作“汝”，据旅博本、敦博本、国图本改。
④ “于”，底本作“衣”，据旅博本、敦博本、国图本改。
⑤ “于”，底本作“衣”，据旅博本、敦博本、国图本改。
⑥ “明”，底本作“名”，据旅博本、敦博本、国图本改。
⑦ “明”，底本作“名”，据旅博本、敦博本、国图本改。
⑧ “星”，底本作“西”，据旅博本、敦博本、国图本改。
⑨ “明”，底本作“名”，据旅博本、敦博本、国图本改。
⑩ “境”，底本作“敬”，据旅博本、敦博本、国图本改。
⑪ “迷”，底本作“名”，据旅博本、敦博本、国图本改。
⑫ “明”，底本作“名”，据旅博本、敦博本、国图本改。

自在姓，名为清净法身。

自归依[①]者，除[②]不善行，是名归依[③]。

何名为千百亿化身佛。不思量，性即空寂，思量即是自化，思量恶法化为地狱，思量善法化为天堂，毒害化为畜生，慈悲化为菩萨，智惠化为上界，愚痴化为下方，自姓变化甚多[④]，迷人自不知见。

一念善，知惠即生。一灯能除千年闇，一智能灭万年愚。莫思向前，常思于后，常后念善，名为报身。

一念恶报却千年善心，一念善报却千年恶灭。无常已来，后念善，名为报身。

从法身思量即是化身，念念善即是报身，自悟自修即名归依[⑤]也。皮肉是色身，是舍宅，不在归依也。但悟三身，即识大意[⑥]。

今既自归依三身佛已，与善知识发四弘大愿。善知识，一时逐惠能道：

众生无边誓愿度，烦恼无边誓愿断，法门无边誓愿学，无上佛道誓愿成。【三唱】

善知识，众生无边誓愿度，不是惠能度，善知识心中众生各于自身自姓自度。何名自姓自度。自色身中邪见烦恼愚痴迷[⑦]妄自有本觉性，只本觉性将正见度，既悟正见般若之智，除却愚痴迷妄，众生各各自度，邪见正度，迷来悟度，愚来智度，恶来善度，烦恼来菩提[⑧]度，如是度

---

① “依”，底本作“衣”，据旅博本、敦博本、国图本改。

② “除”，旅博本、敦博本、国图本作“除不善心及”。

③ “依”，底本作“衣”，据旅博本、敦博本、国图本改。

④ “多”，底本作“名”，据敦博本、国图本改。

⑤ “依”，底本作“衣”，据旅博本、敦博本、国图本改。

⑥ “意”，底本作“亿”，据旅博本、敦博本、国图本改。

⑦ “迷”，底本作“名”，据旅博本、敦博本、国图本改。

⑧ “提”，底本作“萨”，据敦博本、国图本改。

者是名真度。

烦恼无边誓愿断，自心除虚妄。

法门无边誓愿学，学无上正法。

无上佛道誓愿成，常下心行恭敬一切，远离迷执，觉知生般若，除却迷妄，即自悟佛道成，行誓愿力。

今既发四弘誓愿讫，与善知识无相忏悔三世罪障。大师言：

善知识，前念后念及今念，念不被愚迷染，从前恶行一时自姓若除即是忏悔；前念后念及今念，念念不[1]被愚痴染，除却从前矫诳心永断名为自性忏；前念后念及念念，不被疽疾染，除却从前疾垢心，自性若除即是忏。【已上三唱】

善知识，何名忏悔者。终身不作。悔者，知于前非，恶叶恒不离心，诸佛前口说无益；我此法门中永断不作，名为忏悔。

今既忏悔已，与善知识受无相三归依戒。大师言：

善智识。归衣觉，两足尊；归衣正，离欲尊；归衣净，众中尊；从今已后称佛为师，更不归衣余邪迷[2]外道，愿自三宝慈悲证明[3]。

善知识，惠能劝善[4]知识归衣身三宝。佛者觉也，法者正也，僧者净也。自心归依觉，邪迷[5]不生，少欲知足，离财离色，名两足尊。自心归正，念念无邪故，即无爱著，以无爱著，名离欲尊。自心归净，一切尘劳妄念虽在自姓，自姓不染著，名众中尊。凡夫解：从日至日受三归衣戒，若言归佛、佛在何处，若不见佛、即无所归，既无所归，言却是妄。善知识，各自观察，莫错用意。经中只即言自归依佛，不言归他佛。

---

① “不”，底本作缺，据旅博本、敦博本、国图本增。

② “迷”，底本作“名”，据旅博本、敦博本、国图本改。

③ “证明”二字，底本作“灯名”，据旅博本、敦博本、国图本改。

④ “善”，底本作“善善”，据旅博本、敦博本、国图本改。

⑤ “迷”，底本作“名”，据旅博本、敦博本、国图本改。

自姓不归，无所处。

今既自归衣三宝，总各各至心，与善知识说摩诃般若波罗蜜法。

善知识，虽念不解，惠能与说，各各听。

摩诃般若波罗蜜者，西国梵语，唐言大智惠彼岸到。此法须行，不在口口念不行，如如化修行者，法身与佛等也。

何名摩诃。摩诃者是大。心量广大，犹如虚空，莫定心座，即落无记[①]空。能含，日月星辰、大地山何、一切草木、恶人善人、恶法善法、天堂地狱尽在空中；世人性空亦复如是，性含万法是大，万法尽是自姓见，一切人及非人、恶之[②]与善、恶法善法尽皆不舍，不可染著，由如虚空，名之为大，此是摩诃行。迷人口念，智者心。又有迷[③]人空心不思，名之为大，此亦不是。心量大，不行是少[④]。莫口空说，不修此行，非我弟子。

何名般若。般若是智惠。一时中，念念不愚，常行智惠，即名般若行。一念愚即般若绝，一念智即般若生。心中常愚；我修般若无形相，智惠性即是。

何名波罗蜜。此是西国梵音，言彼岸到，解义离生灭。著竟生灭去，如水有波浪，即是于此岸；离境无生灭，如水永长流，故即名到彼[⑤]岸，故名波罗蜜。

迷人口念，智者心行，当念时有妄，有妄即非真有；念念若行，是名真有；悟此法者，悟般若法，修般若行；不修即凡，一念修行，法身等佛。

---

① “记”，底本作“既”，据旅博本、敦博本、国图本改。
② “之”，底本作“知”，据旅博本、敦博本、国图本改。
③ “迷”，底本作“名”，据旅博本、敦博本、国图本改。
④ “少”，旅博本、敦博本、国图本作“小”。
⑤ “彼”，底本作“被”，据旅博本、敦博本、国图本改。

善知识，即烦恼是菩提，从前念迷即凡，后念悟即佛。

善知识，摩诃般若波罗蜜，最尊最上弟一，无住无去无来，三世诸佛从中出；将大知惠到彼岸，打破五阴烦恼尘劳。最尊最上弟一，赞最上最上乘法，修行定成佛；无去无住无来往，是定惠等，不染一切法；三世诸佛从中变三毒为戒定惠。

善知识，我此法门，从八万四千智惠。何以故。为世人有八万四千尘劳。若无尘劳，般若常在，不离自姓。悟此法者，即是无念、无忆[①]、无著，莫去杂[②]妄，即自是真如姓用知惠观照，于一切法不取不舍，即见姓成佛道。

善知识，若欲入甚深法界、入般若三昧者，直修般若波罗蜜行，但持《金刚般若波罗蜜经》一卷即得见性、入般若三昧。当知此人功德无量，经中分名赞叹，不能具说。此是最上乘法，为大智上根人说，少根智人若闻法心不生信。何以故。譬如大龙若下大雨雨衣阎浮提，如漂草叶；若下大雨雨放大海，不增不减。

若大乘者闻说《金刚经》心开悟解，故知本性自有般若之智，自用知惠观照，不假文字。譬如其雨水不从无有，元是龙王于江海中将身引此水，令一切众生一切草木一切有情无情悉皆蒙[③]润，诸水众流却入大海，海纳众水合为一体，众生本性般若之智亦复如是。

少根之人闻说此顿教，犹如大地草木根性自少者若被大雨一沃悉皆自倒[④]、不能增长。少根之人亦复如是有般若之智，之与大智之人亦无差别，因何闻法即不悟。缘邪见障重、烦恼根深，犹如大云盖覆于日、不

① “忆”，底本作“亿”，据旅博本、敦博本、国图本改。
② “杂”，底本作“谁”，据敦博本、国图本改。
③ “蒙”，底本作“像”，据旅博本、敦博本、国图本改。
④ “倒”，底本作“到”，据旅博本、国图本改。

得风吹、日无能现。般若之智亦无大小，为一切众生自有迷心、外修觅佛，来悟自性，即是小根人；闻其顿教，不信外修，但于自心令自本性常起正见，烦恼尘劳众生当时尽悟，犹如大海纳于众流，小水大水合为一体，即是见性。

内外不住，来去自由，能除执心，通达无碍，心修此行，即与般若波罗蜜经本无差别。

一切经书及文字、小大二乘十二部经皆因人①置，因智惠性故故然能建立；我若无智人，一切万法本无不有，故知万法本得人兴，一切经书因人说有。缘在人中有有愚有智，愚为少故，智为大人，问迷人于智者，智人与愚人说法，令使愚者悟解深②开，迷人若悟心开，与大智人无别。

故知：不悟，即是佛是众生；一念若悟，即众生是③佛；故知一切万法尽在自身心中，何不从于自心顿见真如本姓。《菩萨戒经》云我本源④自姓清净，识心见性，自成佛道，即时豁然，还得本心。

善知识，我于忍和尚处一闻言下大悟⑤、顿见真如本性，是故以⑥教法流行后代；今学道者顿悟菩提、各自观心、令自本性顿悟。若能自悟者，须觅大善知识示⑦道见姓；何名大善知识⑧；解最上乘法，直示⑨正路；是大善知识是大因缘，所为化道令得见佛，一切善法皆因大善知识能发

---

① “人”，底本缺，据旅博本、敦博本、国图本增。
② “深”，旅博本、敦博本、国图本作“心”。
③ “是”，底本作“不是”，据敦博本、国图本改。
④ “源”，底本作“願”，据旅博本、敦博本、国图本改。
⑤ “悟”，底本作“伍”，据旅博本、敦博本、国图本改。
⑥ “以”，底本作“汝”，据旅博本、敦博本、国图本改。
⑦ “示”，底本作“亦”，据敦博本、国图本改。
⑧ “识”，底本缺，据旅博本、敦博本、国图本增。
⑨ “示”，底本作“是”，据旅博本、敦博本、国图本改。

起故；三世诸佛、十二部经云在人性中本自具有；不能自姓悟，须得善知识示道见性；若自悟者，不假外善知识；若取外求善知识望得解脱，无有是处；识自心内善知识，即得解脱[①]；若自心邪迷妄念颠倒，外善知识即有教授，汝若不得自悟，当起般若观照，刹那间妄念俱灭，即是自真正善知识一悟即知佛也。

自性心地，以智惠观照，内外明[②]彻，识自本心，若识本心即是解脱，既得解脱即是般若三昧，悟般若三昧即是无念。何名无念。无念法者，见一切法，不著一切法；遍一切处，不著一切处；常净自性使六贼从六门走出于六尘中不离不染、来去自由，即是般若三昧、自在解脱，名无念行。莫百物不思、当令念绝，即是法缚[③]，即名边见。

悟无念法者万法尽通，悟无念法者见诸佛境界，悟无念顿法者至佛位地。

善知识，后代得悟法者常见吾法身不离汝左右。

善知识，将此顿教法门同见同行发愿受持、如是佛故，终身受持而不退者欲入圣位。然须缚受持从上已来嘿然而付于法；发大誓愿，不退菩提，即须分付；若不同见解、无有志愿，在在处处勿妄宣传；损彼前人，究竟无益；若遇人不解，谤此法门，百劫万劫千生断佛种性。

大师言：善知识，听吾[④]说无相颂[⑤]，令汝迷[⑥]者罪灭，亦名灭罪颂。颂曰：

① “脱”，底本缺，据旅博本、敦博本、国图本增。
② “明”，底本作“名”，据旅博本、敦博本、国图本改。
③ “缚”，底本作“传”，据旅博本、敦博本、国图本改。
④ “吾”，底本作“悟”，据旅博本、敦博本、国图本改。
⑤ “颂”，底本作“讼”，据敦博本、国图本改。
⑥ “迷”，底本作“名”，据旅博本、敦博本、国图本改。

愚人修福不修道，谓言修福而是道①。
布施供养福无边，心中三叶元来在。
若将修福欲灭罪，后世得福罪无造。
若解向心除罪缘，各自世中真忏悔。
若悟大乘真忏悔，除邪行正造无罪。
学道之人能自观，即与悟人同一例。
大师今传此顿教，愿学之人同一体。
若欲当来觅本身，三毒恶缘心中洗。
努力修道莫悠悠，忽然虚度一世休。
若遇大乘顿教法，虔诚合掌志心求。

大师说法了，韦使君官僚僧众道俗赞言无尽，昔所未闻。

使君礼拜，白②言：和尚说法实不思议。弟子当有少疑，欲问③和尚，望意和尚大慈大悲，为弟子说。

大师言：有疑④即问⑤。何须再三。

使君闻法可不不是西国第一祖达磨祖师宗旨。

大师言：是。

弟子见说达磨大师代，梁武谛问达磨：朕一生已⑥来造寺、布施、供养，有⑦功德否。达磨答言：并无功德。武帝惆怅，遂遣达磨出境。未审

① “道”，底本缺，据旅博本、敦博本、国图本增。
② “白”，底本作“自”，据敦博本、国图本改。
③ “问”，底本作“闻”，据敦博本改。
④ “疑”，底本作“议”，据旅博本、敦博本改。
⑤ “问”，底本作“闻”，据旅博本、敦博本改。
⑥ “已”，底本作“未”，据旅博本、敦博本、国图本改。
⑦ “有”，底本作“有有”，据旅博本、敦博本、国图本改。

此言，请和尚说。

六祖言：实无功德。使君朕勿疑达磨大师言。武帝著邪道，不识正法。

使君问：何以无功德。

和尚言：造寺、布施、供养只是修福，不可将福以为功德；功德[①]在法身，非在于福田。

自法性有功德，平直是德佛性；外行恭敬；若轻一切人，吾[②]我不断，即自无功德；自性虚妄，法身无功德；念念德行，平等真心，德即不轻，常行于敬；自修身即功，自修身心即德，功德自心作，福与功德别。武帝不识正理，非祖大师有过。

使君礼拜，又问：弟子见僧道俗常念阿弥大[③]佛愿往生西方，请和尚说德[④]生彼否。望为破疑。

大师言：使君听，惠能与说。世尊在舍卫国[⑤]说西方引化，经文分明，去此不远，只为下根，说近说远，只缘上智。人自两种，法无般[⑥]。迷[⑦]悟有殊，见有迟疾，迷人念佛生彼，悟者自净其心，所以佛言随其心净则佛土净。

使君。东方但净心无罪，西方心不净有愆。迷人愿生东方西者，所在处并皆一种。心但无不净，西方去此不远；心起不净之心，念佛往生难到。除恶即行十万，无八邪即过八千，但行真心，到如禅指。

使君。但行十善，何须更愿往生，不断十恶之心，何佛即来迎请；

---

① “功德”二字，底本缺，据旅博本、敦博本、国图本增。
② “吾”，底本作“悟”，据旅博本、敦博本、国图本改。
③ “大”，旅博本、敦博本、国图本作“陀”。
④ “德”，旅博本、敦博本作“得”。
⑤ “国”，旅博本、敦博本、国图本作“城”。
⑥ “般”，底本作“不”，据旅博本、敦博本、国图本改。
⑦ “迷”，底本作“名”，据旅博本、敦博本、国图本改。

若悟无生顿法，见西方只在刹那；不悟顿教大乘，念佛往生，路遥如何得达。

六祖言：惠能与使君移西方刹那间[①]目前便见，使君愿见否。

使君礼拜：若此得见，何须往生。愿和尚慈悲为现西方。大善。

大师言：唐[②]见西方。无疑即散。

大众愕然，莫知何是。

大师曰：大众。大众。作意听。世人自色身是城，眼耳鼻舌身即是城门，外有六门，内有意门，心即是地，性即是王，性在王在，性去王无，性在身心存，性去身坏，佛是自性作，莫向身求，自性迷佛即众生，自性悟众生即是佛，慈悲即是观音，喜舍名为势至，能净是释迦，平直是弥勒，人我是须弥，邪心是大海，烦恼是波浪，毒心是恶龙，尘劳是鱼鳖，虚妄即是神鬼，三毒即是地狱，愚痴即是畜生；十善是天堂；我无人，须弥自倒；除邪心，海水竭；烦恼无，波浪灭；毒害除，鱼龙绝；自心地上觉性如来施大智惠光明，照曜六门清净，照破六欲诸天，下照三毒若除，地狱一时消灭，内外明彻，不异西方；不作此修，如何到彼。

座下闻[③]说，赞声彻天，应是迷人，了[④]然便见。

使君礼拜，赞言：善哉善哉。普愿法界众生闻者一时悟解。

大师言：善知识，若欲修行，在家亦得，不由在寺；在寺不修，如西方心恶之人；在家若修行，如东方人修善；但愿自家修清净，即是西[⑤]方。

使君问和尚：在家如何修。愿为指授。

---

① "间"，底本作"问"，据旅博本、敦博本、国图本改。

② "唐"，旅博本作"唐一时"，敦博本、国图本作"一时"。

③ "闻"，底本作"问"，据旅博本、敦博本改。

④ "了"，底本作"人"，据旅博本、敦博本改。

⑤ "西"，底本作"恶"，据旅博本、敦博本改。

大师言：善知识，惠能与道俗作无相颂，尽诵取，衣此修行，常与惠能说一处无别。颂曰：

说通及心通，如日处虚空，
惟传顿教法，出世破邪宗。
教即无顿渐，迷悟有迟疾，
若学顿教法，愚人不可迷。
说即须万般，合离[1]还归一。
烦恼暗宅中，常须生惠日，
邪来因烦恼，正来烦恼除，
邪正疾不用，清净至无余。
菩提本清净，起心即是妄，
净性于妄中，但正除三障。
世间若修道，一切尽不妨，
常现在己过，与道即相当。
色类自有道，离道别觅道，
觅道不见道，到头还自懊。
若欲贪觅道，行正即是道，
自若无正心，暗行不见道。
若真修道人，不见世间愚，
若见世间非，自非却是左，
他非我有罪，我非自有罪，
但自去非心，打破烦恼碎。
若欲化愚人，是须有方便，

① "离"，旅博本、敦博本作"理"。

勿令破彼疑，即是菩提见，
法元在世间，于世出世间，
勿离世间上，外求出世间。
邪见出世间，正见出世间，
邪正悉打却，此但是顿教，
亦名为大乘，迷来经累劫，
悟则刹那间。

大师言：善知识，汝等尽诵取此偈，依偈修行，去惠能千里，常在能边；此不修，对面千里。各各自修，法不相待，众人且散，惠能归漕溪山，众生若有大疑，来彼山间，为汝破疑，同见佛世。

合座官僚道俗礼拜和尚，无不嗟叹，善哉大悟，昔所未闻[①]，岭南有福，生佛在此，谁能得知[②]，一时尽散。

大师往漕溪山，韶广二州行化四十余年；若论门人，僧之与俗三五千人说不尽；若论宗旨[③]，传授《坛经》以此为衣[④]约，若不得《坛经》，即无禀受。须知法处、年月日、性名，遍相付嘱。无《坛经》禀承，非南宗弟子也。未得禀承者，虽说顿教法，未知根本，修不免诤；但得法者，只劝修行；诤是胜负之心，与道违背。

世人尽传南宗能北秀，未知根本事由；且秀禅师于南荆府当[⑤]阳县玉泉寺住持修行，惠能大师于韶州城东三十五里漕溪山住。法即一宗，人有南北，因此便立南北。何以渐顿。法即一种，见有迟疾，见迟即渐，

① “闻”，底本作“问”，据敦博本改。
② “知”，底本作“智”，据旅博本、敦博本改。
③ “旨”，底本作“指”，据旅博本、敦博本改。
④ “衣”，旅博本作“依”，敦博本缺。
⑤ “当”，据旅博本改。

见疾即顿。法无渐顿，人有利钝，故名渐顿。

神秀师常见人说惠能法疾、直旨路，秀师遂换[①]门人僧志诚曰：汝聪明多智，汝与吾至漕溪山到惠能所礼拜但听，莫言吾使汝来，所听得[②]意旨记取，却来与吾说，看惠能见解与吾谁疾迟，汝弟一早来，勿令吾怪。

志诚奉使欢喜，遂半月中间即至漕溪山见惠能和尚[③]，礼拜即听，不言来处。志城闻法，言下便悟，即契本心，起立即礼拜，白[④]言和尚：弟子从玉泉寺来，秀师处不德契悟，闻和尚说便契本心，和尚慈悲，愿当教[⑤]示。

惠能大师曰：汝从彼[⑥]来，应是细作。

志诚曰：未说时即是，说乃不即是[⑦]。

六祖言：烦恼即是菩提，亦复如是。

大师谓志诚曰：吾闻汝[⑧]禅师教人唯传戒定惠，与和尚教人戒定惠如何。当为吾说。

志城曰：秀和尚言戒定惠，诸恶不作名为戒，诸善奉行名为惠，自净其意名为定，此即名为戒定惠。彼作如是说，不知和尚所见如何。

惠能和尚答曰：此说不可思议，惠能所见又别。

志城问：何以别。

惠能答曰：见有迟疾。

---

① “唤”，底本作“换”，据旅博本、敦博本改。

② “得”，底本作“德”，据旅博本、敦博本改。

③ “尚”，底本作“当”，据敦博本改。

④ “白”，底本作“自”，据敦博本改。

⑤ “教”，底本作“散”，据敦博本改。

⑥ “彼”，底本作“被”，据旅博本、敦博本改。

⑦ “未说时即是，说乃不即是”，旅博本、敦博本作“不是。六祖曰：何以不是。志诚曰：未说时即是，说了即不是”。

⑧ “汝”，底本作“与”，据旅博本、敦博本改。

志城：请和尚说所见戒定惠。

大师言：如汝听吾[①]说，看吾[②]所见处。心地无疑非自姓戒，心地无乱是自姓定，心地无痴自姓是惠。

大[③]师言：汝戒定惠劝小根诸人，吾戒定惠劝上人，得悟[④]自亦不立戒定惠。

志城言：请大师说不立如何。

大师言：自姓无非无乱无痴，念念般若观照，当离法相，有何可立。自姓顿修，立有渐此[⑤]，契[⑥]以不立。

志诚礼拜，便不离漕溪山，即为门人，不离大师左右。

又有一僧名法达；常诵《法华经》[⑦]，七年心迷不知正法之处，经上有疑[⑧]。大师智惠广大，愿为时[⑨]疑。

大师言：法达。法即甚达，汝心不达；经上无痴[⑩]，汝心自邪而求正法，吾心正定即是持经。吾一生已来不识文字，汝将《法华经》来对吾读一遍，吾闻[⑪]即知[⑫]。

---

① “吾”，底本作“悟”，据旅博本、敦博本改。

② “吾”，底本作“悟”，据旅博本、敦博本改。

③ “大”，底本作“能大”，因与上文“惠”相接而衍，据旅博本、敦博本改。

④ “悟”，底本作“吾”，据旅博本、敦博本改。

⑤ “此”，旅博本、敦博本作“次”。

⑥ “契”，旅博本、敦博本作“所”。

⑦ “《法华经》”，旅博本、敦博本作“《妙法莲华经》七年心迷不知正法之处，来至漕溪山礼拜，问大师言：弟子常诵《妙法华经》”。

⑧ “疑”，敦博本作“痴”。

⑨ “时”，疑作“释”，旅博本、敦博本作“除”。

⑩ “痴”，旅博本作“疑”。

⑪ “闻”，底本作“问”，据旅博本、敦博本改。

⑫ “知”，底本作“之”，据旅博本、敦博本改。

法达取经到，对大师读一遍。六祖闻[1]已，即识佛意，便与[2]法达说《法华经》。

六祖言：法达，《法华经》无多语，七卷尽是譬喻因缘。如来广说三乘，只为世人根钝。经文分[3]明，无有余乘，唯一佛乘。

大师：法达。汝听一佛乘，莫求二佛乘迷却汝性[4]。经中何处是一佛乘。汝与说经云诸佛世尊唯汝[5]一大事因缘故出现于世【已上十六字[6]是正法】。

法如何解。此法如何修。

汝听吾说。人心不思，本源空寂，离却邪见，即一大是因缘。内外不迷，即离两边；外迷看[7]相，内迷著空；于相离相，于空离空，即是不空迷；若[8]吾此法，一念心开，出现于世；心开何物，开佛知见。佛犹如觉也，分为四门，开觉知见、示觉知见、悟觉知见、入觉知见；开示悟入上一处入，即觉知见见自本性，即得出世。

大师言：法达。吾[9]常愿一切世人心地常自开佛知见，莫开众生知见。世人心愚迷造恶自开众生知见，世人心正起智惠观照自开佛智见。莫开众生智见，开佛智见即出世。

大师言：法达。此是法达。经一乘法，向下分三，为迷[10]人故。汝但

---

① “闻”，底本作“问”，据旅博本、敦博本改。

② “与”，底本作“汝”，据旅博本改。

③ “文分”，底本作“闻公”，据旅博本、敦博本改。

④ “性”，底本作“圣”，据旅博本、敦博本改。

⑤ “汝”，底本作“以”，据旅博本、敦博本改。

⑥ “字”，底本作“家”，据旅博本、敦博本改。

⑦ “看”，敦博本作“著”。

⑧ “若”，底本缺，据旅博本、敦博本增。

⑨ “吾”，底本作“悟”，据旅博本、敦博本改。

⑩ “迷”，底本作“名”，据旅博本、敦博本改。

依[①]一佛乘。

大师言：法达。心行转《法华》，不行《法华》转；心正转《法华》，心邪《法华》转；开佛智见转《法华》，开众生智见被《法华》转。

大师言：努力依法修行，即是转经。

法达一闻，言下大悟，涕泪悲泣，白[②]言和尚：实未僧转《法华》，七年被《法华》转；已后转《法华》，念念修行佛行。

大师言：即佛行是佛。

其时听人[③]，无不悟者。

时有一僧名智常，来漕溪山礼拜和尚，问[④]四乘法义。智常问[⑤]和尚曰：佛说三乘，又言最上乘，弟子不解，望为教[⑥]示。

惠能大师曰：汝自身心见，莫著外法相，元无四乘法，人心不量四等，法有四乘。见闻读诵是小乘，悟解义是中乘，依[⑦]法修行是大乘，万法尽通、万行[⑧]俱备、一切无离、但离法相、作无所德是最上乘乘，是最上行义，不在口诤，汝须自修，莫问吾[⑨]也。

又有一僧名神会，南阳人也，至漕溪山礼拜，问言：和尚座禅见亦不见。

---

① "依"，底本作"于"，据旅博本、敦博本改。
② "白"，底本作"自"，据敦博本改。
③ "人"，底本作"入"，据旅博本、敦博本改。
④ "问"，底本作"闻"，据旅博本、敦博本改。
⑤ "问"，底本作"闻"，据旅博本、敦博本改。
⑥ "教"，底本作"散"，据敦博本改。
⑦ "依"，底本作"衣"，据旅博本、敦博本改。
⑧ "行"，底本作"幸"，据旅博本、敦博本改。
⑨ "吾"，底本作"悟"，据旅博本、敦博本改。

大师起把打[①]神会三下，却问神会：吾打[②]汝痛不痛。

神会答言：亦痛亦不痛。

六祖言曰：吾亦见亦不见。

神会又问：大师何以亦见亦不见。

大师言：吾亦见，常见自过患，故云亦见；亦不见者，不见天地人过罪；所以亦见亦不见[③]也。汝亦痛亦不痛如何。

神会答曰：若不痛，即同无情木石；若痛，即同凡，即起于恨。

大师言：神会。向前见不见是两边，痛不痛[④]是生灭，汝自性且不见，敢来弄人。

礼拜，礼拜，更不言。

大师言：汝心迷不见，问善知识觅路；汝[⑤]心悟自见，依法修行。汝自迷不见自心，却来问惠能见否。吾不自知，代汝迷不得；汝若自见，代得吾迷。何不自修，问吾见否。

神会作礼，便为门人，不离漕溪山中，常在左右。

大师遂唤门人法海、志诚、法达、智常、志通、志彻、志道、法珍、法如、神会。大师言：汝等十弟子近前，汝等不同余人。吾灭度后，汝各为一方头[⑥]。吾教汝说法，不失本宗。举三[⑦]科法门，动三十六对，出没即离两边，说一切法莫离于性相；若有人问法，出语尽双，皆取法对，来去相因，究竟二法尽除，更无去处。

---

① “打”，底本作“朾”，据旅博本、敦博本改。
② “打”，底本作“朾”，据旅博本、敦博本改。
③ “见”，底本缺，据旅博本、敦博本增。
④ “不痛”，底本缺，据敦博本增。
⑤ “汝”，底本作“以”，据旅博本、敦博本改。
⑥ “头”，旅博本、敦博本作“师”。
⑦ “三”，底本缺，据旅博本、敦博本增。

三科法门者，荫、界、入。荫是五荫，界十八界，入[①]十二入。何名五荫。色荫、受荫、相荫、行荫、识荫是。何名十八界。六尘、六门、六识。何名十二入。外六尘，中六门。何名六尘，色、声、香、味[②]、触[③]、法是。何名六门。眼、耳、鼻、舌、身、意是。法性起六识，眼识、耳识、鼻识、舌识、身识、意识，六门，六尘。自性含万法，名为含藏识，思量即转识，生六识，出六门，六尘，三六十八；由自性邪起十八邪，含自性十八正；含恶用即众生，善用即佛；用由[④]何等，由[⑤]自性。

对。外境无情对有五，天与地对、日与月对、暗与明对、阴与阳对、水与火对。语与言对、法与相对有十二对，有为无为对、有色无色对、有相无相对、有漏无漏对、色与空对、动与净对、清与浊对、凡与圣[⑥]对、僧与俗对、老与少对、大大与少少对、长与短对、高与下对。自性居起用对有十九对，邪与正对、痴与惠对、愚与智对、乱与定对、戒与非对、直与曲对、实与虚对、崄与平对、烦恼与菩提对、慈与害对、喜与顺对、舍与悭对、进与退对、生与灭对、常与无常对、法身与色身对、化身与报身对、体与用对、性与相对[⑦]、有情[⑧]与[⑨]无亲对。言语与法相有十二对，内外境有无五对，三身有三对，都合成三十六对法也。

此三十六对法，解用通一切经，出入即离两边。

如何自性起用三十六对。共人言语，出外于离相，入内于空离空，

---

① "入"，底本作"是"，据敦博本改。
② "味"，底本作"未"，据旅博本、敦博本改。
③ "触"，底本作"独"，据旅博本、敦博本改。
④ "由"，底本作"油"，据敦博本改。
⑤ "由"，底本作"油"，据旅博本、敦博本改。
⑥ "圣"，底本作"性"，据旅博本、敦博本改。
⑦ "对"，底本缺，据旅博本、敦博本增。
⑧ "情"，底本作"清"，据敦博本改。
⑨ "与"，底本缺，据旅博本、敦博本增。

著空即惟长无明[①]，著相惟邪见，谤法直言不用文字；既云不用文字，人不合言语，言语即是文字；自性上说空，正语言本性不空；迷自惑，语言除故。

暗不自暗，以明故暗；暗不自暗，以明变暗；以暗现明，来去相因。三十六对，亦复如是。

大师言十弟子：已后传法，递相教授一卷《檀经》，不失本宗；不禀授《檀经》，非我宗旨。如今得了，递代流行，得遇《檀经》者，如见吾亲授。十僧得教授已，写为《檀经》，递代流行，得者必当见性。

大师先天二年八月三日灭度。七月八日，唤门人告别。大师天元年于新[②]州国恩寺造塔，至先天二年七月告别。大师言：汝众近前，吾至八月欲离世间，汝等有疑早问，为汝破疑，当令迷者尽，使汝[③]安乐；吾若去后，无人教与。

法海等众僧闻已涕泪悲泣，唯有神会不动亦不悲泣。六祖言：神会小僧却得善等、毁誉不动，余者不得，数年山中，更修何道。汝今悲泣，更有阿谁忧吾不知去处在。若不知去，处终不别汝；汝等悲泣，即不知吾处；若知去处，即不悲泣。性听无生灭、无去无来。

汝等尽座，吾与汝[④]一偈，《真假动净偈》，汝等尽诵取，见此偈意，汝吾同于此修行，不失宗旨。

僧众礼拜，请大师留偈，敬心受持。

偈曰：

---

① “明”，底本作“名”，据旅博本、敦博本改。

② “新”，底本作“榫”，旅博本、敦博本作“鄚”，据其他类型的《坛经》版本改。

③ “汝”，底本作“与”，据旅博本、敦博本改。

④ “汝”，底本作“如”，据旅博本、敦博本改。

一切无有真，不以见于真，
若见衣真者，是见尽非真，
若能自有真，离假即心真，
自心不离假，无真何处真。
有性即解动，无性[1]即不动，
若修不动行，同无情不动，
若见真不动，动上有不动，
不动是不动，无情无佛众[2]，
能善分别相，第一义不动，
若悟作此见，则是真如用。
报诸学道者，努力须用意，
莫于大乘门，却执生死智。
前头人相应，即共论佛语[3]，
若实不相应，合掌令[4]劝善。
此教本无诤[5]，无诤[6]失道意，
执迷诤[7]法门，自性入生死。

众僧既闻，识大师意，更不敢诤，依法修行，一时礼拜，即知[8]大

① “性”，旅博本、敦博本作“情”。
② “众”，旅博本、敦博本作“种”。
③ “语”，旅博本、敦博本作“义”。
④ “令”，敦博本作“礼”。
⑤ “诤”，敦博本作“净”。
⑥ “无诤”，旅博本作“若诤”，敦博本作“若道”。
⑦ “诤”，敦博本作“净”。
⑧ “知”，底本作“之”，据旅博本、敦博本改。

师不久[1]住世。上座法海向前言：大师。大师去后，衣法当付何人。

大师言：法即付了，汝不须问。吾灭后二十余年，邪法辽乱，惑我宗旨，有人出来不惜身命弟[2]佛教是非、竖立宗旨，即是吾正法。衣不合转。汝不信，吾与诵先代五祖传衣付法诵。若据第一祖达摩颂意，即不合传衣。听吾[3]与汝颂。颂曰：

第一祖达摩和尚颂曰：

吾大来唐国，传教救迷情[4]，
一花开五叶，结果自然成。

第二祖惠可和尚颂曰：

本来缘有地，从地种花生，
当本愿[5]无地，花从何处生。

第三祖僧璨和尚颂曰：

花种虽[6]因地，地上种花生，
花种无生性，于地亦无生。

---

① “久”，底本作“求”，据旅博本、敦博本改。
② “弟”，旅博本、敦博本作“定”。
③ “吾”，底本作“五”，据旅博本、敦博本改。
④ “迷情”，底本作“名清”，据旅博本、敦博本改。
⑤ “本愿”，旅博本作“本元”，敦博本作“来元”。
⑥ “虽”，敦博本作“须”。

第四祖道信和尚颂曰：

花种有生性，因地种花生，
先缘不和合，一切尽无生。

第五祖弘忍和尚颂曰：

有情来下种，无情花即生，
无情又无种，心地亦无生。

第六祖惠能和尚颂曰：

心地含情种，法雨即化生，
自吾花情种，菩提果自成。

能大师言：汝等听吾作二颂，取达摩和尚颂意，汝迷人依法颂修行必当见性。

第一颂曰：

心地邪花放，五叶逐根随，
共造无明叶，见被叶风吹。

第二颂曰：

心地正花放，五叶逐根随，
共修般若惠，当来佛菩提。

六祖说偈已了，放众生散。门人出外思惟，即知大师不久住世。

六祖后至八月三日食后，大师言：汝等善位座，吾[①]今共汝[②]等别。

法海问[③]言：此顿教法传受，从上已来至今几代。

六祖言：初传受七佛，释迦牟尼佛弟七，大迦叶弟八，阿难弟九，末田地弟十，商那和修弟十一，优婆毱多弟十二，提多迦弟十三，佛陁难提弟十四，佛陁蜜多弟十五，胁比丘弟十六，富那奢弟十七，马鸣弟十八，毗罗长者弟十九，龙树弟二十，迦那提婆弟廿一，罗睺罗弟廿二，僧迦那提弟廿三，僧迦那舍弟廿四，鸠摩罗驮弟廿五，阇耶多弟廿六，婆修盘多弟廿七，摩拏罗弟廿八，鹤勒那弟廿九，师子比丘弟卅，舍那婆斯弟卅一，优婆堀弟卅二，僧迦罗弟三十三，须婆蜜多弟三十四，南天竹国王子弟三子菩提达摩弟三十五，唐国僧惠可弟三十六，僧璨弟三十七，道信弟三十八，弘忍弟三十九，惠能自身当今受法弟四十。

大师言：今日已后递相传受，须有依约，莫失宗旨。

法海又白：大师今去，留付何法，令[④]后代人如何见佛。

六祖言：汝听。后代迷人但识众生，即能见佛；若不识众生，觅佛万劫不得见也。吾[⑤]今教汝识众生见佛，更留《见真佛解脱颂》。迷即不见佛，悟者即见。

法海愿闻，代代流传，世世不绝。

六祖言：汝听吾与汝[⑥]说。后代世人若欲觅佛，但识佛心众生即能识佛。即缘有众，离众生无佛心。

---

① “吾”，底本作“五”，据旅博本、敦博本改。

② “汝”，底本作“与”，据旅博本、敦博本改。

③ “问”，底本作“闻”，据旅博本、敦博本改。

④ “令”，底本作“今”，据旅博本、敦博本改。

⑤ “吾”，底本作“五”，据旅博本、敦博本改。

⑥ “与汝”，底本作“汝与”，据旅博本、敦博本改。

迷即佛众生，悟即众生佛，
愚痴佛众生，智惠众生佛；
心险佛众生，平等众生佛，
一生心若险，佛在众生中；
一念悟若平，即众生自佛，
我心自有佛，自佛是真佛，
自若无佛心，向何处求佛。

大师言：汝等门人好住，吾留一颂，名《自性真佛解脱颂》，后代迷问[①]此颂意，意即见自心自性真佛。与汝此颂，吾共汝别。颂曰：

真如净性是真佛，邪见三毒是真魔[②]，
邪见之人魔[③]在舍，正见知人佛则过，
性众邪见三毒生，即是魔[④]王来住舍，
正见忽则三毒生，魔[⑤]变成佛真无假。
化身报身及净身，三身元本是一身，
若向身中觅自见，即是成[⑥]佛菩提因。
本从花[⑦]身生净性，净性常在花[⑧]身中，

① “问”，底本作“门”，据敦博本改。
② “魔”，底本作“摩”，据敦博本改。
③ “魔”，底本作“摩”，据旅博本、敦博本改。
④ “魔”，底本作“摩”，据旅博本、敦博本改。
⑤ “魔”，底本作“摩”，据旅博本、敦博本改。
⑥ “成”，底本缺，据旅博本、敦博本增。
⑦ “花”，旅博本、敦博本作“化”。
⑧ “花”，旅博本、敦博本作“化”。

性使花[1]身行正道，当来员[2]满真无穷。
婬性本身清净[3]因，除婬即无净性身，
性中但自离吾[4]欲，见性刹那即是真。
今生若吾[5]顿教门，悟即眼前见性[6]尊，
若欲修行云[7]觅佛，不知何处欲求[8]真，
若能身中自有真，有真即是成佛因，
自不求真外觅佛，去觅总是大痴人。
顿教法者是西流，求[9]度世人须自修，
今保世间学道者，不于此是大悠悠。

大师说偈已了，遂[10]告门人曰：汝等好住，今共汝别。吾去已后，莫作世情悲泣而受人吊问[11]钱帛、著孝衣，即非圣法，非我弟子；如吾在日一种，一时端坐，但无动无静[12]，无生无灭，无去无来，无是无非，无住，坦[13]然寂净，即是大道。吾去已后，但依[14]法修行，共吾在日一种；吾若

---

① “花”，旅博本、敦博本作“化”。
② “圆”，底本作“员”，据旅博本、敦博本改。
③ “清净”，旅博本、敦博本作“净性”。
④ “离吾”，旅博本作“离五”，敦博本作“欲五”。
⑤ “吾”，旅博本、敦博本作“悟”。
⑥ “性”，旅博本、敦博本作“世”。
⑦ “云”，敦博本作“求”。
⑧ “求”，敦博本作“觅”。
⑨ “求”，旅博本、敦博本作“救”。
⑩ “遂”，敦博本作“道”。
⑪ “问”，底本作“门”，据敦博本改。
⑫ “静”，底本作“净”，据旅博本、敦博本改。
⑬ “坦”，底本作“但”，据敦博本改。
⑭ “依”，底本作“衣”，据旅博本、敦博本改。

在世，汝违教法，吾住无益。

大师云此语已，夜至三更，奄然迁化[①]。大师春秋七十有六。大师灭度诸日，寺内异香氲氲，经数日不散。山崩地动，林木变白，日月无光，风云失色。

八月三日，灭度。至十一月，迎和尚神座于漕溪山葬。在龙龛之内，白光出现，直上冲天，二[②]日始散；韶州刺史韦据[③]立碑，至今供养。

此《坛经》法海上座集，上座无常，付同孝道漈，道漈无常，付门人悟真，悟真在岭南漕溪山法兴寺见今传受此法。如付此法，须德上根[④]知，心[⑤]信佛法，立大悲，持此经以为衣[⑥]承，于今不绝。

和尚本是韶州曲江县[⑦]人也。

如来入涅槃[⑧]，法教流东土，

共传无住，即我心无住。

此真菩萨说，真示实行[⑨]喻，

唯教大智人，示旨于[⑩]凡度。

誓修行，修行[⑪]遭难不退，遇苦能忍。福德深厚，方授此法；如根性

---

① “化”，底本作“花”，据旅博本、敦博本改。

② “二”，旅博本、敦博本作“三”。

③ “据”，底本作“处”，据旅博本、敦博本改。

④ “根”，底本作“恨”，据旅博本、敦博本改。

⑤ “心”，旅博本、敦博本作“深”。

⑥ “衣”，旅博本、敦博本作“禀”。

⑦ “县”，底本作“悬”，据旅博本改。

⑧ “槃”，底本作“盘”，据敦博本改。

⑨ “真示实行”，底本作“真示行实”，但在“行实”二字间有倒写符号，现据改；旅博本、敦博本均作“真实示行”。

⑩ “于”，底本作“衣”，据旅博本、敦博本改。

⑪ “修行，修行”，底本作“修修行行”，其中第二个“行”字为重文符号；旅博本、敦博本均为“修行”二字。

不堪，林量不得，须[1]求此法，违立不德者不得妄付《坛经》。告诸同道者今诸蜜意。

南宗顿教最上大乘坛经法一卷

大乘志三十，大圣志四十，大通志五十，大宝志六十，大法志七十，大德志八十，清之藏志三十，清持藏志四十，清宝藏志五十，清莲藏志六十，清海藏志七十，大法藏志八十；此是菩萨法号。

三、惠昕改编本《坛经》[2]

韶州曹溪山六祖师坛经

韶州曹溪山六祖师坛经卷上

一、韶州刺史韦璩等众请说法

二、大师自说悟法传衣

三、为时众说定慧

四、教授坐禅

五、说传香忏悔发愿

六、说一体三身佛相

一、众请说法

大师从南海上至曹溪。韶州刺史韦璩等请于大梵寺开法结缘，受无相戒，说摩诃般若波罗密法。大师是日于法座上说摩诃顿法直下见性、了然大悟，普告僧俗令言下各悟本心、现成佛道。座下僧尼道俗一千余

---

① “须”，底本作“须”，旅博本、敦博本作“虽”。

② 本录以日本所藏大乘寺本为底本，参校本主要有日本所藏天宁寺本、真福寺本、宽永本、兴圣寺本。对底本的简要校注，主要依据参校本进行。

人、刺史官僚儒宗学士六十余人同请大师说是法门。

刺史韦璩令门人法海抄录流行，传示后代，若承此宗旨学道之者，递相传受，有所依凭耳。

二、悟法传衣

尔时，大师既升座已而示众言：善知识，总净心念摩诃般若波罗密。

大师良久不语，自净其心，忽然告言：善知识，菩提自性，本来清净，但用此心，直了成佛。

大师言：善知识，且听某甲行由得法事意。

某甲严父，本贯范阳，左降岭南，新州百姓；此身不幸，父少早亡，老母孤遗，移来南海，艰辛贫乏，于市卖柴。时有一客买柴，便令送至官店，客收柴去，某甲得钱，却出门外，见有一客读《金刚经》，某甲一闻，心便开悟，遂问客言：从何所来持此经典。客云：我从蕲州黄梅县东冯茂山礼拜五祖和尚，见在彼山门人一千余众，我到彼山听和尚说法、劝道俗但持《金刚经》，即得见性、直了成佛。某甲闻说，宿昔有缘，乃蒙一客取银十两与某甲将充老母衣粮，令某甲便往黄梅礼拜；某甲安置母讫即辞亲，不经三十余日便到黄梅礼拜。

五祖问曰：汝何方人来此山中礼拜，今向吾边欲求何物。

某甲对云：弟子是岭南人新州百姓。远来礼师，唯求作佛，不求余物。

五祖责曰：汝是岭南人，又是猎獠，若为堪作佛。

某甲言：人虽有南北，佛性本无南北，猎獠身与和尚不同，佛性有何差别。

大师更欲共某甲久语，且见徒众总在身边，乃令某甲随众作务。

某甲启和尚言：弟子自心常生智惠、不离自性即是种[①]田，未审和尚

---

① “种”，宽永本、兴圣本作“福”。

教作何务。

五祖言：这猎獠根性大利。汝更勿言，且去后院。

有一行者差某甲破柴踏碓，八个余月。

五祖一日忽见某甲，言：吾思汝之明见，恐有恶人害汝，遂不与言，汝知之不。

某甲言：弟子亦知师意，不敢行至堂前，令众人不觉。

五祖一日唤诸门人总来：吾向汝说，世人生死事大，汝等终日供养只求福田，不求出离生死苦海，汝自性迷，福何可救。汝等各去后院自看，有智慧者取自本心般若之性，各作一偈来呈吾看，汝等偈若悟大意，付汝等衣法，为弟六代祖。火急便作，不得迟滞，思量即不中用，见性之人言下须见；若抡刀上阵一般。

众得处分，来至后院，递相谓言：我等众人不用呈心用意作偈。神秀上座见为教授之师，必是他得，我等谩作偈颂，枉用心力。

诸人闻语，各自息心，咸言：我等自可依止神秀即得，何烦作偈。

神秀思惟：诸人不呈心偈意者，为我现作教授之师；我须作偈将呈，若不如然，和尚那知我见解深浅；我将心偈呈师即得，求佛觅祖却同凡夫夺其圣位无别；若不呈偈，终不得法；大难，大难。

五祖堂前有三间步廊，拟请供奉卢珍画《楞伽变相》并《五代血脉之图》流传供养。

神秀作偈成已，数度欲呈，行至堂前，心中恍惚，遍体汗流，拟呈不得，前后经过一十三度。乃自思惟：不如向廊下书著，从和尚见，忽若道好，即出礼拜，云是我作；若道不堪，自我性迷，宿业障重，不合得法，枉在山中受人礼拜，何名修道。

言讫。夜至三更，于南廊下中间壁上秉烛书题所作之偈，人尽不知。偈曰：

身是菩提树，心如明镜台，
时时勤拂拭，莫使染尘埃。

秀书偈了，即便归房。一心思惟，圣意难测。

五祖吃粥才了，拟唤卢供奉画，忽见其偈，便谓供奉言：某甲不画也，却奉十千劳供奉远来。《金刚经》云：凡所有相，皆是虚妄。不如但留此偈，令迷人诵。依此修行，免堕三恶；有大利益。

五祖唤门人烧香偈前，令凡人见生敬仰心：汝等尽须诵取，悟此偈者即得见性，依此修行必不堕落。

门人尽诵，皆叹善哉。

五祖夜至三更唤秀入堂问：是汝作此偈不。若是汝作，应得吾法。

秀言：罪过，实是秀作，亦不敢求祖位，望和尚慈悲，看弟子心有少智惠不。

五祖：汝作此偈，未见本性，只到门外，未离凡愚。依此修行即不堕落，如此见解觅无上菩提即不可得。无上菩提，须得言下识自本心、见自本性不生不灭，于一切时中念念自见，万法无滞，一真一切真，万境自如如，即是真实见自本性；若得如是见者，即是无上菩提自性与体相应，乃能度人，始得名师。

五祖言：汝且更去思惟，作一偈来吾看。若得入门，见自本性，付汝衣法，为人天师；吾不惜法，汝见自迟。

神秀作礼便出。

又经数日，作偈不成，心中恍惚，神思不安，犹如睡梦之中。

后两日间，有一童子于碓坊过，唱诵其偈；某甲一闻，便知此偈未见本性；某甲未蒙教授，早识大意。遂问童子曰：诵者是何偈。童子曰：尔这猎獠，不知大师言世人生死事大，欲传衣法，令门人作偈来呈，若悟大意，即付衣法，为弟六祖，神秀上座于南廊壁上书无相偈，五祖令门人尽诵此偈，若得悟者，即见自性成佛，依此修行，即不堕落。

某甲言：我在踏碓八个余月，未曾行到堂，望上人引至偈前礼拜，亦要诵取结来生缘、同生佛地。

童子便引某甲至偈前，礼拜了。

白言：某甲为不识字，请一上人为读。某甲得闻，愿生佛地。

时有江州别驾张日用便高声读。

某甲一闻，即识大意，启曰：某甲亦有一偈，望别驾书安壁上。

别驾言：左右尽是公卿王后、名山尊德尚不敢作，猎獠尔是何人而欲作偈，甚为稀有。

某甲言：若学无上菩提，不得轻于初学；俗谚云：下下人有上上智，上上人勿意智；若轻人，即有无量无边罪。

张别驾言：汝但诵偈，吾为汝书，汝若得法，先度于吾，勿忘此言。

偈曰：

菩提本无树，明镜亦非台，
本来无一物，何处有尘埃。

说此偈已，僧俗总惊，山中徒众，无不嗟讶，各相谓言：奇哉。不得以貌取人。何得多时使他肉身菩萨。

五祖见众人尽怪，恐人损他，向后无人传法，遂便混破，向众人言：此偈亦未见性，云何赞叹。

众便息心，皆言未了，各自散归，不复称赞。

五祖其夜三更唤某甲至堂内，以袈裟遮围不令人见，为某甲说《金刚经》，恰至“应无所住而生其心”，言下便悟“一切万法不离自性”。某甲启言和尚：何期自性本自清净，何期自性本不生不灭，何期自性本自具足，何期自性无动无摇，能生万法。

五祖知悟本性，乃报某甲言：不识本心，学法无益，若言下识自本心、见自本性，即名丈夫、天人师、佛。

三更受法，人尽不知，便传心印顿法及衣钵：汝为弟六代祖，善自护念，广度迷人，将衣为信禀，代代相承法即心传心，皆令自悟自解自性，佛佛唯传本体，师师默付本心，令汝自见自悟。

五祖言：自古传法，命似悬丝，若住此间，有人害汝，汝须速去。

某甲言：某甲是南中人，久不知此山路，如何出得江口。

五祖言：汝不须忧，吾自送汝。

某甲领得衣钵，三更便发归南。

五祖相送直至九江驿边，有一只船子，五祖令某甲上船，五祖把橹自摇，某甲言：请和尚坐，弟子合摇橹。

五祖言：只合吾度汝，不可汝却度吾，无有是处。

某甲言：弟子迷时和尚须度，今既已悟，过江摇橹，合弟子度。度名虽一，用处不同。某甲生在边方，语又不正，蒙师教旨付性，今已得悟，即合自性自度。

五祖言：如是如是。但依此见，已后佛法大行矣。汝去后一年，吾即前逝。

五祖言：汝今好去，努力南中五年，佛法难起，他后行化，善诱迷人，若得心开，与吾无别。

辞违已了，径发向南，两月中间至大庾岭。

不知逐后数十人来欲趁某甲夺衣取法，来至中路，余者却回；唯一僧，姓陈，名惠明，先是四品将军，性行粗恶，直至大庾岭头，趁及某甲。

便还衣鉢，又不肯取，言：我欲求法，不要其衣。

某甲即于岭上便传正法惠明。

闻说言下心开。

某甲却令向北接人。

某甲后至曹溪，被恶人寻逐，乃于四会县避难，经逾五年，常在猎中。虽在猎中，常与猎人说法。

某甲东山得法辛苦受尽、命似悬丝，今日大众同会得闻此法乃是过去千生曾供养诸佛方始得闻无上自性顿教，某甲与使君及官僚等有累劫之因。教是先圣所传，不是某甲自智。愿闻先圣教旨各须净心，闻了愿自除疑，如先代圣人无别。

大师言：善知识，菩提般若之智，世人本自有之，只缘心迷不能自悟，须求善知识示导；愚人智人佛性本无差别，只缘迷悟不同，所以有愚有智也。

三、为时众说定惠

师言：善知识，我此法门以定惠为本。大众勿迷言定惠别。定慧一体不是二。定是慧躰，慧是定用；即慧之时定在慧，即定之时慧在定。若识此义即是定慧等学；诸学道人莫言先定发慧、先慧发定、定慧各别；作此见者，法即有二相。口说善，心中不善，定慧不等；心口俱善，内外一种，定慧即等。自悟修行，不在于诤；若诤先后，即同迷人，不断胜负，却增法我，不离四相。

善知识，一行三昧，常行直心。但行直心，于一切法无有执著。迷人著法相执一行三昧，直言坐不动是早已执迷，著除妄不起心即是一行三昧。此法若同无情，却是障道因缘。

善知识，道须通流。心若住法，名为自缚。若言坐不动是，只如舍利弗宴坐林中不合被维摩诘呵。善知识，又见有人教坐、看心、看净、不动、不起，从此置功，迷人不会，便执成颠。即有数百人，如是相教，故知大错。

善知识，定慧由如何等。由如灯光。有灯即光，无灯不光。灯是光之体，光是灯之用。名虽有二，体本同一。此是定慧法，亦复如是。

善知识，本来正教无有顿渐，人性自有利钝，迷人渐契，悟者顿修，自识本心，自见本性，即无差别，所以立顿渐之假名。

善知识，我此法门从上已来先立无念为宗、无相为体、无住为本。何名无相。于相而离相。无念者，于念而不念。无住者，人之本性，于世间善恶好丑乃至冤之与亲言语触刺欺诤之时，并将为空，不思酬害，念念之中，不思前境，若前念今念后念念念相续不断，名为系缚；于诸法上念念不住，即无缚也，是以无住为本。

善知识，外离一切相，名为无相；能离，即法体清净，是以无相为体。

善知识，于诸境上心若能万境常寂，念上常离诸境，不于境上生心。莫百物不思，念尽除却即无，别处受生。学道者莫不识法意，自错犹可，更劝他人，自迷不见，又谤佛经，所以立无念为宗。

善知识，云何立无念为宗。只缘口说不见本性迷人于境上有念，念上便起邪见，一切尘劳妄想从此而生；自性本无一法可得，若有所得，妄说祸福，即是尘劳耶，然此法门立无念为宗。善知识，无者无何事，念者念何物。无者无二相、无诸尘劳之心，念者真如本性。真如即是念之体，念是真如之用。真如自性起念，非眼耳鼻舌能；真如有性，所以起念，真如若无，眼耳色声当时即坏。善知识，真如自性起念，六根虽见闻觉知，不染万境，真性而常自在。外能分别诸色相，内于第一义而不动。

善知识，此法门坐禅，亦不看心，亦不看净，亦不言不动。若言看心，心无是妄，知心如幻，故无所看也；若言看净，人性本净，由妄念故，盖覆真如，但无妄想，性自清净，起心看净，却生净妄。妄无处所，看者是妄；净无形相，却立净相，言是功夫，作此见者，障自本性，却被净缚。

善知识，若修不动者，但见一切人时不见人之是非善恶过患，即是自性不动。

善知识，迷人身虽不动，开口便说他人是非、长短、好恶，与道违背也。若看心看净者，即障道也。

四、教授坐禅

师言：善知识，何名坐禅。此法门中，无障无碍。外于一切善恶境界心念不起名为坐，内见本性不乱为禅。

善知识，何名禅定。外离相为禅，内不乱为定。外若著相，内心即乱；外若离相，心即不乱。本性自净自定，只为见境思境即乱，若见诸境心不乱者，是真定也。

善知识，外离相即禅，内不乱即定也，外禅内定是为真定。《净名经》云其时豁然、还得本心，《菩萨戒经》云我本元自性清净。

善知识，于念念中自见本性清净，自修、自行、自成佛道。

五、传香忏悔发愿

师言：善知识，某甲一会在此，皆共有缘，今各胡跪，传自性五分法身香。

一谓戒香，即自心中无非、无恶、无嫉妬、无贪嗔、无劫害，名曰戒香。

二、定香，即睹诸善恶境相自心不乱，即是也。

三、慧香者，自心无痴，常以智慧观照自性，不造诸恶，虽修众善心不执著，畏上爱下，矜孤恤贫，此名慧香。

四、解脱香，即自心无①所攀缘不思善、不思恶，自在无碍，名解脱香。

五、解脱知见香者，自心既无攀缘善恶，不可沉空守寂，即须广学

① “无”，底本、大乘寺本缺，据真福本、宽永本、兴圣本改。

多闻，识自本心，达诸佛理，言满天下无口过，行满天下无怨恶，和光接物，无我无人，直至菩提，真性不易，名解脱知见香。

善知识，此香各自内薰，莫于外觅。

今与善知识无相忏悔，灭除心中河沙积劫罪。

善知识，前念后念及今念，念念不被愚迷染，从前恶念一时除，自性自除真忏悔；前念后念及今念，念念不被诳妄染，除却从前憍慢心，永断名为自性忏；前念后念及今念，念念不被疽妬染，除却从前疽妬心，永断名为自性忏。【已上三遍唱】

师言：今既忏悔已，一时逐某甲道，与善知识发四弘誓愿。各须用心正听：

自心邪迷众生誓愿度，自心烦恼无边誓愿断，自性法门无尽誓愿学，无上自性佛道誓愿成。【已上三遍唱】

师言：善知识，大家岂不道众生无边誓愿度，恁么道莫道是某甲度。善知识，心中众生，所谓邪迷心、诳妄心、不善心、疽妬心、恶毒心，如是心者尽是众生，各须自性自度，是名真度。何名自性自度。即自心中邪见烦恼愚痴众生将正见度，既有正见，使般若智打破愚痴迷妄，众生各各自度，邪来正度、迷来悟度、愚来智度、恶来善度，如是度者名为真度。

又烦恼无边誓愿断，自性除却虚妄思想心是也。

又法门无边誓愿学，须自见性、常行其善法是名真学。

又佛道无边誓愿成，即常须下心、行于普敬、离迷离觉、当生般若、除真除妄，即见佛性，即言下佛道成。

常念修行，是愿力法。

师言：善知识，今发四弘愿了，更与善知识受无相三皈依。

善知识，皈依觉，二足尊；皈依正，离欲尊；皈依净，众中尊；从今日去称觉为师，更莫皈依余邪迷外道，以自性三宝常自证明。

某甲劝善知识皈依自性三宝。佛者觉也，法者正也，僧者净也。自心皈依觉，邪迷不生，少欲知足，能离财色，名二足尊。自心皈依正，念念无邪见，以无邪见故，即无人我、贡高、贪爱、执著，名离欲尊。自心皈依净，一切尘劳妄念虽在自性，皆不染著，名众中尊。若修此行是自皈依。凡夫不会：从日至夜受三皈戒，若言皈佛、佛在何处，若不见佛、凭何所皈，言却成妄。善知识，各自观察，莫错用心。经文分明即言自皈依佛，不言皈依他佛。自性不皈，无所皈处。今既自悟，各须皈依自心三宝，内调心性，外敬他人，是自皈也。

六、说一体三身佛相

师言：善知识，各各志心，某甲与说一体三身自性佛，令善知识见三身了然自悟自性，总随某甲道：

于自色身皈依清净法身佛，于自色身皈依千百亿化身佛，于自色身皈依圆满报身佛。【已上三遍唱】

善知识，色身是舍宅，不可言皈。

向者三身，在自性中，世人总有，为自心迷不见内性，外觅三身如来，不见自身中有三世佛。

善知识听说，令善知识于自身中见自性有三世佛，此三身佛从自性生，不从外得。

何名清净法身。世人性本清净，万法从自性生，思量一切恶事即生恶行，思量一切善事即生善行，如是诸法在自性中。如天常清，日月常明，为浮云盖覆，上明下暗，忽遇风吹众云散尽，上下俱明，万象皆现。世人性常浮游，如彼云天，亦复如是。善知识，智如日，慧如月，智慧常明，于外著境，被妄念浮云盖覆，自性不得明朗，若遇知识，闻真正法，自除妄迷，内外明彻，于自性中万法皆现，见性之人，亦复如是，此名清净法身佛。

善知识，自心皈依自性是皈依真佛；自皈依者，除却自性不善心、疽妬心、憍诳心、吾我心、诳妄心、轻人心、慢他心、邪见心、贡高心及一切时中不善行，常自见己过，不说他人好恶，是自皈依；常须下心，行于普敬，即是见性通达，更无滞碍，是自皈依。

何名千百亿化身。若不思万法，性本如空，一念思量名为变化，思量恶事化为地狱，思量善事化为天堂，毒害化为龙蛇，慈悲化为菩萨，智慧化为上界，愚痴化为下方，自性变化甚多，迷人不能省觉，念念起恶常行恶道，回一念善智慧即生，此是自性化身佛。

何名圆满报身。譬如一灯能除千年暗，一智能灭万年愚。莫思向前已过，常思于后，念念圆明自见本性，善恶虽殊本性无二，无二之性名为实性，于实性中不染善恶，此名圆满报身佛。

师言：自性起一念恶报灭万劫善因，自性起一念善报得河沙恶尽，直至无上，念念自见、不失本念，名为报身。

善知识，从法身思量即是化身佛，念念自性自见即是报身佛，自悟自修自性功德是真自皈依。皮肉是色身，色身是舍宅，不言皈也。但悟自性三身，即识自性大意。【施主尼无求①】

韶州曹溪山六祖师坛经卷上【宁②】

韶州曹溪山六祖师坛经卷下

七、说摩诃般若波罗密

八、现西方相状【武帝问功德附】

九、诸宗难问

十、南北二宗见性

十一、教示十僧【示寂年月附】

---

① “施主尼无求”为注文，或为抄写者之名。

② “宁”，或为表示此抄本乃是天宁寺藏本之传写。

七、说摩诃般若波罗密

师言：善知识，既识三身佛了，更为善知识说摩诃般若波罗密法，各各志心谛听。

世人终日口念本体、不识自性，由如诵食；口但说空，万劫不得见性。

某甲与说：善知识，摩诃般若波罗密，是梵语，此言大智慧到彼岸。此须心行，不在口说；口念心不行，如幻如化，如露[①]如电；口念心行，即心口相应本性是佛，离性无别佛。

何名摩诃。摩诃是大。心量由如虚空。无有边畔，亦无方圆大小，非青黄赤白，亦无上下长短，无嗔无喜，无是无非，无善无恶，无有头尾；诸佛刹土尽同虚空，世人妙性本空无有一法可得，喻此大空，自性真空亦复如是；善知识今闻某甲说空便即著空，弟一莫空，若空心净坐，即落无记空，终不成佛法。善知识，世界虚空能含万物色象，日月星宿、山河泉源溪涧、一切树木、恶人善人、恶法善法、天堂地狱、一切大海、须弥诸山总在空中；世人性空亦复[②]如是。师言：善知识自性能含万法是名为大，万法在自性中若见，一切恶之与善尽皆不取[③]亦不染著，心如虚空，名之为大。善知识，迷人口说，智者心行。又有迷人空心净坐、百无所思，自称为大，此一辈人不可共说，为邪见故。善知识，心量广大，廓周法界，用即了了分明，应用遍知一切，一切是一，一即一切，去来自由，心体无滞；此是善知识一切般若智心皆从自性而生，不从外入，莫错用意，名真自用，一真一切真，心量大事，不行小道。口莫终日说空，心中不修此行，恰似凡人自称国王，终不可得，非吾弟子。

善知识，何名般若。般若是智惠。一切处所，一切时中，念念不愚，

---

① “化如露”，底本缺，据宽永本、兴圣本增。

② “复”，底本作“须”，据真福本、宽永本、兴圣本改。

③ “不取”，底本缺，据宽永本改。

常行智惠，即是般若行。一念愚即般若绝，一念智即般若生。世人愚迷不见般若，口说般若，心中常愚，自言我修般若，念念说空，不识真空；般若无形相，智惠心即是，若作如是解，即名般若智。

何名波罗密。此是西国语，汉言到彼岸，解义离生灭。著境生灭起，如水有波浪，即是于此岸；睹境无生灭，如水常通流，即名为彼岸，故号波罗密。

善知识，迷人口念，当念之时，有妄有非；念念若行，是名真性；悟此法者，是般若法，修此行者，是般若行；不修即凡，一念相应，法身等佛。

善知识，烦恼即是菩提；前念迷即凡，后念悟即佛；前念著境即烦恼，后念离境即菩提。

善知识，摩诃般若波罗密，最尊最上最弟一，无住无往来，三世诸佛皆从中出；用大智慧打破五蕴烦恼尘劳；若人修行，定成佛道，变三毒为戒定慧。

善知识，我此法门，从一般若生八万四千智惠；何以故。为世人有八万四千尘劳。若无尘劳，智慧常在，不离自性。悟此法者，即是无念、无忆、无著、无妄，莫起诳妄，用自真如性以智慧观照，于一切法不取不舍，即是见性成佛道。

善知识，若欲入甚深法界入般若三昧者，须修般若行。持诵《金刚般若经》，即得见性。当知此功德无量无边，经中分明赞叹，不能具说。此法门是最上乘，为大智人说，为上根人说，小根小智人闻心生不信。何以故。譬如大龙下雨于阎浮提，漂流枣叶；若雨大海，不增不减。

若大乘人、若最上乘人闻说《金刚经》心开悟解，故知本性自有般若之智，自用智惠常观照故不假文字。譬如雨水不从天有，元是龙王于江海中将身揽上，令一切众生一切草木有情无情悉皆蒙润，诸水众流却入大海合为一体，众生本性般若之智亦复如是。

善知识，小根之人闻此顿教，由如草木根性自小若被大雨皆悉自倒、不能增长。小根之人亦有般若之智与大智之人更无差别，因何闻法亦有悟不悟。缘邪见障重、烦恼根深，犹如大云覆盖于日、不得风吹、日光不现。般若之智亦无大小，为一切众生自心迷悟不同，迷心外见，修行觅佛，未悟自性，即是小根；闻其顿法，不执外修，但于自心常起正见，邪见烦恼尘劳常不能溢[①]，即是见性。

善知识，内外不住，去来自由，能除执心，通达无碍，能修此行，与般若经本无差别。

善知识，一切经书及诸文字、大小二乘十二部经皆因人置，因智惠性方能建立；若无世人，一切万法本自不有，故知万法本因人兴，一切经书因人说有。缘其人中有愚有智，愚为小故，智为大人，愚者问于智人，智者为愚人说法，令其悟解心开，愚人若悟心开，即与智人无别。

善知识，不悟，即佛是众生；一念悟时，众生是佛；故知万法尽在自心，何不从自心中顿见真如本性。《菩萨戒经》云我本源自性清净，识心见性，皆成佛道，即时豁然，还得本心。

善知识，我于忍和尚处一闻言下便悟、顿见真如本性，是以将此教法流行令学道者顿悟菩提、各自观心自见本性。若自不悟，须觅大善知识、解最上乘法者，直示正路；是善知识有大因缘，所谓化导令得见性，一切善法因善知识能发起故；三世诸佛、十二部经在人性中本自具有；不能自悟，须求善知识示导方见；若自悟者，不假外善知识望得解脱，无有是处；自心内知识自悟，即是；自心若起邪迷妄念颠倒，外善知识虽有教授，救不可得；自心若正起般若观照，一刹那间妄念俱灭；若识自性，一悟即至佛地。

善知识，智慧观照，内外明彻，识自本心，若识本心即本解脱，若

① “溢”，宽永本、兴圣本作“染”。

得解脱[1]是般若三昧，即是无念。何名无念。若见一切法，心不染著，是为无念；用即遍一切处，亦不著一切处；但净本心使六识从六门走出于六尘中无染无杂、来去自由、通同无滞，即是般若三昧、自在解脱，名无念行。莫百物不思、当令念绝，即是法缚，即名边见。

善知识，悟无念法者万法尽通，悟无念法者见诸佛境界，悟无念法者至佛位地。

善知识，后代得吾法者常见吾法身不离汝左右。

善知识，将此顿教法门同见同行发愿受持、如事佛故，终身受持而不退者欲入圣位。然须传受从上已来默传分付，不得匿其正法；若不同见同行、在别法中，不得传付；损彼前人，究竟无益；恐愚不解，谤此法门，百劫千生断佛种性。

善知识，吾有一无相颂，汝等诵取，言下令汝迷罪消灭。颂曰：

迷人修福不修道，只言修福便是道。
布施供养福无边，心中三恶元来造。
拟将修福欲灭罪，后世得福罪还在。
但向心中除罪缘，各自性中真忏悔。
忽悟大乘真忏悔，除邪行正即无罪。
学道常于自性观，即与诸佛同一例。
五祖唯传此顿法，普愿见性同一体。
若欲当来觅法身，离诸法相心中洗。
努力自见莫悠悠，后念忽绝一世休。
若悟大乘得见性，虔恭合掌志心求。

① “若得解脱”，真福寺本缺。

师言：今于大梵寺中说此顿教，普愿法界众生于此言下见性成佛。

师说法了，韦使君与官僚道俗一时作礼，无不悟者，皆叹：善哉希有，何期岭南有佛出世。

八、示西方相状【武帝问功德附】

尔时，韦使君再肃容仪礼拜，问曰：弟子闻和尚说法实不可思议。今有少疑，欲问和尚，愿大慈悲，特为解说。

师曰：有疑即问，何须再三。

使君曰：和尚所说可不是达磨大师宗旨。

师言：是。

使君曰：弟子闻说达磨初，梁朝武帝问：朕一生已来造寺、供僧、布施、设斋，有何功德。达磨言：实无功德。武帝怅悒，不称本情，遂令达磨出境。弟子未达此理，愿和尚为说达磨意旨如何。

师言：实无功德。勿疑先圣之言。武帝心邪，不知正法。

造寺、供养、布施、设斋，名为求福，不可将福便为功德；功德在法身中，不在修福。

师言：见性是功，平直是德，念念无滞，常见本性，真实妙用，名为功德；外行礼敬是功，内心谦下是德；自性建立万法是功，心体离念是德；不离自性是功，应用无染是德；若觅功德法身，但依此作，是真功德；若修功德之人，心即不轻，常行普敬也。

师曰：心常轻人，吾我不断，即自无功；自性虚妄不实，即自无德；无功德之人，为吾我自大、常轻一切故。

善知识，念念无间是功，心行平直是德；自修身是功，自修性是德；德即不轻，常行普敬。

韦使君默然作观。

师言：善知识，功德须自性内见，不是布施供养之所求也，是以福德与功德别。武帝不识理，非我祖师人在过。

使君顶礼，愿为弟子，又问：弟子常见僧俗念《阿弥陁经》愿生西方，请和尚说得生彼不。愿为破疑。

师言：使君善听，某甲与说。世尊在舍卫城中说西方引化，经文分明，去此不远，若论相说里数即有十万八千，若说身中十恶八邪，便是说远，只为下根，说近为其上智。人有两种，法无两般，迷悟有殊，见有迟疾，迷人念佛生彼，悟人自净其心，所以佛言随其心净即佛土净。

师言：东方人但净心无罪，西方人心不净有愆。东方人造罪念佛求生西方，西方人造罪造愆彼土，念生何国。凡愚不了自性、不识身中西方、愿东愿西，悟人在处一般，所以佛言随所住处常安乐。

使君。心地但无不善，西方去此不遥；若怀不善之心，念佛往生难到。今劝善知识先除十恶即行十万，后除八邪乃过八千，念念见性，常行平直，到如弹指，便睹弥陁。能净能寂即是释迦，心起慈悲即是观音，常行喜舍名为势至。

使君。但行十善，何须更愿往生，不断十恶之心，何佛即来迎请。若悟无生顿法，见西方只在刹那；不悟念佛欲往，路遥如何得达。

师言：某甲与诸人移西方如刹那间目前便见，愿不愿。

使君顶礼，言：若此处见，何须更愿往生。愿和尚慈悲，便现西方，普愿得见。

师言：徒众用心，一时得见西方，无疑即散。

师言：世人自色身是城，眼耳鼻舌是城门，外有五门，内有意识心为地，性是王，王居心地上，性在王在，性去王无，性在身心存，性无身心坏，佛向性中作，莫向身外求。自性迷即是众生，离迷即觉，觉即是佛，慈悲即是观音，喜舍名为势至，能净即释迦，平直即弥陁，人我是须弥，邪心是海水，烦恼是波浪，毒害是恶龙，虚妄是鬼神，尘劳是鱼鳖，贪嗔是地狱，愚痴是畜生。善知识，常行十善，天堂便至；除人我，须弥倒；无邪心，海水竭；烦恼无，波浪灭；毒害除，鱼鳖绝；自心地上觉性如来放大光明，外照六门清净，照破六欲诸天，自性内照，三毒若除，地狱一时消散，内外明彻，不异西方；不作此修，如何到彼。

大众闻说，俱叹善哉，但是迷人，了然见性，悉皆礼拜，唯言：善哉，普愿法界众生闻者一时悟解。

师言：善知识，若欲修行，在家亦得，不由在寺；在家能修，如东方人心善；在寺不修，如西方人心恶；但心清净，即是自性西方。

使君又问：在家如何修行。愿为教授。

师言：吾与大众作无相颂，但依此修，常与吾同处无别；若不依此行，虽在吾边，如隔千里。颂曰：

说通及心通，如日处虚空，
唯传见性法，出世破邪宗。
法即无顿渐，迷悟有迟疾，
只这见性法，愚人不可悉。
说即虽万般，合理还归一。
烦恼暗宅中，常须生慧日，
邪来烦恼至，正来烦恼除，
邪正俱不用，清净至无余。
菩提本自性，起心即是妄，
净性在妄中，但正无三障。
世人若修道，一切不相妨，
常自见已过，与道即相当。
色类自有道，各自不相妨，
离道别觅道，觅道不见道，
到头还自懊。欲得见真道，

行正则是道，自若无道心，
暗行不见道。若真修道人，
不见世间过，若见他人非，
自非却在左，他非我不非，
我非自有过，但自却非心，
打除烦恼破。欲拟化他人，
自须有方便，勿令彼有疑，
则是自性见。法元在世间，
于世出世间，一切尽打却，
菩提性宛然。

师言：善知识，总须诵取，依此偈修，言下见性，虽去吾千里，如常在吾边；于此言下不悟，即对面千里。各各自修，法不相待，众人且散，吾归曹溪山，众若有疑，却来相问，为众破疑，同见佛性。

时，在会道俗豁然大悟，咸赞善哉，俱明佛性。

九、诸宗难问

大师出世行化四十余年，诸宗难问，僧俗约千余人，皆起恶心，欲相难问。

师言：一切尽除，无名可名名于自性，无二之性是名实性，于实性上建立一切教门，言下便须自见。

诸人闻说，总皆顶礼[①]，请事为师，愿为弟子。如此之徒，说不可尽。

若论宗旨，传受《坛经》者即有禀承，所付须知去处、年月时代、姓名，递相付嘱。若无《坛经》禀承者，即非南宗弟子。缘未得所禀，虽说

---

① “礼”，底本作“躰”，据宽永本、兴圣本改。

顿法，未契本心，终不免诤；但得法者，只劝修行；诤是胜负，与道相违矣。

十、南北二宗见性

世人尽言南能北秀，未知事由；且秀大师在荆南府当阳县玉泉寺住，能大师在韶州城东四十五里曹溪山住。法本一宗，人有南北。何名顿渐。法即一种，见有迟疾，法无顿渐，人有利钝，故名顿渐。

秀闻能说法径疾、直指见性，遂命门人志诚曰：汝聪明多智，可与吾到曹溪山礼拜但坐听法，莫言吾使汝去，汝若听得尽心记取，却来与说，吾看彼所见谁迟谁疾。火急早来，勿令吾怪。

志诚唱诺，礼辞便行，经二十五日至曹溪山，礼拜坐听，不言来处。志诚一闻，言下便悟，即起礼拜，白言和尚：弟子在玉泉秀和尚处学道九年不得契悟，今闻和尚一说忽然悟解、便契本心，和尚大慈悲，弟子生死事大，又恐轮回，愿当教示。

师曰：汝从玉泉来，应是细作。

志诚曰：不是。

师曰：何得不是。

志诚曰：未说即是，说了不是。

师曰：烦恼菩提，亦复如此。

师问志诚曰：吾闻汝师教示学人唯传戒定惠，未审汝师说戒定惠行相如何。与吾说看。

志诚曰：秀和尚说，诸恶莫作名为戒，诸善奉行名为惠，自净其意名为定，此是戒定惠。彼说如此，未审和尚所见如何。愿为解说。

师曰：秀和尚所见实不可思议，吾所见戒定惠又别。

志诚启曰：戒定惠只合一种，如何更别。

师曰：汝师说戒定惠接大乘人，吾戒定惠接最上乘人；悟解不同，见有迟疾。汝听吾说与彼同不。吾所说法不离自性，离体说法，自性常迷；

须知一切万法皆从自性起用，是真戒定惠等法；常见自性自心，即是自性等佛。

师言：志诚听吾说。心地无非自性戒，心地无痴自性惠，心地无乱自性定。

师言：汝师戒定惠劝小根人，吾戒定惠劝大根智人，若悟自性亦不立菩提涅槃、亦不立解脱知见，无一法可得方能建立万法，是真见性。若解此意，亦名佛身，亦名菩提涅槃，亦名解脱知见，亦名十方国土，亦名恒河沙数，亦名三千大千，亦名大小藏十二部经。见性之人立亦得、不立亦得，去来自由，无滞无碍，应用随作，应语随答，普见化身不离自性，即得自在神通游戏三昧之力，此名见性。

志诚再启和尚：如何是立不立义。

师曰：自性无非无痴无乱，念念般若观照，常离法相，自由自在，纵横尽得，有何可立。自性自悟，顿悟顿修，亦无渐次，所以能[①]立一切法；佛言寂灭，有何渐次。

志诚礼拜，便住曹溪，愿为门人，不离左右。

复有一僧，名曰法达：常诵《法华经》，心常有疑，又不知正法之处；和尚智惠广大，愿为决疑。

师曰：法达。法即甚达，汝心不达；经上无疑，汝心自疑；汝心邪而求正法，吾心正则是持经。吾不识文字，汝取经来诵之一遍，吾闻即知。

法达取经便读一遍，师知佛意，乃与说经。师言：法达。经无多语，七卷尽是譬喻因缘；如来广说三乘，只为世人根钝。经文分明，无有余乘，唯一佛乘。汝听一佛乘，莫求二乘迷却汝性。且经中何处是一佛乘。吾闻汝诵经云“诸佛世尊唯以一大事因缘故出现于世”【正法唯有一十六字】。此法如何解。如何修。汝用心听，吾为汝说。

---

① “能”，宽永本、兴圣本作“不”。

师言：法达。人心不思，本来寂静，离却邪见，即大事因缘。内外不迷，即离两边；外迷著相，内迷著空；于相离相，于空离空，即是不迷；若悟此法，一念心开，出现于世；心开何事，开佛知见。佛由觉也，分为四门，开觉知见、示觉知见、悟觉知见、入觉知见，此名开示悟入，从上一处入，即觉知见见自本性即得出现。

师言：吾劝一切人于自心地常开佛知见，世人心邪、愚迷造罪、口善心恶、贪嗔嫉妬、谗佞侵害，自开众生知见；世人心正常起智惠观照自开佛之知见。汝须念念开佛知见，莫开众生知见，即见出世。

师言：法达。此是《法华经》一乘义，向下为迷人故，汝但依一佛乘。

师言：法达。心行转《法华》，不行《法华》转；心正转《法华》，心邪《法华》转；开佛知见转《法华》。努力依法修行，即是转经。自心若不念念修行，即常被经转。

法达一闻，言下大悟，涕泪悲泣，白大师言：实未曾转《法华》，七年被《法华》转；念念愿修佛行。

师言：行佛行是佛。

其在会者，各得见性。

复有一僧，名曰智常，礼拜启和尚曰：佛说三乘法，又言最上乘，弟子不解，愿为教授。

师曰：汝向自心见，莫著外法相；无四乘法，人心自有四等。见闻转读是小乘，悟法解义是中乘，依法修行是大乘，万法尽通、万行俱备、一切不染、离诸法相、作无所得名最上乘。乘是行义，不在口诵；汝须自修，莫问吾也。一切时中自性自知，自悟自行，是四乘义。

又玉泉寺有一童子，年十三岁，南阳县人，名曰神会，来至曹溪礼师三拜，问曰：和尚坐禅还见不见。

师以柱杖打三下，却问：吾打汝还痛不痛。

答曰：亦痛亦不痛。

师曰：吾亦见亦不见。

神会问：如何是亦见亦不见。

师曰：吾之所见，常见自心过愆，不见他人是非好恶，所以亦见亦不见。汝言亦痛亦不痛如何。

汝若不痛，同其木石；若痛，即同凡夫，应生瞋恨。

师言：神会小儿。向前见不见是二边，痛不痛属生灭，汝自性且不见，敢来弄人。

神会礼拜悔谢，更不敢言。

师曰：汝心迷不见，问善知识觅路；汝心悟即自见性，依法修行。汝迷不见自心，却来问吾见与不见。吾见自知，代汝迷不得；汝若自见，不代吾迷。何不自知见，问吾见不见。

神会礼经百拜，求谢愆过，请事为师，不离左右。

十一、教示十僧传法【灭度年月附】

尔时，师唤门人法海、志诚[①]、法[②]达、神会、智常、智通、志彻、志道、法珍、法如等，报言：吾灭度后，凡为人师，改易者多。汝等十人向前，汝等不同余人。吾灭度后，各为一方师。吾今教汝诸法，不失本宗。先须举三科法门，动用三十六对，出没即离两边，说一切法莫离自性；忽有人问，出语尽双，皆取对法，来去相因，究竟二法尽除，更无去处。

三科者，阴、界、入。五阴者，色、受、想、行、识。十二入者，外六尘，内六门；六尘者，色、声、香、味、触、法；六门者，眼、耳、鼻、舌、身、意，各有一识。十八界者，六门，六尘，六识，为之十八。自

---

① “诚”，底本缺，据天宁本、真福本、兴圣本增。

② “法”，底本缺，据天宁本、真福本、兴圣本增。

性含万法，名含藏识；若起思量即是转识，转识生六识，出六门，见六尘，三六十八，由自性用；自性邪起十八邪，合自性正起十八正；恶用即众生，善用即是佛；用由何等，由自性。

对。解用即通一切法，自身是佛。

外境无情五对，天地对、阴阳对、日月对、明暗对、水火对。法相语言十二对，语与法对、有为无为对、有色无色对、有漏无漏对、色与空对、有相无相对、凡圣对、僧俗对、动静对、清浊对、老少对、大小对。自性起用十九对，长短对、邪正对、乱定对、戒非对、曲直对、痴慧对、愚智对、慈毒对、实虚对、险平对、烦恼菩提对、悲苦对、瞋喜对、舍悭对、进退对、生灭对、常与无常对、法身色身对、化身报身对。都三十六对。

师言：此是对法，若解用即通贯一切经，出入即离两边。

自性动用。共人言语，外于相离相，内于空离空；若执全空唯长无明，又却谤经言不用文字；师曰说法之人口云不用文字，世人道者尽不合言“正语之时即是文字”，文字上说空、本性不空即是文字无邪心，即自大道不立文字，只这不立两字即是文字，见人所说便即谤他言著文字。汝等须知，自迷犹可，又谤佛经，不要谤经，罪障无数。著相于外而求真戒，广立道场说有无之过患，如是之人累劫不可见性；不劝依法修行。莫百物不思，于道自生质碍。若听说不修，令人返生邪念；但能依法修行，常行无相法施。

师言：汝等若悟，依此说，依此用，依此行，依此作，即不失本宗。

若有人问汝义，问有将无答，问无将有答，问凡以圣对，问圣以凡对，问一边将一边对，二法相因生中道义。教汝一问，余问一依此作，三十六对法，即不失理也。吾今教汝一答。人问：何名为暗。答云：明是因，暗即缘；有明，明没即暗；但无明暗；以明显暗，以暗现明，来去相因，成中道义。余问悉皆如此。

师教十僧已，报言：于后传法，递相教授《坛经》即不失宗旨。汝今得了，递代流行。后人得遇《坛经》，如亲见吾教示十僧。汝等抄取，代代流行。若看《坛经》，必当见性。

大师先天元年于新州国恩寺造塔，至二年七月八日唤门人告别。师言：汝等近前，吾至八月欲离世间，汝等有疑早须相问，为汝破疑，当令迷尽，使汝安乐；吾若去后，无人教汝。

法海等闻悉皆涕泣，唯有神会不动神情亦无涕泣。师曰：神会小师却善不善等、毁誉不动，余者空得数年在山，修行何道。汝今悲泣，为忧阿谁。若忧不知去处，吾自知去；吾若不知去处，终不别汝等；汝等悲泣，为不知吾去处；知吾去处，不合悲泣。法性体无生灭去来。

汝等尽坐，吾与汝等说一偈，名曰《真假动静》，汝等诵取，此偈与吾意同，依此修行，不失宗旨。众僧作礼，请师说偈。

一切无有真，不以见于真，
若见于真者，是见尽非真，
若能自有真，离假即非真，
自心不离假，无真何处真。
有情即解动，无情即不动，
若修不动行，同无情不动，
若觅真不动，动上有不动，
不动是不动，无情无佛种，
能善分别相，第一义不动。
但作如是见，即是如真用，
报诸学道人，努力自用意，
莫于大乘门，却执生死智。
若言下相应，即共论佛义，

若实不相应，合掌令欢喜。
此宗本无诤，诤即失道意，
执迷诤法门，自性入生死。

时众僧闻知大师意，更不敢诤，各自摄心，依法修行，一时礼拜，即知大师不久住世。法海上座问曰：和尚去后，衣法当付何人。

师言：吾于大梵寺说法直至今日抄录流行，名《法宝坛经》，汝等守护，度诸群生，但依此说，是真正法。

师言：法海向前。吾灭度后二十年间，邪法缭乱，惑我正宗，有一南阳县人出来不惜身命定于佛法、竖立宗旨，即是吾法弘于河洛，此教大行。

师曰：汝今须知，衣不合传。汝若不信，吾与汝说先圣达磨大师传衣偈。据此偈意，衣不合传。汝听偈曰：

吾本来东土，说[①]法救迷情，
一花开五叶，结果自然成。

师曰：吾有一偈，亦用先圣大师偈意。

心地含种性，法雨即花生，
顿悟花情意，菩提果自成。

师说偈已，令门人散。

众相谓曰：大师多不久住世间。

---

① “说”，底本旁边有“传”字。

师至先天二年八月二[1]日食后，报言：汝等各著位坐，今共汝别。

时法海问曰：此法从上至今传受几代。愿和尚说。

师曰：初六佛，释迦【第七】、迦叶、阿难、商那和修、优波掬多、提多迦、弥遮迦尊者、波须密多、佛陁难提、伏驮密多、脇尊者、富那夜奢、马鸣、迦毗罗尊者、龙树、迦那提多、罗睺罗多、僧伽那提、僧迦耶舍、鸠摩罗驮、奢耶多、婆修槃头、摩拏罗、鹤勒那、师子比丘、婆舍斯多、不如密多、般若多罗、菩提达磨、北齐惠可、唐僧璨、唐道信、唐弘忍，吾今惠能。

师曰：吾今付法于汝，汝等于后递相传授，须有禀承衣[2]约，莫失宗旨。

法海白言：和尚留何教法令后代迷人得见自性。

师言：汝听。后代迷人若识众生，即见佛性；若不识众生，万劫觅佛难逢。吾今教汝识自心众生见自心佛性。汝志心听，吾与汝说。后代之人欲求见佛，但识众生。

师曰：只为众生迷佛，非是佛迷众生；自性若悟，众生是佛；自性若迷，佛是众生；自性平直，众生是佛；自性邪俭，佛是众生。

师言：法海。汝等心若险曲，即佛在众生中；一念平直用心，即是众生成佛；我心自有佛，自若无佛心，何处求真佛。吾今留一偈与汝等别，名《自性真佛偈》，后代迷人识此偈意，自正本心成佛[3]。

真[4]如性净是真佛，邪见三毒是魔王，
邪迷之时魔在舍，正见之时佛在堂，

---

① “二”，底本、大乘寺本作“二”，真福本、宽永本、兴圣本作“三”。
② “衣”，宽永本、兴圣本作“依”。
③ “佛”，真福本、宽永本、兴圣本作“佛道偈曰”。
④ 自“真如性净是真佛”至“无住无往无”共计293字，底本缺，据天宁寺本增。

性中邪见三毒生，即是魔王来[①]住舍，
正见自除三毒心，魔[②]变成佛真无假。
法身报身及化身，三身本来是一身，
若向性中能自见，即是成佛菩提因，
从本[③]化身生净性，净[④]性常在化身中，
性使化身行正道，当来性智便[⑤]无穷。
淫性本是净性因，除淫即无净性身，
性中各自离五欲，见性刹那即是真。
今生若悟顿法门，忽见[⑥]自性现[⑦]世尊，
汝等[⑧]修行觅作佛，自性自见正中[⑨]真。
若能心中自见[⑩]真，有真即是成佛因，
不见自性外觅佛，起心总是大痴人。
顿教法门今已留，救度世人须自修，
报汝当来学道者，不作此见大悠悠。

师说偈了，报言：今共汝别。吾灭度后，莫作世情悲泣雨泪时[⑪]，受

---

① “来”，真福本作“表”。
② “魔”，真福本作“磨”。
③ “从本”，宽永本、兴圣本作“本从”。
④ “净”，真福本作“即”。
⑤ “性智便”，真福本作“性智更”，宽永本、兴圣本作“圆满真”。
⑥ “见”，宽永本、兴圣本作“悟”。
⑦ “现”，宽永本、兴圣本作“见”。
⑧ “等”，宽永本、兴圣本作“若”。
⑨ “自性自见正中”，宽永本、兴圣本作“不知何处拟求”
⑩ “自见”，真福本作“见自”。
⑪ “时”，真福本、宽永本、兴圣本缺。

人吊问，身著孝服，非吾弟子，亦非正法。但如吾在日，一时尽坐，无动无静，无生无灭，无去无来，无是无非，无住无往，无名无字。恐汝心迷不会吾意，吾今再嘱令汝见性。吾灭度后，依此修行，如吾在日；汝等违法，纵吾在世，终无有益。

大师言讫，夜至三更，奄然迁化。大师春秋七十有六。师迁化日，寺内异香氛氲，经于七日。感得山崩地动，林木变白，日月无光，天地失色，群鹿鸣悲，至夜不绝。

先天二年八月三日夜三更时，于新州国恩寺圆寂。余在功德塔记具述。至十一月，韶广二州门人迎师神座向曹溪山葬。忽于龛内，白光出现，直上冲天，三日始散；韶州奏闻，奉敕立碑供养。

洎乎法海上座无常，以此《坛经》付嘱志道，志道付彼岸，彼岸付悟真，悟真付圆会。递代相传付嘱一切万法不离自性中见也。

韶州曹溪山六祖师坛经卷终【道元[1]书】

---

① “道元”（1200—1253），日本佛教曹洞宗创始人。

主要参考文献

六祖坛经诸本集成　[日]柳田圣山主编　日本中文出版社1976年版

坛经对勘　郭朋编著　齐鲁书社1981年版

坛经校释　郭朋校释　中华书局1983年版

敦煌写本坛经原本　周绍良编著　文物出版社1997年版

六祖坛经禅学基本教材　心印编辑、唐一玄校阅　佛陀教育基金会1998年版

敦煌坛经合校简注　李申合校、方广锠简注　山西古籍出版社1999年版

坛经全译　潘桂明译注　巴蜀书社2000年版

新版敦煌新本六祖坛经　杨曾文校写　宗教文化出版社2001年版

六祖坛经　王月清注评　江苏古籍出版社2002年版

六祖坛经　徐文明注译　中州古籍出版社2004年版

六祖坛经：敦煌坛经读本　邓文宽校注　辽宁教育出版社 2005 年版

敦博本六祖坛经校释　黄连忠校释　台湾万卷楼图书有限公司 2006 年版

六祖坛经讲话　星云著　新世界出版社 2008 年版

坛经注评　洪修平、白光注评　凤凰出版社 2010 年版

坛经译注　魏道儒译著　中华书局 2010 年版

旅顺博物馆藏敦煌本六祖坛经　郭富纯、王振芬整理　上海古籍出版社 2011 年版

六祖坛经笺注　丁福保笺注　齐鲁书社 2012 年版

六祖坛经集成　明生主编　广东佛教协会 2012 年版

金刚经·坛经·心经　胡永辉、周晓露注译　长江文艺出版社 2015 年版

中国历史地图集　谭其骧主编　中国地图出版社 1982 年版

白话四书　杨伯峻注译　岳麓书社 1989 年版

神会和尚遗集　胡适编校　上海亚东图书馆 1930 年版

神会和尚禅话录　杨曾文编校　中华书局 1996 年版

新编曹溪通志　何明栋主编　宗教文化出版社 2000 年版

宋高僧传　范祥雍点校　中华书局 2006 年版

祖堂集　孙昌武等点校　中华书局 2007 年版

禅源诸诠集都序　邱高兴校释　中州古籍出版社 2010 年版

景德传灯录　朱俊红点校　海南出版社 2011 年版

光孝寺志　顾光、仇江主编　广东教育出版社 2016 年版

印度佛学源流略讲　吕澂著　上海人民出版社 1979 年版

中国佛学源流略讲 吕澂著 中华书局 1979 年版

慧能 ［日］古田绍钦、田中良昭著 日本大藏出版株式会社 1982 年版

中国禅学研究论集 冉云华著 台湾东初出版社 1991 年版

禅学与玄学 洪修平、吴永和著 浙江人民出版社 1992 年版

惠能评传 洪修平、孙亦平著 南京大学出版社 1998 年版

惠能与《坛经》 李富华著 珠海出版社 1999 年版

禅宗思想的形成与发展（修订版） 洪修平著 江苏人民出版社 2011 年版

慧能与中国文化 董群著 贵州人民出版社 2001 年版

汉文佛教大藏经研究 李富华、何梅著 宗教文化出版社 2003 年版

中国佛教忏法研究 圣凯著 宗教文化出版社 2004 年版

任继愈禅学论集 任继愈著 商务印书馆 2005 年版

佛教史 杜继文主编 江苏人民出版社 2005 年版

中国佛教文化历程（增订本） 洪修平著 江苏教育出版社 2005 年版

唐五代禅宗史 杨曾文著 中国社会科学出版社 2006 年版

禅史钩沉 龚隽著 生活·读书·新知三联书店 2006 年版

玄奘评传 傅新毅著 南京大学出版社 2006 年版

中国禅宗史 印顺著 广陵书社 2008 年版

中国禅学研究入门 龚隽、陈继东著 复旦大学出版社 2009 年版

唯识三十论讲话 ［日］井上玄真著 福建莆田广化寺 2012 年版

六祖慧能与《坛经》论著目录集成 明生主编 广东人民出版社 2012 年版

禅学指归 胡适著 金城出版社 2013 年版

《坛经》版本谱系及其思想流变研究 白光著 宗教文化出版社 2013 年版

禅宗北宗研究　韩传强著　宗教文化出版社 2013 年版

岭南民族源流史　徐杰舜、李辉著　云南人民出版社 2014 年版

《六祖坛经》研究集成　明生主编　金城出版社 2014 年版

禅的历史　[日]伊吹敦著、张文良译　国际文化出版社 2016 年版

伊藤隆寿氏发现的真福寺文库所藏《六祖坛经》的介绍　[日]石井修道 《驹泽大学佛教学部论集》第 10 号　1979 年 11 月

坛经考　[日]宇井伯寿著、杨曾文选译 《世界宗教资料》1980 年第 4 期

惠昕本六祖坛经的研究　[日]石井修道 《驹泽大学佛教学部论集》第 11 号　1980 年 11 月

惠昕本六祖坛经的研究（续）[日]石井修道 《驹泽大学佛教学部论集》第 12 号　1981 年 10 月

中日敦煌禅籍研究和敦博本《坛经》《南宗定是非论》等文献的学术价值　杨曾文 《世界宗教研究》1988 年第 1 期

现存古本《六祖大师法宝坛经》在朝鲜半岛的流通　[韩]朴相国 《书志学研究》第 4 辑　1989 年 12 月

关于《坛经》的若干问题研究　洪修平 《世界宗教研究》1999 年第 2 期

关于"南华禅寺建寺一千五百周年纪念"刊行德清勘校《六祖坛经》[日]中岛隆藏 《曹溪禅研究》第 3 辑　中国社会科学出版社 2003 年版

试探敦煌出土五种汉文写本《坛经》的先后亲疏关系　白光 《普门学报》第 59 期　2010 年

古本《坛经》存在的文献依据　哈磊 《社会科学研究》2011 年第 5 期

契嵩本《坛经》新发现 侯冲 《世界宗教研究》2018 年第 4 期

洪武六年本《坛经》的学术价值——兼述“契嵩本”《坛经》的版本谱系 白光 《文献》2018 年第 5 期

Chan, Wing-tsit, trans. *Tan Jing, The Platform Scripture*. New York: St. John's University Press, 1963.

Yampolsky, Philip B. *The Platform Sutra of the Sixth Patriarch*. New York: Columbia University Press, 1967.2nd ed., 2012.

McRae. *The Northern School and the Formation of Early Ch'an Buddhism*, Kuroda Institute, Studies in East Asian Buddhism, 3. Honolulu: University of Hawai'i Press, 1987.

Faure, Bernard. *The will to Orthodoxy: A Critical Genealogy of Northern Chan Buddhism*. Stanford: Stanford University Press, 1997.

McRae, John R., trans.*The Platform Sūtra of the Sixth Patriarch*. BDK English Tripitaka. Berkeley: Numata Center for Buddhist Translation and Research, 2000.

McRae. *Seeing Through Zen: Encounter, Transformation, and Genealogy in Chinese Chan Buddhism*. Berkeley: University of California Press, 2003.

Jorgensen, John. *Inventing Hui-neng, the Six Patriarhch: Hagiography and Biography in Early Ch'an*, Sinica Leidensia, 68. Leiden:Brill, 2005.

Morten Schlütter. "A Study in the Genealogy of the Platform Sutra." Studies in Central and East Asian Religions 2（Autumn 1989）: 53–115.

Morten Schlütter, Stephen F.Teiser: *Readings of the Platform Sutra*. New York: Columbia University Press, 2012.

《中华传统文化百部经典》已出版图书

书　　名	解读人	出版时间
周易	余敦康	2017 年 9 月
尚书	钱宗武	2017 年 9 月
诗经（节选）	李　山	2017 年 9 月
论语	钱　逊	2017 年 9 月
孟子	梁　涛	2017 年 9 月
老子	王中江	2017 年 9 月
庄子	陈鼓应	2017 年 9 月
管子（节选）	孙中原	2017 年 9 月
孙子兵法	黄朴民	2017 年 9 月
史记（节选）	张大可	2017 年 9 月
传习录	吴　震	2018年11月
墨子（节选）	姜宝昌	2018年12月
韩非子（节选）	张　觉	2018年12月
左传（节选）	郭　丹	2018年12月
吕氏春秋（节选）	张双棣	2018年12月
荀子（节选）	廖名春	2019 年 6 月
楚辞	赵逵夫	2019 年 6 月
论衡（节选）	邵毅平	2019 年 6 月
史通（节选）	王嘉川	2019 年 6 月
贞观政要	谢保成	2019 年 6 月

书　　名	解读人	出版时间
战国策（节选）	何　晋	2019年12月
黄帝内经（节选）	柳长华	2019年12月
春秋繁露（节选）	周桂钿	2019年12月
九章算术	郭书春	2019年12月
齐民要术（节选）	惠富平	2019年12月
杜甫集（节选）	张忠纲	2019年12月
韩愈集（节选）	孙昌武	2019年12月
王安石集（节选）	刘成国	2019年12月
西厢记	张燕瑾	2019年12月
聊斋志异（节选）	马瑞芳	2019年12月
礼记（节选）	郭齐勇	2020年12月
国语（节选）	沈长云	2020年12月
抱朴子（节选）	张松辉	2020年12月
陶渊明集	袁行霈	2020年12月
坛经	洪修平	2020年12月
李白集（节选）	郁贤皓	2020年12月
柳宗元集（节选）	尹占华	2020年12月
辛弃疾集（节选）	王兆鹏	2020年12月
本草纲目（节选）	张瑞贤	2020年12月
曲律	叶长海	2020年12月